인물로 보는 성서 뒤집어 읽기

인물로 보는
성서 뒤집어 읽기

2010년 7월 14일 초판 1쇄 발행

펴낸곳 (주)도서출판 삼인

지은이 김진호
펴낸이 신길순
부사장 홍승권
책임편집 오주훈
편집 강주한 김종진 서정혜 양경화
디자인 김효중
마케팅 이춘호 한광영
관리 심석택
총무 서장현

등록 1996.9.16 제 10-1338호
주소 121-837 서울시 마포구 서교동 339-4 가나빌딩 4층
전화 (02) 322-1845
팩스 (02) 322-1846
전자우편 saminbooks@naver.com
홈페이지 www.saminbooks.com

제판 스크린그래픽센터
인쇄 대정인쇄
제책 성문제책

ISBN 978-89-6436-015-6 03230

값 12,000원

인물로 보는
성서 뒤집어 읽기

김진호 지음

삼인

이 책의 초고가 작성된 지 벌써 10년도 넘었다. 1999년 4월 1일부터 이듬해 5월 4일까지 '성서 인물사'라는 제목으로 5분기로 나누어 40주 동안 진행된 강의 원고로 초고가 만들어졌다. 수강자는 10명도 채 안 되었지만 1년여를 거의 변동 없이 함께했고, 내가 강의한 어떤 과목의 수업에서도 이만큼 대화와 교감이 넘쳤던 적은 없었다. 이때의 대화를 통해서 원고의 많은 부분을 보완할 수 있었고, 책의 축을 이루는 생각의 틀을 다듬을 수 있었다. '글머리'에서 설명한 탈정전에 대한 생각과 포스트 역사학에 대한 관점은 이들과 나눈 대화에서 얻은 단서들을 나의 언어로 재정리한 것이다. 그러므로 이 강의에 참여했던 이들은 책의 공동 저자인 셈이다.

하지만 책을 펴내기에 그 시절은 그다지 여유롭지 못했다. 그리스도교 내에는 연구자로 활동할 만한 곳이 거의 없었지만, 밖에서는 많은 기회가 있었다. 글을 쓸 기회도 많았고, 무엇보다도 한 인문 비평 계간지 기획자로 일할 수 있었다. 그래서 그 시절은 지식 기획자이고 신학 비평자일 수는 있어도 본업인 성서 연구자는 아니었다.

2006년 제3시대그리스도교연구소의 '신학아카데미 탈/향'에서 '역사와 반역사, 인물로 보는 성서'(5.30~6.20)라는 강의를 개설하였을 때 비로소 이 묶은 원고를 다듬을 기회를 가질 수 있었다. 4주 동안 진행된 이 강좌를 위해서 원래 있던 40편의 원고 가운데 8편을 추려서 다듬고 재정리하였다. 이 8편 가운데 7편이 이 책에 수록되었다.

그리고 2008년 '성서 속 인물로 읽는 반신학의 수수께끼'(9.11~10.16)를 개설하여, 앞의 40편 가운데 7편을 추려 내어 다듬고 수정 보완하여 강의 자료로 사용하였는데, 이 가운데 4편은 앞의 2006년 강의 원고 8편에서 선별하여 다시 다듬은 것이고, 3편을 새로 선별해 재정리했다. 이 7편은 모두 이 책에 수록되었다.

그 강의 직후 오랫동안 마음의 숙제처럼 간직했던 일을 본격화했다. 그리고 2009년 2월경에야 출판사에 원고를 넘겼다. 강의가 없이는 좀처럼 어떤 일에 집중할 시간이 없는 나에게 몇 안 되는 강의 수강자들은 그러한 결정적인 기회를 제공해 준 셈이다. 마지막으로 출판사 편집자와 의논하면서 두 차례에 걸친 재정리를 통해 원고를 최종 점검하고 난 뒤, 우여곡절 많은 이 책은 태어났다.

삼인출판사의 홍승권 대표는 이번에도 기꺼이 내 책의 출판을 허락해 주었다. 위축된 출판계 사정에도 불구하고 내게는 또 한 권의 저작으로 독자와 대화할 수 있는 기회가 생겼다. 이 책의 편집을 맡아 새로 인연을 맺은 오주훈 님을 포함해서, 삼인 식구 하나하나는 내게 가까운 친구 같다.

요즘 어머니가 편찮으시다. 일종의 불면증이다. 약간의 우울 증상도 있는 듯이 보인다. 벌써 보름이나 지났다. 한 후배는 내 글을 읽으면 잠을 자지 않을 수 없다고 하는데, 이 책이 어머니께 수면제가 될 수 있으면 좋겠다.

설 연휴 마지막 날 밤부터 그 이튿날 오전까지 밤을 꼬박 새며 미친 듯이 글을 정리하고 또 새 글을 썼다. 12시간의 고문을 가하고서야 마무리 점을 찍는다. 해방감과 두려움이 교차하지만, 이젠 무릎 좀 펴야겠다.

2010년 2월 16일

올빼미

목차

감사의 글 5

글머리   정전Canon이 아니어야 성서는 책이 된다,
         타인과 생각을 나누는…… 11

1

첫째 마당   타인의 꿈으로 소모된 여인_**하갈과 사라** 27
둘째 마당   축복을 타고난 아들과 축복을 빼앗은 아들_**에서와 야곱** 40
셋째 마당   사랑받은 여인과 사랑받지 못한 여인_**라헬과 레아** 54

2

넷째 마당   반대할 권리가 필요한 이유_
          포스트 출애굽 체제의 저항자들—다단과 아비람, 그리고 고라 67
다섯째 마당 딸들은 상속자가 될 수 있는가?_
          포스트 출애굽 시대 재산권 논쟁—슬로브핫의 딸들 vs. 한니엘 79
여섯째 마당 러브 스토리 인 딤나_**삼손과 딤나의 여인** 91
일곱째 마당 쉬볼렛, 학살의 기억_**입다** 104

3

여덟째 마당 양들의 침묵_**다말 강간 사건** 115

아홉째 마당   우리야와 다윗 사이, 다윗과 솔로몬 사이_
                             우리야의 아내 vs./and 밧세바 129

열째 마당   영웅은 없다_**민중의 예언자 엘리야** 146

열한째 마당   규방 속에 갇힌 민족의 구원자_**에스더** 163

4

열두째 마당   우리 안의 악마성에 대한 욕망과 투사_**가룟 유다** 179

열셋째 마당   자발적 마녀_**사마리아의, 남편 일곱인 여인** 195

열넷째 마당   성모라는 무거운 짐을 짊어진 여인_**인류의 대모(大母) 마리아** 206

열다섯째 마당 예수 없이 '예수'를 이루는 법_**거라사의 광인(狂人)** 220

5

열여섯째 마당 예수를 만나려면 예수를 죽여라_**바울이라는 사울과 바예수** 237

열일곱째 마당 잃어버린 언어_**빌립보의 '악령' 들린 노예 소녀** 246

열여덟째 마당 바울은 노예해방론자인가?_**빌레몬과 오네시모** 256

열아홉째 마당 예언자와 미혹자_**'자칭 유대인', 니골라 당, 이세벨 당** 269

보론   성서를 읽는다는 것은 마음에 성찰의 기록들을 새기는 것 281

정전Canon이 아니어야 성서는 책이 된다, 타인과 생각을 나누는……

    ''독서 행위'는 있으나 '독서'는 없다.' 좀 과장해서 단언하자면 그리스도인에게 성서란 이렇다. 머리맡에 성서를 놓고 잠이 들고, 외출할 땐 가방 속에 성서를 넣으며, 도시락 위에 성서를 올려놓고 기도한 뒤 식사를 한다. 성서를 늘 가까이하고자 하는 이러한 반복적 행위 이면에는 성서를 항상 읽고 사는 그리스도인의 모범이 전제됐다. 그런 점에서 이런 모습은, 적어도 그리스도인 자신에겐, 일종의 독서 행위에 속한다. 또 그리스도인은 한 해가 시작할 때 습관적으로 성서 통독을 계획하곤 한다. 많은 그리스도인들은 그 통독의 횟수가 신앙심의 척도라고 생각한다. 이러한 통독의 열정 이면엔 독서 행위가 독서 자체라는 오인誤認이 있다. 이른바 '정전 강박증Obsessive-Compulsive Disorder for Canon'이 그리스도인 정체성의 핵심 요소인 것이다.

    그리스도교가 제국의 종교로 부상하던 시기에 정통파의 기수로 등장한 아타나시우스Athanasius는 기원후 367년 부활절 때 27개 텍스트 모음집을 정전으로 선언하면서, 정전은 "누구도 첨삭할 수 없는" 것, 곧 "신성불가침의 책"임을 선언한다. 이것은 이중 배제를 함축하는데, 하나는 정전의 외부, 곧 외경문서Apocrypha를 배제함이고,[1] 다른 하나는 해석을 배제함이다. 곧 정전으로서 성서는 유일무이한 책으로 '해석 불가능의 텍스트'라는 뜻이겠다. 정전에 대한 이 같은 폐쇄적 신앙은 이후 그리스도교 신앙 제도를 통해 지속적으로 견지, 강화되었고, 근대에 이르면 모든 그리스도인들의 신앙에 들러붙은 정전 강박증으로 자리 잡는다.

그런데 해석 불가의 책이라는 주장은 매우 역설적이다. 책이란 문자 매체로 기록된 것인데, 문자 매체란 구술이나 디지털 전자 매체보다 '더 해석적'인 성격을 지니기 때문이다. 문자 매체는 다른 어떤 매체보다 더 보존성이 강하다. 반면 구술 매체는 발설되고 난 뒤 금세 사라지고, 혹 길게 전승되더라도 회자되는 중에 내용의 첨삭이 많은 경향이 있다. 또 인터넷에서 유통되는 텍스트에서 볼 수 있듯이 디지털 전자 매체 역시 매우 빠르게 회전되며 망각된다. 또는 '퍼 나르는' 중에 수정되고 덧붙여지며 삭제된다. 그에 비해 문자 매체는 긴 체류 시간을 가지며 내용상의 변화도 거의 없다. 이렇게 보존성이 강한 문자 텍스트는 역설적이게도 독서 행위 속에서 다양하게 해석된다. 책을 읽는(듣는)[2] 이는 같은 내용을 접하지

---

[1] 여기서 주지할 것은 외경문서가 먼저 있고 그것을 정전의 외부로 결정한 것이 아니라, 정전의 범위를 설정한 뒤 나머지를 외경문서라 규정하면서 그 의의를 폄하했다는 사실이다.

[2] 활판인쇄 기술이 발달하기 전까지 문자로 기록된 책은 대다수 사람들에게는 '듣는' 매체였다. 사람들은 '책 읽어 주는 사람the readers'의 소리를 '듣는 독자hearing readers'다.

만, 그 내용은 그때그때마다 다르게 다가온다. 가령 어떤 책에서 깊은 감명을 받았던 이가 10년이 지난 뒤에 다시 그 책을 읽었는데 아무런 감흥이 없거나, 책이 완전히 새로운 의미로 다가오는 경우가 많다. 이것은 독자가 그 텍스트 저자의 소리를 저자의 의도 그대로 듣는 것이 아니라는 것을 뜻한다. 곧 해석된다는 것이다.

그러니 '성서가 해석되어서는 안 된다.' 는 주장이란 얼마나 역설적인가. 실은, 이 주장과 달리, 성서는 수없이 해석되어 왔다. 그리고 그것으로 인한 견해 차이와 갈등이 있었다. 아타나시우스가 정전 목록을 만들고, 해석 불가를 선언한 것은 그러한 무수한 해석들이 갈등을 낳는다는 사실의 반증일 뿐이다.

그렇다면 아타나시우스 이후 성서는 해석되지 않았을까? 물론 그렇지 않다. 다만 해석을 '독점하는 이' 가 생겼고, 그 독점권을 정당화하고 지켜 내는 권력이 제도화되었다. 그것을 위반하는 이는 이단이 되었고, 가혹한 처벌의 대상이 되어야 했다. 아니 많은 경우엔, 처벌하고 싶은 대상을 이단으로 만들려고 해석 불가 강령을 휘두르곤 했다.

이런 상황에서 교회의 가르침에 순응하는 많은 그리스도인들은 성서를 가장 중요한 책, '책 중의 책' 이라고 믿었으면서도, 그것이 해석되는 것은 경계했다. 그런데도 해석을 원천적으로 막는 것은 불가능하다. 사람들은 실제로 성서를 독서하면서 많은 깨달음을 얻곤 한다. 다만 교회의 가르침과 상충하지 않는 해석만이 '깨달음' 이 되고, 다른 생각들은 '유혹' 이라고 하여 경계할 뿐이다. 그리고 이것이 아타나시우스적 정전 신앙, 곧 해석 불가의 신앙과 결합하면서, 깨달음은 해석이 아니라 신의 계시이고 반면 유혹은 (자의적) 해석이라고 규정된다.

요컨대 정전 강박증은 해석들로 인한 견해 차이와 갈등을 조절하는 능력의 결핍을 '정전화Canonization'라는 해석 독점의 제도를 통해 봉합해 보려는 무능한 교회 지도력의 한계를 보여 준다. 그것은 신앙이 권력을 통해서만 스스로를 유지하는 계기가 되었다. 왜 그리스도교 신앙은 그토록 권력과 친화적일까, 왜 그리스도교 신앙은 무수한 폭력의 가해자였을까, 왜 그리스도교 신앙은 타자들과 화해하고 공존하는 것에 그토록 서투를까……, 이러한 질문들에 대한 대답의 하나는, 내가 보기엔, 이러한 정전 강박증과 연관이 있다.

그래서 나는 이 책에서 정전 해체를 주장한다. 성서는 '그냥 책이어야' 한다. 그것은 다르게 읽힐 수 있고, 또 그래야 한다. 혹 다른 읽기와 해석들이 갈등을 유발하고, 때로 문제적인 경우가 있다 하더라도, 교회는 사람들의 책 읽기를 막아서는 안 된다. 갈등과 분쟁은, 성서를 '독서 불가능의 책'으로 만들어서[3] 봉합할 일이 아니고, 대화의 기술을 발휘하여 조정해야 할 일이다. 그리고 독서와 대화의 장을 마련해, 교인들이 성서에 대해 성찰하고 이해할 수 있도록 해야 한다. 자신의 생각과 다른 이의 생각이 대화를 하면서 교차하게 함으로써, 독서를 통한 깨달음이 독선적인 자기 형성에 이르지 않도록, 타자에 대한 배려와 자기의 형성이 어우러지는 성서 읽기가 되도록, 사람들을 도와야 한다. 이 책에 수록된 글들은 바로 그러한 목적에서 쓰인 것이고, 그 하나의 예를 보여 준다. 실제로 이 책의 저작 과정 자체가 대화로 타자성의 형성을 체험한 사례의 하나

---

[3] 내가 보기엔 성서를 정전화正典化한다는 것은 성서를 독서 불가능의 책으로 만든다는 것을 뜻한다.

이기도 하다.

이 원고들은 내가 담임했던 교회에서 교인이 아닌 이들을 위해 마련된 강좌인 '한백성서교실'에서 만 1년 1개월 동안 계속된 강의를 위해 처음 집필되었다. 총 40회 강좌였고, 다섯 분기로 나누어 진행된 강의의 전체 제목은 '성서 인물사'였고, 다섯 분기의 제목들은 각각 '성서의 위대한 남성들', '성서의 위대한 여성들', '성서의 소외된 남성들', '성서의 소외된 여성들', 그리고 '성서의 라이벌'이며, 각 분기별로 8주씩 8개의 소주제를 다루었다.

이 강의는 성서의 내러티브에서 '위대한' 사람들로 평가된 이들에 대해서는 다소 비판적인 측면을 강조하면서 재해석하였고, 반대 평판의 인물들은 그네들의 가치를 재발견하려 하였다. 이와 같은 일종의 뒤집어 읽기 시도는 작업 자체에서 어려움이 적지 않았다. 무엇보다도 성서 이야기의 큰 흐름을 거슬러야 하니, 재해석을 위한 실마리가 잘 보이지 않는다는 점이 큰 난점이었다. 많은 상상력이 필요했고, 그걸 위해 시, 소설, 영화 등으로 생각의 도움을 얻는, 일종의 교차 읽기 방법이 사용되었다.

그런데 흥미로운 것은 시나 소설, 영화 등에서 상상력의 새로운 가능성이 열리자, 그간 보이지 않던 성서 속의 다른 요소들, 큰 줄거리에 엇나가는 분열적 요소들이, 슬금슬금 드러나기 시작했다는 점이다. 큰 흐름에 순순히 흡인되지 않는 성서 속 흔적들이 도처에서 발견된 것이다. 그러한 발견은, 성서 시대의 고고학적이고 문헌적인 역사적 정보들을 보충함으로써, 재해석의 실마리가 되었다.

이렇게 만들어진 원고로 강의를 하자, 사람들의 상상력은 경계를 넘어서기 시작했다. 그리고 그 상상력은 다시 나에게 더 깊은 상상력의 보고를 열어 주었다. 그것은 다시 이 원고들을 수정 보완하게 했다. 독서는, 그 경계를 넘어선 해석의 행위는, 대화를 낳았고 대화는 다시 더 과감한 해석의 문을 열어 준 것이다.

거의 한 주에 한 편씩을 만들어 내야 하는 '살인적'인 스케줄은 엄밀한 연구를 방해하였지만, 20년이 조금 넘는 나의 공적 글쓰기 이력에서 이렇게 열정을 다해 집중적으로 글쓰기에 몰두했던 때가 또 있을까 생각될 만큼 나름대로 최선을 다했다.

그것은 수강자들과의 관계가 그만큼 좋았던 덕이 크다. 일주일 내내 몰두했어도 늘 부실했던 원고였지만, 놀랍게도 충실하고 깊은 대화가 오갔고, 그 대화의 즐거움이 피로감을 극복하는 가장 큰 동인이 되었다. 그런데 더욱 중요한 것은 그 이야기 나눔에서 우리는 서로 생각하지 못했던 것들을 각기 새롭게 발견했다는 데 있다. 내 원고는 집필 과정에서는 나름의 목적성과 자기 완결성을 가졌지만, 실상은 대화를 위한 하나의 매개체 역할을 한 셈이었고, 실제로는 그 대화 속에서 서로 뜻하지 않은 새로운 이해에 도달한 경우가 많았다.

성서의 한두 인물을 주인공으로 하여, 그 사람(들)에 대한 통념적 이해 속에 숨겨졌던 성서 이야기의 행간을 역사적·문학적 상상력을 동원해서 재해석한 내 글은 대화의 실마리가 되었다. 사람들은 제각기 자신의 직간접 경험을 토대로 상상력을 발휘하여 나의 해석을 보완하거나 다른 해석을 끌어냈다. 특히 그것이 대화 중에 사람들의 마음속에 불현듯 침입해 들어온 생각일 때, 대화는 더욱 풍부해졌다. 요컨대 타인의 글이나 생각이 실마리가 되고, 그것을 매개로 대화가 꼬리에 꼬리를 물고 이어지면서 전에는 미처 생각하지 못했던 자신의 생각 또는 해석이 떠오른 것이다.

이 책의 보론은 이런 경험을 성서 해석학적 이론으로 다듬어 본 것이다.

이런 낯선 발견은 독서의 즐거움을 주었다. 무엇보다도 낯선 생각이 끼어들었기 때문에 즐거운 것이다. 텍스트가 매번 같은 의미로 다가온다면 독서는 즐거움을 줄 수 없다. 정전이 그렇다. 미리 정답이 정해졌으니 그렇다. 그 정답을 거스르는 게 금지됐으니 그렇다. 독서의 즐거움은 예기치 않은 생각의 발견을 이끌어 줄 때 발생한다.

함께 책을 읽는 모임에서 그러한 즐거운 발견은 대화를 하면서 자신에게 찾아온다. 또한 대화를 하면서 다른 사람의 생각에 끼어든다. 그 대화는 '수다'에 가깝다. 꼬리를 물고 이어지는 생각들의 에피소드들은 남을 설득하거나 논쟁하려는 것이 아니고, 또는 타협과 합의를 목적으로 하는 것도 아니며, 그냥 무엇인가 떠오른 자기 생각을 늘어놓고, 그것이 다른 이의 다른 생각을 도와주며 경청하게 한다. 그래서 독서의 즐거움은 즐거운 대화 또는 수다의 원인이자 결과다.

진지하지만 웃음이 있고, 웃음 속에 생각의 긴장이 있다. 긴장이 있다는 것은 머릿속을 스치는 상상력이 상투적인 생각의 스토리 라인을 흔든다는 뜻이다. 자신의 지난 경험의 의미들이 재조합되는 것이겠다. 그런데 이러한 재의미화 과정에 타인과의 수다가 끼인다. 다른 이가 말한 것이, 그이(들)의 모습과 분위기와 몸짓이, 그이(들)가 겪어 왔던 고통과 행복의 사연들이 머릿속을 스쳐 지나가며 새로운 상상력을 낳는다. 그 상상력에는 타인이 포함됐다. 곧 고독한 자기와 사투해 얻은 자신만의 생각이 아니라, 수다 속에서 타인과 어우러진 생각이다. 자기 생각의 발견에는 타자성이 있다. 타인을 존중하고 존경하는 마음이 그 생각의 발견 속에서 일부를 이룬다. 그런 점에서 함께 나누는 독서의 즐거움은 성찰적이다.

이것을 학문으로서 역사학의 서술 방식으로 기술할 때 포스트 역사학적 상상력이 된다.

이 강의 가운데, 또는 강의가 끝난 뒤, 그이들의 대다수는 교인이 되었다. 서로에 대한 존경심이 서로를 헤어질 수 없게 한 것이겠다. 그리고 나는 책을 펴낼 마음을 먹을 수 있었다. 강의에서 나눈 생각들로 원고를 보충할 단서들을 얻을 수 있었고, 그것이 작지 않은 의의가 있다는 생각을 가졌다. 총 40편 가운데 19편의 원고를 추려 냈고, 그것을 재정리하였다. 그리고 탈정전적 성서 읽기에 관한 보론 하나를 덧붙임으로써 이 책을 완성했다.

19편의 원고들은 시대 전개를 따라 '선조들', '지파 동맹 시대의 인물들', '군주제 시대와 식민지 시대의 인물들', '복음서 속의 인물들', 그리고 '초기 그리스도교의 인물들'로 분류하였는데, 편의상의 분류에 지나지 않는다. 나의 글이 대체로 역사적 상상력을 중요시한 탓에 인물의 시간적 배치에 관해 독자들에게 약간의 편의를 줄 수 있다면 좋겠다는 생각이다.

마지막으로 이 원고를 출판사에 넘긴 뒤에 있었던 두 건의 만남에 관한 얘기를 덧붙이고자 한다. 첫 번째는 제1성서(구약성서) 연구자인 유연희 선생과의 만남이다. 그녀의 관심은 일종의 탈성적de-sexual 성서 해석, 또는 그것을 더 급진화한 퀴어(Queer, 반反 젠더주의적 동성애론)적 성서 해석에 있다고 할 수 있다. 그녀는 이성애주의적 성서 해석을 넘어서는 새로운 읽기의 가능성을 여러 글에서 탐색해 왔으며, 최근 들어 퀴어적 동성애의 관점을 구체화하고 있다.

그런데 그녀의 문제 제기 역시, 성서 읽기에서 독자의 상상력을 중요시한다는 점에서 나와 관점을 같이 한다. 성서 텍스트의 본문 구조는 닫힌 것이 아니라 열린 것이다. 독자가 자기 자신의 경험과 문제의식으로 본문을 읽을 때 텍스트는 그(녀)에게 자신의 구조를 푸는 열쇠를 건네준다. 독자가 그 열쇠로 텍스트의 문을 열고자 꼼꼼히 그리고 치밀하게 읽기를 수행할 때, 견고한 텍스트 구조의 문은 활짝 열린다. 이렇게 하여 독자와 텍스트 간의 대화는 이루어지는 것이다. 그리고 독자는 텍스트로 깨달음을 얻는다. 물론 이 깨달음은 영구불변의 것이 아니다. 독자의 경험과 문제의식이 바뀌면, 텍스트를 통한 상상력은 다르게 나타나며, 그 깨달음의 내용 또한 달라진다. 이러한 성서 해석 방법을 그녀는 '치밀한 읽기' 라고, 임의로 이름을 지어 말한 바 있다.

나는 '포스트 역사학적 성서 읽기' 라는 표현을 사용한 바 있는데, 이것은 역사주의적 성서 읽기에 대한 비판을 함축하는 표현이다. '역사주의적' 이라는 표현의 핵심은 텍스트가 내포하는 '과거의 사실' 이 '유일무이하다' 는 데 있다. 바로 그 유일무이한 사실을 발견하는 것이 역사학의 목표이며, 그런 점에서 성서 해석도 그 유일무이한 진리를 찾아내는 데 목적이 있다.

그러나 유일무이한 그 과거를 역사학은 결코 알 수 없다는 것이 19세기까지 역사학의 결론이며, 성서 비평학의 귀결이었다. 이것은 역사가歷史家 또는 성서에 대한 (역사적) 비평가[4]가 결코 객관적인 사실의 탐구자일 수 없다는 것을 의미한다. 요컨대 역사가의 비평적 상상력이 해석에 영향을

---

[4] 19세기까지 성서학을 지배한 방법은 역사적 비평 방법이었다. 그런 점에서 성서 비평가란 성서에 대한 역사적 탐구를 하는 전문가이다. 적어도 이 시기까지는 그랬다.

미친다는 것이다. 그런 점에서 역사학은 위기에 봉착했다. 이에 그 위기를 타개하려고 역사학이, 과거 사실을 발견하는 학문이 아니라, '과거와 현재 사이의 대화'를 역사적으로 서술하는 것이라는 논점이 제기되었다.

그렇다면 역사는 유일무이한 과거가 아니라 그때그때마다 '다른 역사적 사실'을 드러낸다. 곧 무수한 역사 '들'이 존재한다. 그것은 역사가/비평가의 상상력이 그때그때마다 다르기 때문이다. 그런데 이렇게 말하면 역사가/비평가의 상상력이 특별한 이들의 독점물이어야 할 이유는 없어진다. 모든 사람이 역사학의 주체이고 역사적 서사를 만들어 내는 역사 해석자일 수 있다. 그런 점에서 '역사가의 상상력'을 '역사적 상상력'이라고 말해도 무방하다.

성서를 역사로 읽는다는 것도 그렇다. 성서가 과거 야훼 신앙에 관한 기록이라고 할 때, 현대인이 그것을 읽는다는 것은 곧 '역사적 읽기'인 셈이다. 그리고 이 '역사적 읽기'는 독자인 현대인의 상상력과 얽히면서 그 의미를 드러낸다. 그것을 독자가 이야기하거나 글로 쓸 때 역사는 재현되는 것이다. 이러한 성서 읽기 방법을 나는 '포스트 역사적 성서 읽기'라고 표현한 것이다. 그렇다면 유연희 선생과 나의 방법은 서로 동일한 주장을 다르게 표현하는 것이 아닐까. 물론 더 이야기하면 그 차이가 부각될 수도 있다. 하지만 그녀와 나는 아직 독자적인 읽기 방식을 세세하게 발전시키지 못했고, 그런 점에서 서로의 차이를 발견하지는 못하였다.

나는 그녀의 많은 글들이 성서의 인물들을 다루어 왔다는 데 주목하여, 성서의 인물들에 관한 연작을 펴내자고 제안하였고, 그녀는 기꺼이 동의했다. 그리고 삼인출판사는 그것을 허락하였다. 그러므로 내 책의 속편은 유연희 선생의 책이 될 것이다. 글의 형식은 조금 다르겠지만, 그녀도 성서를 주석자나 성직자가 독점하는 해석이 아니라 모든 독자가 함께 나누는 해석을 강조한다는 점에서, 이 두 권의 연작은 같은 방향을 바라본다.

한편 두 번째는 '비블리오 드라마Biblio-Drama' 전문가인 김세준 교수와, 그를 내게 소개해 주었고 거기에서 일종의 탈계몽주의적 기독교 교육학의 가능성을 탐색하는 손성현 교수와의 만남이다. 비블리오 드라마는, 내가 제대로 봤다면, 심리 치료의 방법인 역할극Role Play을 성서를 매개로 하는 대화 방식으로 고안한 것이다. 하지만 그것은 하나의 방법을 넘어선다.

그것을 내 주관적 해석으로 풀면 이렇다. 비블리오 드라마에 참여하는 사람은 성서를 정전이라는 틀에서 벗어나서 본다. 성서 이야기에 대한 교리적 이해는 상투적인 독서를 낳는다. 엄밀히 말하면 그런 독서는 불가능하다. 이미 읽기 이전에 답이 있으므로 읽을 필요가 없는 것이다. 그리스도인들이 성서를 읽는 것은, 독서가 아니라 일종의 종교적 수련 행위인 셈이다. 서두에서 내가 말한 '독서 행위는 있되 독서는 없는', 바로 그런 것이다. 그런데 비블리오 드라마는 성서의 스토리 라인에 자기의 경험을 적극적으로 끼워 넣음으로써 새로운 스토리 라인을 즉흥적으로 구성하게 한다. 그런데 이렇게 재구성된 스토리 라인은, 다른 사람이 다른 방식으로 이야기를 만들어 끼어들면, 다시 변형된 스토리 라인이 된다. 한 사람의 이야기와 다른 사람의 이야기가 서로 얽히면서 계속 새로운 이야기로 재구성되는 것이다.

성서를 매개로 사람들은 대화를 한다. 각자의 생각과 경험이 중요한 실마리가 되는 재구성을 '제1차적 재구성'이라 하고, 대화를 하는 와중의 생각과 경험이 반영되어 의미가 재구성되는 것을 '제2차적 재구성'이라고 하자. 여기서 중요한 것은 제2차적 재구성에는 자기 생각과 경험만이 아니라 타인의 의미가 어우러졌다는 점이다. 곧 자신의 것과 타인의 것이 얽혀 들면서 발생하는 이야기인 것이다. 그러므로 제2차적 재구성, 곧 대화를 통한 성서 이해는 자신의 경험, 타인의 경험, 그리고 그것이 조합되는 양식에 따라 그때그때마다 다르게 나타난다. 요컨대 성서 이해는, 교리적 관점처럼, 고정된 것이 아니라 매 순간 다르게 다가온다.

이 제2차적 재구성은 비블리오 드라마 참석자가 각자 느끼는 의미이지 서로 합의하거나 절충한 결과가 아니다. 요컨대 그들은 각자 깨달은 것이지 서로 타협하여 결론을 도출한 것이 아니다. 비블리오 드라마가 지향하는 대화란 이런 것이다. 그것은 협상가들이 서로 협상해서 공통의 결론을 도출해 내는 것이 아니라, 각자 자기 자신의 성찰에 이른 것을 의미한다. 그래서 참여자는 서로 각자 자신의 의미를 발견한 것이지만, 그것이 자기 자신의 발견이라고 생각하는 것이 아니라 상대와 생각을 나눈 것이라고 믿는다. 대화란 이렇게 각자 의미를 발견하지만, 타인과 생각을 나누는 과정, 친구 맺기의 과정을 뜻한다. 비블리오 드라마는 이런 성서 읽기를 독려하는 매개 장치이며, 드라마적 삶의 나눔을 예시하는 압축적 삶의 양식이다.

비블리오 드라마에 참여하고 배우며 그 가능성을 확장하려고, 김세준, 손성현, 이 두 사람과 함께한 프로그램을 내가 일하는 연구소에서 기획하였다. 이는 하나의 가능성에 대한 탐색인데, 가능성이 엿보인다면 그것의 신학적, 인문학적 탐구를 좀 더 해 볼 생각이다.

이 두 건의 만남은 나와 뜻을 공유하는, 성서 읽기의 다른 시도들과 관계할 가능성을 열어 주었고, 내 생각의 지평을 더 열리게 하는 기회를 선사해 주기도 했다. 다른 한편으로는 그이들에게도 그러한 기회가 되기를 기대한다. 무엇보다도 이런 시도들을 도구 삼아, 독자들이 성서와 생각과 의미를 서로 나누는 친구가 되고, 또한 성서를 통해 이웃과 친구가 되는 하나의 계기가 되었으면 좋겠다.

1

첫째 마당 • 타인의 꿈으로 소모된 여인_**하갈과 사라**

둘째 마당 • 축복을 타고난 아들과 축복을 빼앗은 아들_**에서와 야곱**

셋째 마당 • 사랑받은 여인과 사랑받지 못한 여인_**라헬과 레아**

타인의 꿈으로 소모된 여인
하갈과 사라

●

　영화 〈씨받이〉(임권택 감독, 1987)는 조선시대 한 양반 종갓집에 아들을 낳
아 주려고 씨받이로 팔려 갔던 옥녀(강수연 분)의 이야기를 다룬다. 씨받이
여인들이 모여 사는 마을, 그곳에 필녀(김형자 분)·옥녀 모녀가 살았다. 필
녀가 딸을 낳음으로써 씨받이 역할에 실패하여 함께 산 모녀다. 그런데
옥녀는 지지리도 가난한 삶에 평생 짓눌리고 싶지 않아 절반은 자발적으
로 씨받이로 나선다. 마침 양반 종갓집 독자인 상규(윤양하 분)가 씨받이를
찾았기에, 열여섯 소녀는 어미의 반대에도 불구하고, 자진해서 그이들을
따라나선다. '아들만 낳아 주면, ……', 잃을 것은 생각하지 못하고 얻을
것, 누릴 것만 꿈꾸며 그 야박한 운명의 길에 자발적으로 들어선다. 그리
고 적어도 아이를 낳기까지 모든 게 풍족했던 집에서, 마치 본처(방희 분)의
자리라도 꿰찬 양 다소 도도해지기까지 하면서, 나름의 행복에 젖는다.

그러나 그녀는 씨받이일 뿐이다. 그녀의 자궁은 남성과 연분을 맺는 사랑의 기관도, 아이와 합체를 이루는 모성애적 기관도 아니다. 그녀의 자궁은 생산성이라는 교환가치를 갖는 상품이며,[1] 불임의 양반 가문 소비자의 가계家系를 잇기 위해 쓰여야 한다.

불행은, 이러한 거래 관계에 몸을 내맡겼는데도 그것에 순응하지 못하는 모성 본능 탓에 발생한다. 옥녀는 상규와 사랑에 빠졌고, 아기에 대한 모성애를 지우지 못했다. 모든 여성들의 바람직한 삶의 가치라고 여겨졌던 그것이 그녀에겐 금지된 것인데도. 그녀와 육체를 나눈 남자나 10개월간 그녀의 태반을 차지했던 아이는, 그녀에겐 결코 넘을 수 없는 담장 저편에 있는 타자였다. 결코 넘을 수 없음에 절망했던 여인. 그녀의 한恨. 그래서 그녀는 그 담장 너머가 바라다 보이는 집 앞 나무에 목을 맨다.

● ●

모든 사회는 특유의 전통을 갖는다. 거기에는 그 사회의 오랜 경험이 축조되어 있고, 선과 악, 옳고 그름, 아름답고 추함의 가치를 판별하는 지혜가 담겼다. 그런데 이 지혜라는 것은 결코 중립적이지 않다. 지혜란 항상 어떤 편견 위에서 가치판단의 잣대로서 작동한다. 그런데 중요한 것은 그 사회 구성원들이 그것을 편견이라고 믿지 않는다는 것이다. 사람들이

---

[1] 아들을 낳아 주면, 몸 푼 대가로 일정액의 '허우채'를 받고, 친권과 양육권, 아니 아이의 존재에 대한 일체의 연을 다 놓은 채 돌아간다. 만약 딸을 낳으면 그 절반의 허우채만이 주어지며, 딸의 친권과 양육권, 모두가 그녀 자신의 몫이 된다.

그 지혜가 보편적인 가치를 담았다고 생각(착각)함으로써, 그것은 그들 자신에게 지혜가 된다. 그러므로 지혜란, 그 사회의 질서, 그 틀을 주도하는 특정 부류의 욕구가 미화되어 보편적인 것처럼 받아들여지는 인식 체계라고 할 수 있다.

한데 지혜를 보편적으로 받아들이려면, 노골적으로 특정 부류를 편들어서는 안 된다. 오히려 지혜는 추상적이고 이상적인 존재를 편든다. 이 '이상적인 존재'라는 것이 매우 흥미롭다. 그것은 특정 계층의 이해가 다른 계층의 것보다 더 많이 반영되어 있지만, 동시에 현실의 어느 누구도 그 이상을 충족시킬 수 없기 때문이다. 그래서 모든 존재는 지혜의 틀 속에서 소외되고 주변화된다. 중심적 존재는 현실에선 존재하지 않는 이상화된 존재뿐이다.

그런데도 이러한 소외와 주변화 체험은 사회를 재생산하는 동력이 된다. 왜냐하면 그 사회의 모든 존재들은 그 지혜의 시선sight 아래에서는 미완성의 존재여서, 완성을 향해 가야 할 공통의 방향을, 공통의 지향점을 갖기 때문이다.

〈씨받이〉는 남근 중심적 혈통 사회의 가치가 조선 사회에서 지혜의 축을 이룬다는 사실을 전제한다. 그로 인하여 한 양반 가문의 불모성은, 어머니와 아들, 남편과 아내, 시어머니와 며느리, 가족 모두를 신경과민 상태에 놓이게 하고, 대화를 단절시키며, 서로를 고독하게 한다.

그런데 외부자, 그 가족과 함께 고통과 갈등을 공유하지 않은 한 여자가 그 가족 안으로 들어온다. '씨받이'는 그 불모의 가족 안에서 그네들의 신경과민과 갈등, 욕망의 뒤틀림을 몸으로 품은 이다. 그들은 자신들의 상처를 그녀에게 퍼붓고, 그네들의 뒤틀린 욕망들은 그녀의 자궁 속으로 흡수된다. 그리고 가족의 갈등은 봉합된다. 이렇게 '씨받이'는 가족의 위기를 해소하고 가족을 통합하게 한다.

그렇지만 바로 그 통합의 수단, 씨받이라는 외적 요소에 의존하는 해결책은 그 사회의 지혜에 위배된다. 씨받이가 잉태한 아이와 함께 새로운 고통들이 잉태된다. 딜레마다. 가부장적 혈통 사회의 지혜에 따라 가문의 혈통을 지키려면 씨받이가 필요했는데, 씨받이라는 존재 자체가 그 지혜의 위반이다. 이에 아이를 낳은 씨받이는 새로운 위기의 불씨가 된다. 이런 때에 질서는 특히 편파적이 된다. 이질적인 존재를 제거함으로써 가족의 위기를 봉합하는 것이 일반적인 위기 해소법이다.

영화 〈씨받이〉는 씨받이 여인을 죽임으로써 유지되는 혈통 사회를 묘사한다. 조선 사회의 씨받이 여인은 그렇게 죽어야만, 일그러져 꼬인 세상의 실타래를 푸는 존재가 될 수 있다. 마치 힌두 사회에서 과부는, 남편을 화장할 때 장작더미에 올라가 함께 순장되어야만 숭고한 과부인 '사티'가 되어 꼬인 세상을 정화하는 아름다운 이야기의 주인공이 될 수 있듯이 말이다.

성서는 고대 이스라엘 사회에서 씨받이였던 한 여인의 비극적 이야기를 담았다. 아브라함의 첩이 된 '하갈'이 그녀다. 그 사회의 질서를 위해 씨받이가 되었고, 아이를 낳은 후 사회의 질서를 전복시키는 위험 요소가 되었다가 결국 추방당한 여인이다. 여기까지 보면, 성서는 편파적인 야훼의 지혜를 보여 준다.

그러나 야훼에 관한 이스라엘 대중의 기억, 그 이야기에서 유래한 성서를 다시 보면 이스라엘 사회의 질서 보존을 지향하는 줄거리가 흔들리는 대목이 도처에서 엿보인다. 스스로의 흐름을 해체하는 요소가 성서 속에 담겼다. 성서의 역사는, 그 지배적인 흐름의 틀 안에 반反역사를 내장했는데, 이 글은 바로 그 '반역사의 역사'를 살펴보는 데 초점이 있다.

● ● ●

이스라엘은 기원전 13세기경 가나안 중부 산악 지역에서 비로소 역사의 무대에 등장한다. 그 전 몇 세기에 걸쳐 서서히 이주해 들어온 유민들이 그 모태였다. 아마도 그들은 주로 서부 평야 지역에 있는 성읍 국가들의 예농隷農 출신이었을 것이다. 기원전 15세기경부터 가나안 지역에 대한 이집트의 통제력이 약화되자, 거중조정자居中調停者가 사라진 이 지역 성읍 국가들 간에는 무한 경쟁이 벌어졌고, 이것은 이 소국들의 체제 유지와 재생산에 필요한 비용이 대단히 높아졌다는 것을 뜻했다. 이런 상황 변화는 광범위한 예농의 유민화流民化 현상을 낳았다.

많은 이들이 성읍 국가를 탈출하여 떠돌아다녔다. 가나안 중부 산악 지역은 농경이 불가능해 인구도 희박했고, 성읍 국가들의 통제력이 미치지 않는 곳이었기에, 유민들이 점차 이곳으로 몰려들어 오는 것은 당연한 일이었다. 마침 이 기간에 산지 거주민들이 산악 지역에 저수 설비 기술을 개발했고, 이로 인해 농경이 가능해짐에 따라 더욱 큰 촌락 형성의 기반이 마련됐다. 수백 년에 걸친 기간은 정착민들 사이에 공동 정체성을 갖는 집단화를 자연스레 야기했다. 사람들은 씨족이 되고, 부족이 되며, 부족 연합이 되었다.

이제 중부 산지는 도시국가들의 관심 영역이 되지 않을 수 없었다. 그들이 고용한 용병들의 공격이 간헐적으로 계속되었고, 또 주인을 찾지 못한 용병들은 도적 떼가 되어 사람들을 습격하곤 했다. 산지 촌락민들은 다시 예속되어 착취당했고, 얼마 뒤 어떤 영웅들에 의해 해방을 체험하곤 했다. 성서의 '사사士師'[2]들이 바로 그들이다. 이러한 재식민화와 해방의 반복적 경험은 공동체의 결속력을 더욱 강화시켰을 뿐 아니라, 공동체 간의 결속 범위를 확대시키는 계기가 된다.

이 과정에서 초기 이스라엘의 부족 동맹이 형성되고, 특히 야훼 신앙을 가지고 온, 이집트 출신 유민들인 '모세집단'의 가세는 이 부족 동맹의 역사에 결정적인 역할을 했던 것 같다. 이들의 신 야훼는 유랑자들의 신이어서, 정착자들의 질서인 권력에 대해 도전적이고 또한 매우 호전적이었다. 아마도 모세집단이 부족 동맹의 일원으로 가장 쉽게 적응한 이유는 그들의 전투력 때문이었을 것이다. 더구나 이들의 신이 착취를 정당화하는 정착지 성읍의 신들과 달리 평등 지향적이라는 사실은, 모세집단의 야훼를 부족 동맹의 최고신 '엘'과 동일시하는 결정적인 계기가 되었을 것이다. 이로써 야훼 신앙으로 무장한 이스라엘 부족 동맹이 탄생한다. 해방자 신과 그 백성의 하느님 나라 건설 이야기는 기원전 12세기경에 야훼 신앙이라는 이름으로 역사에 등장한 것이다. '왕 없는', 호혜적이며 평등

---

2 제1성서에서 히브리어 쇼파팀shôphatîm을 한글번역본인 새번역성서는 '사사'로, 공동번역성서는 '판관判官'으로 옮긴다. 영어성서는 일반적으로 'judge'로 번역한다. 이들은 부족 또는 부족 연합을 위기에서 구출해 낸 전쟁 영웅이거나 또는 어떤 위기를 해소하게 하는 능력을 발휘한 존재인데, 쇼파팀은 결코 공식적인 지위로 인정된 것이 아니라는 점이 중요하다. 이스라엘 부족 동맹 사회에서는 공식적인 지위를 경계하는 경향이 있었으며, 그런 지위를 유지할 만한 정치적 제도도 구축되지 않았다. 그러나 이들은 부족 또는 인근의 몇 개 부족 사이에서 지속적으로 존경의 대상이 된 인물들인 경우가 많다.

한 이상을 구현하는 부족 연합체의 꿈은 야훼라는 이름을 통해 후대의 야훼주의자들에게 지속적으로 이야기를 건네는 것이다.

아브라함, 이삭, 야곱 등 이스라엘의 조상 이야기는 바로 이런 이상을 담고 형성된, 오랜 세월에 걸친 일종의 뿌리 찾기 노력의 결과였다. 수많은 단편적인 이야기들이 부족 동맹의 수호신 야훼를 중심으로 얽히고설켜 거대한 신화 복합체를 형성했다. 이스라엘 부족 동맹은 공통의 뿌리 신화를 가진 집단으로 태어났다. 이 신화에는 야훼 중심의 지혜가 담겼다. 아브라함 설화에 포함된 하갈의 이야기도 바로 이 야훼적 지혜를 담은 일화의 하나다.

하갈은 아브람(후에 '아브라함'으로 개명)의 아내 사래(후에 '사라'로 개명)의 이집트 출신 몸종이었다. 그녀가 이집트 출신이라는 점은 의미심장하다. 고대 이스라엘 대중은, 자기들이 야훼의 도움으로 이집트로부터 탈출한 이들의 후예라는 선입관을 가지고, 이 신화를 접한다. 아마도 모세집단의 기억이 이스라엘 부족 연합의 일반적 기억으로 자리 잡은 탓이겠다. 이들, 신화의 수용자들에게 이집트는 자신의 조상을 억압했던 자들이자, 나아가 권력 일반을 가리키는 상징이다. 그들은 이집트를 증오했다. 그리하여 하갈이 이집트인이라는 점은, 신화의 수용자들인 이스라엘로 하여금 그녀를 부정적으로 보게 한다.

한편 유랑자인 아브람에게 정착 공간을 확보한다는 것은 지상 과제였다. 다행히도 야훼의 도움으로 10년간이나 가나안 지역에 체류할 수 있었다. 그러나 시간의 흐름은, 한편으로는 이것이 '꿈의 실현'이었지만, 다른 한편으로는 꿈 실현의 위기임을 암시했다. 왜냐하면 늙어 가는 아브람의 대를 이을 '아들'이 없었기 때문이다. 아내 사래는 자신의 몸종을 남편에게 준다.

> 사래가 아브람에게 말하였다. "주님께서 나에게 아이를 가지지 못
> 하게 하시니, 당신은 나의 여종과 동침하십시오. 하갈의 몸을 빌려
> 서, 집안의 대를 이어갈 수 있기를 바랍니다." 아브람은 사래의 말
> 을 따랐다.
> ─「창세기」 16장 2절

신화의 수용자는 여기서 원수의 딸, 그녀의 육체를 빌려야 하는 이스라
엘의 운명에 문제를 느끼지 않을 수 없다. 여기서 야훼의 질서는, 민족을
번성케 한다는 이스라엘 성립의 이상은, 모순에 빠진다.

하갈의 임신은 아브람 집안의 위기를 해소한다. 이제 아브람에게는 대
를 이을 아들이 약속되었다. 불임의 여인 사래는 자기 몸종의 태胎를 통
해 남편 가문에 대한 의무를 이행한다. 그리고 야훼는 아브람과 행한 약
속을 준수할 수 있다. 하지만 위기의 해소가 또 다른 위기라는 점을 누가
알까. 하갈의 자궁이 지닌 모호함 때문에 그러하다. 그녀의 자궁은 사래
의 소유였지 그녀 자신의 것이 아니다. 그런데도 그녀가 종인 이상, 그리
고 원수 족속인 이집트 여인인 이상 그녀는 사래일 수 없다. 다르면서 동
일해야 하는 모순. 여기서 두 여인의 관계는 어디서부터 갈라져야 하고
어디서부터 같아야 하는지가 혼돈스러워진다.

사래는, 자신과 결코 같을 수 없는 신분의 하갈이 자신의 아들을 임신
해서 자신과 동일한 존재가 된다는 것에 불안을 느낀다. 하갈은 이방 족
속 출신 종의 신분이었으나, 사래의 아들을 낳은 태의 소유자였기에 사래

와 동급의 욕구를 실현한 주체이고 싶었다. 그러니 양자 사이에 투기鬪技가 벌어진 것은 당연한 일이겠다.

> 아브람이 하갈과 동침하니, 하갈이 임신하였다. 하갈은 자기가 임신한 것을 알고서, 자기의 여주인을 깔보았다. 사래가 아브람에게 말하였다. "내가 받는 이 고통은, 당신이 책임을 지셔야 합니다. 나의 종을 당신 품에 안겨 주었더니, 그 종이 자기가 임신한 것을 알고서, 나를 멸시합니다. 주님께서 당신과 나 사이를 판단하여 주시면 좋겠습니다." 아브람이 사래에게 말하였다. "여보, 당신의 종이니, 당신 마음대로 할 수 있지 않소? 당신이 좋을 대로 그에게 하기 바라오." 사래가 하갈을 학대하니, 하갈이 사래 앞에서 도망하였다.
> ─「창세기」16장 4~6절

신화의 수용자는 여기서 여인네들의 암투를 다소 냉소적으로 지켜본다. 한편 아브람은 이 과정을 매우 소극적인 모습으로 관조한다. 한데 이상한 것은 아브람이 침묵할수록 그녀들의 갈등은 아브람과는 무관한 그녀들 자신의 투기 탓이 된다. 반면 그녀들의 욕구는 남편의 욕구였다.

아무튼 이 새로운 갈등의 결과는 불을 보듯 뻔한 것이었다. 사래는 그녀를 학대했고, 하갈은 도망쳤다. 그러면 아브람 가문의 불임 위기가 재개된다. 원상태로 돌아간다. 질서의 교란이다. 하갈이 사래의 종이기를 거부하고 도망한 것이다. 마치 파라오의 종이기를 거절한 히브리처럼, 가나안 도시국가 왕들의 예속민隸屬民이기를 거절한 유민들처럼. 그런데 이때 야훼는 히브리나 유민들의 경우와는 달리, 도망자의 편이 아니다. 야훼는 이스라엘의 조상인 아브람 가문의 질서를 지켜 주어야 했다. 부족 동맹 사회에서 야훼 전통은 그렇게 의미가 '고정'되었다. 그 야훼는 이스라엘 사회가 기억하는 야훼인 탓이겠다. 여기서 하갈은 권력자의 종이기보다 원수 종족인 이집트인으로 부각된다. 그녀의 상대편이 이집트의 파라오가 아니라 아브람과 사래였기 때문이다. 그래서 야훼는 하갈에게 명한다. 주인 곁으로 돌아가라. 그래서 고통을 참고 견디어라(16:9)라고.

돌아간 하갈은 아들 이스마엘을 낳았다. 그리고 시간이 다시 흘렀다. 이스마엘이 성년이 된 직후(13세), 사래가 임신을 한다. 불임의 태에서 아기가 나올 거라는 약속과 더불어 아브람은 아브라함이 되고, 사래는 사라가 된다. 이 집안을 누르던 갈등에 변화의 조짐이 인다. 사라가 출산하자, 그녀는 하갈을 애초의 관계로 복귀시키려 한다. '사래—아브람—하갈'이라는 연계된 운명의 고리에서 그녀를 떼어 낸다. 그러나 이제 와서 복귀라는 건, 모든 상황을 무화시키는 건 불가능하다. 사라는 이스마엘이 자신의 아들 이삭과 함께 노는 것을 볼 수 없었다. 이스마엘과 하갈을 자신들의 운명에서 떼어 놓는 일이란 이 비천한 모자를 추방하는 방법뿐이다.

아브라함은 여기서 고민하는 존재로 나온다. 마치 도의상 이스마엘을 버릴 수는 없는, 애정 많은 가부장의 모습이다. 복잡한 상속 관계를 청산한다는 점에서 저들 모자의 추방은 아브라함 자신의 위기 해소이기도 하지만, 여기서는 마치 사라만의 투기鬪氣의 결과처럼 묘사된다. 그리하여 신화의 수용자는 이 이야기에서 사라의 비정함만을 읽으면 된다. 하지만 아브라함의 결정이 없으면 모든 것이 불가능하다.

야훼가 다시 개입할 때가 되었다. 물론 여기서도 그이는 아브라함 가문의 질서를 지켜 주는 데만 관심이 있다. 첫 도주에서 야훼가 하갈에게 약속한 큰 민족에 대한 약속은 아브라함 가문과는 별개의 것으로 실현된다. 이로써 하갈의 아들 이스마엘은 한 종족의 조상이 될 수 있었다.

여기서 하갈 신화의 수용자는 자신들의 조상인 아브라함 부부가 비정하고 야비한 이가 아니라는 자기 위안을 받는다. 곧 수용자는 이중적으로 하갈 텍스트를 본다. 한편으로 야훼는 비천한 여종을 단순히 저버리지는 않은 사려 깊은 존재라는 것을 읽을 수 있다. 또한 다른 한편으로 결국 원수의 딸은 이스마엘 족속이라는 것, 또 그녀가 골육을 등지고 사는 야만적인 부랑자 족속의 조상을 낳았다는 걸 발견한다. 그래서 수용자는 생각한다. 그러면 그렇지, 아브라함과 사라가 쫓아낼 만했군, 이라고.

● ● ● ●

이러한 성서의 주류적 서사에서 야훼는 민족주의적 감정을 불러일으키는 신으로 존재한다. 그런데 애초의 만남이 뜻했던 해방의 사건은 노예의 해방이요 권력으로부터 탈출을 뜻했었다. 그러나 그 만남의 사건이 전승되면서 원초적 의미는 이집트인에 대한 적개심으로 발전했고, 또 다른 종들을 착취함으로써 자신들의 욕구를 충족시키려는 권력자의 눈빛을 발산했다. 신의 복수에 찬 이러한 시선에는 계급적이고 성적인 소외자를 '희생양'으로 선택한 야비함이 깃들었다. 하갈은 이러한 박제된 야훼 신앙의 전통 속에서 종족적으로, 계급적으로 그리고 성적으로, 일체의 배타주의적 가치에 착취당한 사람을 상징한다. 그녀는 몸을 통해 자신의 꿈을 실현하기보다는 타인의 억눌린 욕망을 위해 소비되어야 하는 운명을 가진 모든 사람을 상징한다. 그리고 그 교환가치가 소멸되는 순간 소모품으로 처리되는 모든 무가치한 존재를 상징한다.

그런데 다행히도 성서 텍스트 내에는 이러한 주류적 서사의 흐름을 어그러뜨리는 에피소드들이 도처에 자리를 잡고 있다. 우선 그녀는 하느님(의 사자)을 만난 성서의 첫 인물이며, 그이의 이름을 부른 첫 사람이다. 나를 돌보아 주시는 하느님!(엘 로이)이라고. 또한 약속의 아이를 낳은 성서의 첫 여인이라고.

> 주님의 천사가 사막에 있는 샘 곁에서 하갈을 만났다. 그 샘은 수르로 가는 길옆에 있다. 천사가 물었다. "사래의 종 하갈아, 네가 어디서 와서, 어디로 가는 길이냐?" 하갈이 대답하였다. "나의 여주인 사래에게서 도망하여 나오는 길입니다." …… 하갈은 "내가 여기에서 나를 보시는 하나님을 뵙고도, 이렇게 살아서, 겪은 일을 말할 수 있다니!" 하면서, 자기에게 말씀하신 주님을 '보시는 하나님'(엘 로이)이라고 이름 지어서 불렀다. 그래서 그 샘 이름도 브엘라해로이(나를 보시는 살아 계시는 분의 샘)라고 지어서 부르게 되었다. 그 샘은 지금도 가데스와 베렛 사이에 그대로 있다.
> ─「창세기」16장 7~14절

이때 야훼는 추방당해 광야에서 죽음의 고통 속에서 울부짖는 아들의 절규를 들으시는 하느님으로 나타난다. 죽어 가는 아들을 차마 '볼' 수 없어서 멀찍이서 절망하는 여인의 죽음 같은 숨소리를 듣는 하느님으로 말이다. 마치 이집트에서 절규하며 하느님을 부르는 백성에게 구원의 손을 펼친 신처럼, 가나안 압제자들의 철퇴를 맞아 피 흘리며 신음하는 아벨 자손들의 소리를 들었던 신처럼. 여기서 야훼는 출애굽의 신, 바로 그런 의미로 다시 재현한다. 필시 이것은, 비록 이스라엘 족속의 야훼 기억 서사인 성서 이야기의 큰 흐름에서 벗어났지만, 하갈의 소리를 되살린 누군가의 증언이 살아남아 전승된 덕분이겠다.

축복을 타고난 아들과
축복을 빼앗은 아들
에서와 야곱

●

에서라는 인물은 이삭과 리브가의 아들로, 동생 야곱의 이란성 쌍둥이 형제다. 동생이 형의 발목을 잡고 세상에 나왔다는 이야기는 사뭇 흥미롭다. 마치 서로 먼저 태어나야 한다는 강박증이 날 때부터 그들을 사로잡은 듯하다.

세상에는 '먼저'라는 조건이 얼마나 중요한 것인가를 보여 주는 예가 너무나도 많다. 식당끼리도 '원조' 전쟁을 벌이고, 발명가들도 먼저 자신의 발명품을 공인받으려고 갖은 애를 쓴다. 하다못해 직접적인 실익과는 별 관계없는 등산을 할 때조차도 정상에 제일 먼저 발을 내딛으려고 질주하듯 산을 탄다. 더 나아가 라이벌 관계에 있는 집단 간, 종족 간, 국가 간에서도 서로 자신이 '먼저'임을 다각도에서 입증하려 한다. 타자보다 우월함을 입증하는 데 '앞선 존재'라는 자의식은 꽤나 유리한 입지를 보증해 주기 때문이겠다. 순서는 단순한 차이가 아니다.

에서와 이삭은 거의 동시에 세상에 나왔다. 그 순서는 물론 우연의 소산이다. 하지만 자연적 생명 탄생의 순서는 우연적일지라도, 세상에 나오는 순간 그들은 자신들이 속한 사회의 서열 속에 편입되지 않을 수 없다. 형제 간의 나이가 10년 차든 1년 차든, 아니 몇 분 차이든 상관없다. 하나는 모든 것을 차지하고, 다른 하나는 아무것도 가질 수 없는 극단의 관계가 양자의 운명을 사로잡는다. 이때 형인 에서는 인간 사회가 정의 내린 축복받은 탄생의 주인공이다.

그러나 「창세기」에는 아버지 이삭에게 내린 축복의 승계자가 야곱이라는 역전의 드라마가 있다. 심지어 고대 이스라엘의 신앙사로부터 유대교, 그리고 그리스도교에 이르기까지 에서는 부정적인 존재의 상징으로 간주되어 왔다. 그리고 이러한 평가는 에서의 후손이라는 에돔(예수 시대 라틴어 지역명은 '이두매아') 족속에 대한 폄하와 연관된다.

> 나는 너희를 사랑한다. 나 주가 말한다. 그러나 너희는, "주님께서 우리를 사랑하신다는 증거가 어디에 있습니까?" 하고 묻는다. 에서는 야곱의 형이 아니더냐? 나 주가 말한다. 그런데도 내가 야곱은 사랑하고, 에서는 미워하였다. 에서가 사는 언덕은 벌거숭이로 만들고, 그가 물려받은 땅은 들짐승들에게 넘겨주었다.
> ―「말라기서」 1장 2~3절

이 본문에서 단적으로 드러나는 바와 같이 에서에 대한 부정적인 평가는 이스라엘인들에게는 뿌리 깊은 인식의 틀에 속한다. 이러한 편견을 구체적으로 보면 대체로 두 가지 형태를 띤다. 하나는 실재하는 이웃 족속인 에돔 족속에 대한 증오를 전제로 하여 그들의 조상 에서를 평가 절하하는 것이다. 이런 경우는 흔히 제1성서(구약성서)의 시대, 특히 군주제를 배경으로 하는 텍스트에서 발견되곤 한다. 여기에는 이스라엘이 고난에 처했을 때, 도와주기는커녕, 쳐들어 와 약탈을 자행한 것에 대한 종족적 증오감이 반영됐다.

> 나 주가 선고한다.
> 에돔이 지은 서너 가지 죄를, 내가 용서하지 않겠다.
> 그들이 칼을 들고서 제 형제를 뒤쫓으며,
> 형제 사이의 정마저 끊고서, 늘 화를 내며,
> 끊임없이 분노를 품고 있기 때문이다.
> —「아모스서」 1장 11절[1]

다른 하나는, 두 족속 간 갈등의 역사보다는, 상징적인 부정 또는 비하적 혐오감을 에서에게 투사시키는 방식이다. 이것은 대체로 제2성서(신약성서) 시대의 문서들에서 나타나는데, 에돔 족속이 더 이상 현실적인 적대 세력이 아니라는 시대 상황과 맞물렸다. 가령, 이스라엘의 통치자였던 헤롯 가문은 이두매아($I\delta\upsilon\mu\varepsilon\alpha$, 에돔)[2] 족속의 왕족이었다. 이렇게 족속 간 갈등이라는 역사적 이유가 사라지면서, 에서를 부정적으로 평가하는 또 다

---

[1] 그 밖에 「예레미야서」 49장 8절, 「오바댜서」 등 참조할 것.

른 이유가 필요해진 것이다.

이는 두 가지 양상으로 나타난다. 첫째, 저들은 원래 그랬다고 규정하는 것이다. 곧 하느님이 그리 택한 것이니 인간이 뭐라고 말할 수 없다는 식이다. 「로마서」 9장 13절에서 바울이 "이것은 성서에 기록한 바 '내가 야곱을 사랑하고, 에서를 미워하였다.' 한 것과 같습니다."라고 말한 것은 바로 그런 해석 전통을 배경으로 한다. 반면, 또 다른 양상으로, 에서가 악한 행실을 했기 때문이라는 오래된 해석을 다짜고짜 반복적으로 제시하는 경우도 있다. 가령, 「히브리서」 12장 16절에는 그러한 해석 전통이 반영됐다. "또 음행하는 자나, 음식 한 그릇에 장자권을 팔아넘긴 에서와 같은 속된 사람이 생기지 않도록 주의하십시오."

한편, 에서/에돔/이두매아에 대한 부정적 평가가 주를 이루는데도, 에돔에 대한 적극적인 이해 또한 이스라엘 신앙사에 뚜렷하게 간직됐다. 위에서 인용한 「아모스서」 1장 11절이 보여 주듯(「오바댜서」 10절도 마찬가지다) 에돔은 분명 이스라엘 족속과 '형제 족속'("형제 사이의 정")으로 인식됐다. 예수 시대에 이두매아 토호 출신인 헤롯 가문이 이스라엘의 통치자가 될 수 있었던 것은, 이 집안의 정치적 수완만으로는 충분하지 않다. 단순한 이방인이 아니라, 최소한 같은 뿌리의 족속이라는 인식과 아울러, 같은 전통을 공유한다는 문화적 공감대를 전제할 때 훨씬 개연성 있는 설명이 가능하다. 실제로 유대 대중에게 헤롯 가문의 통치는 식민 제국의 통치자였던 로마 총독의 그것과는 근본적으로 다른 의미로 받아들여졌다. 다만 헤롯 가

---

2 '이두매아'는 에돔의 그리스식 표기로, 기원전 332년 알렉산드로스가 팔레스티나를 정복한 이후 이 지역의 명칭이 그리스식으로 변경되었다.

문에 대한 유대주의자들의 지속적인 편견의 배경에는, 헤롯 가문이 이두매아라는 '변방적' 유대교 문화권의 일원이라는 점이 전제됐을 것이다.

요컨대 이 두 족속 간에는 오래된 강고한 연고 관계가 있었다. 그것은 두 족속이 신화를 공유한다는 사실과 관련되었을 것이고, 동시에 이웃 족속으로서, 인접한 타 족속들에 비해 상대적으로 더욱 친밀한 관계에 있었다는 사실과 관계가 있을 것이다. 말하자면, 이스라엘 지파들 사이보다는 멀지만, 이방 족속들보다는 한결 가까운 사이라는, 이스라엘에게는 '우리'도 아니지만 '남'도 아닌, 또는 '우리'이면서도 '남'인 모호한 위치의 족속이다. 그리하여 「아모스서」나 「오바댜서」에는 이방 나라인 에돔 족속으로 하여금 형제 족속의 관계를 상기하게 하는 호소가 깔렸다.

한편 식민지 재건기 시대의 급진적 재야 운동 집단이 낳은 텍스트인 '제3이사야서'[3]는 메시아가 에돔에서 올 것이라는 깜짝 놀랄 신탁을 선포하기까지 한다.

> 에돔에서 오시는 이분은 누구신가?
> 붉게 물든 옷을 입고 보스라[4]에서 오시는 이분은 누구신가?
> 화려한 옷차림으로 권세 당당하게 걸어오시는 이분은 누구신가?
> 그는 바로 나다. 의를 말하는 자요, 구원의 권능을 가진 자다.

---

[3] 「이사야서」 56~66장은 대체로 페르시아 식민지 시대, 아마도 기원전 5~4세기를 배경으로 하는 텍스트로서, 기원전 8세기를 반영하는 1~39장과 바빌로니아 유배시대(기원전 6세기)를 반영하는 40~55장과 구별된다. 그래서 연구자들은 편의상 「이사야서」를 '제1이사야서'(1~39장), '제2이사야서'(40~55장), '제3이사야서'(56~66장)로 구분하여 부른다.

이렇게 에돔에 대한 평가가 부정과 긍정으로 엇갈리는 것은 어떤 이유 때문일까? 이 두 족속은 원시 국가 시대 때부터 이미 서로 다른 체제를 발전시켜 갔으며, 약육강식의 원리가 두 족속 간의 관계사를 아울렀다. 이러한 역사는 분명 양 족속 간의 적대감을 증폭시키는 계기가 되었다. 지배와 복속, 착취와 약탈이 이 두 족속의 관계를 규정지었던 것이다. 그런데도 이스라엘과 에돔 사이에는 서로 혈연적 연계가 있다는 오랜 전통을 양 족속 대중은 기억했다. 이런 진술은 군주제에 대한 비판적 주장을 편 전승 속에서 발견되곤 한다. 위의 인용 구절에서 보듯 '제3이사야서'에서 절정에 이르는, 적대감의 해소를 지향하는 기억 양식은 매우 유의미한 현상이라고 할 수 있을 것이다.

우리는 이러한 관점에서 적대감의 해소를 지향하는 성서의 또 다른 목소리를 발견할 수 있다. 그리고 그러한 시각에서 에서를 다시 주목할 필요를 느낀다. 사실, 이스라엘 역사에서 다윗 왕가에 의한 지배와 착취의 이야기, 그로 인한 에돔 족속의 피어린 절규의 소리는 은폐됐다. 예컨대 텍스트 전체에서 에돔에 관한 이스라엘 사람의 적대적 감정이 반영된 「오바댜서」는 증오의 역사만을 이야기한다는 점에서, 이 문서만을 순진하게 읽는 우리는 솔로몬에 반기를 든 에돔의 지도자 하닷이 품은 이스라엘 족속에 대한 증오를 결코 이해할 수 없을 것이다.

---

4 에돔국의 수도로, 현대의 요르단에 속한 성읍이다.

전에 다윗이 에돔에 있을 때에, 군사령관 요압 장군이 살해당한 사람들을 묻으려고 그 곳으로 내려갔다가, 에돔에 있는 모든 남자를 다 쳐 죽인 일이 있다. 요압은 온 이스라엘 사람과 함께, 에돔에 있는 모든 남자를 다 진멸할 때까지, 여섯 달 동안 거기에 머물러 있었다.

—「열왕기상」11장 15~16절

실상, 군주 시대 때 양자는 화합하기보다는 상대를 타자화하고 파멸시키는 데 몰두했고, 특히 주된 가해자는, 에돔이 아니라, 이스라엘 족속이었다. 요컨대 우리가 여기서 주목하는 것은, 서로를 향한 적대의 역사는 분명 역사적 이유를 갖지만, 이젠 그것을 해소해야 한다는 성서의 목소리에 있다.

그런데 우리의 흥미를 끄는 것은, 에서와 야곱에 관한 성서의 이야기는, 성서 텍스트 외부의 관점을 끼워 넣어 억지 해석하지 않는 한, 양자를 둘러싼 갈등의 현실에도 불구하고 서로가 화합을 이루는 내용으로 구성됐다는 데 있다. 바로 이것을 살펴보는 것이 이 글의 주제다.

● ●

야곱은 둘째 아들로 태어났다. 맏아들만이 가부장의 권한을 독차지한다는 사실은 쌍둥이 동생인 야곱에게는 너무 혹독한 현실이었는지 모른다. 그래서 그는 형을 속여야 했다. 반면 처음부터 모든 것을 다 가지고 태어난 에서는 번번이 속임을 당하기만 한다. 어찌 보면 여기에는 두 인물의 전형이 잘 드러나 있는지도 모른다. 상승 욕구로 가득 찬 이와, 그런 류의 권리에 별 관심이 없는 인간의 대조.

그런데 이 일화는 이상하게도 야곱이 형과의 거래에서 장자권을 사고 아버지의 축복을 가로챘다고, 마치 큰일이라도 벌인 양 호들갑을 떠는데도, 현실에선 아무것도 얻지 못한 채 도망자가 되고 말았다고 말한다. 형에게 갈 예정이던 아버지의 축복을 속임수로 가로챈 후, 형에게 쫓겨 벧엘 들판에서 도망자 신세가 되어 바윗돌을 침대 삼아 처량하게 누워 있는 모습이란……. 그러나 야곱은 다시 일어섰다. 멀리 하란(터키 남동부. 시리아 국경 지역의 성읍)의 외삼촌에게 도망하여 식객으로 머물면서 역시 속임수와 음모를 거듭하면서 아내들과 자식들도 얻고 재산도 한몫 단단히 챙길 수 있었다.

반면 동생에게서 두 번이나 속임을 당한 듯이 보였던 에서는 실상 아무것도 잃은 게 없다. 그는 아버지의 모든 재산을 상속받았다. 비록 척박하긴 하지만 그는 아버지가 이루어 놓은 땅에 산다. 아버지의 귀중한 유산인 우물들 덕분에, 그는 더 이상 족속을 이끌고 이리저리 유랑하지 않아도 되었다.

일이 이렇게 되었다면, 야곱이 도망한 이후, 에서가 아우를 탓할 이유는 무엇인가? 아무리 봐도 증오가 지속될 만한 이유는 보이지 않는다. 더구나 번번이 속임수에 걸려 넘어가던 에서의 모습에서 우리는 그가 이런 일 하나하나에 별로 개의치 않는, 어찌 보면 둔하고 어찌 보면 대범한 성격의 소유자인 면을 본다.

그런데 야곱은 이십여 년이 지난 이후에도 여전히 형이 자기를 원망한다고 생각한다. 그래서 귀향길이 그에겐 부담스럽다. 더구나 삼촌 라반의 집에서 많은 것을 얻었고 안정된 생활 기반을 획득한 터에 그곳을 떠나 고향으로 가야 할 특별한 이유는 별로 보이질 않는다. 그가 보기에는, 고향엔 반겨 줄 이도 없고, 심지어 그곳은 위험스럽기까지 하다. 그런데도 그는 귀향을 선택한다. 그것도 아버지로부터 물려받은 땅을 나누어 갖겠다는 해묵은 권리 주장을 하려는 것도 아니다.

성서의 묘사 그대로라면, 에서는 당시 세일 지역, 곧 팔레스티나 남부 광야 지역에 있었다. 지역상 그곳은 유목에 적합하며, 그의 이미지는 힘이 장사인 사냥꾼의 모습이다. 그의 부하 숫자가 많았다는 사실은 그가 그곳에서 상당한 세력을 형성한 지역 유지였다는 것을 암시한다. 반면 야곱이 귀향하고자 하는 곳은 형이 사는 곳에서 상당한 거리에 있는, 요단강 동편의 숙곳 지역이 아닌가? 분명 그의 귀향은 영토(재산권) 분쟁과는 관계가 없다. 그렇다면 적어도 본문으로부터 추정되는 상황에선 에서가 야곱을 미워해야 할 이유는 전혀 보이지 않는다.

요컨대 귀향하는 '발걸음의 무거움'은 전적으로 야곱의 시각이다. 그런데도 그는 고향을 향한다. 왜일까? 그것이 그토록 두렵고 어려운 것이라면 다른 곳으로 갈 법도 한데, 왜 그는 굳이 고향으로 향하는 것일까? 어쩌면 부모의 흔적을 형과 공유하겠다는 소망의 표현일지도 모른다. 또는 귀소본능이라고나 할까?

에서는 약삭빠른 동생의 속임수에 넘어갔다. 그래서 번번이 분통 터지는 경험을 했다. 더구나 그가 헷 족속 여자들과 결혼한 일로 어머니에게 미움을 살 땐, 동생을 편애하는 어머니에 대한 원망에서 동생을 향한 미움을 키웠을 수도 있다. 그러나 전체적으로 그의 인생은 유복했고, 미움보다는 포용이 더욱 그를 특징짓는 어휘일 것이다. 동생이 떠난 지 수십

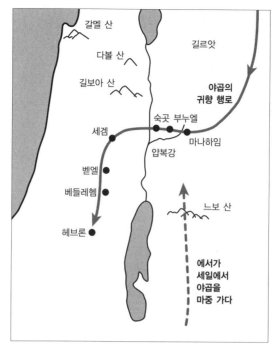

야곱과 에서, 만나다.

년이 지나면서 그의 마음속엔 간혹 동생이 나타났을지도 모른다. 살아 있을까, 생활력이 강한 녀석이니 분명 살아 있겠지. 그토록 원했던 가부장의 권한은 얻었을까, 제발 그렇게 되어 잘 살기를…….

오랫동안 헤어져 소식도 모르고 살던 가족을 십수 년 또는 수십 년 만에 상면하는 장면을 상상해 보자. 그들은 만나자마자 서로 부둥켜안고, 약속이나 한 것처럼 엉엉 운다. 얼마쯤 시간이 지나서야 겨우 한마디씩 나오기 시작한다. 그리고 그 가운데는, 오래전 자신이 섭섭하게 했던 것들이, 마치 고해성사하듯, 튀어나온다. '미안해', '내가 잘못했어'라고. 그러나 상대방은 이미 그것은 안중에도 없다. 그것은 헤어진 가족을 그리워하면서도 만나지 못하던 사람이, 그이를 기억해 내는 방법이었던 것이다.

아우가 떠오를 때마다 에서는 지난날 자신이 화를 낸 것이 너무 후회스러웠을 것이다. '그때 조금만 더 관대하게 대했더라도, 동생이 떠나지는 않았을 텐데…… 아우의 입장에선 그럴 수도 있는 일 아닌가, 그는 모든 것을 다 잃은 채 태어난 신세였으니 말이다…… 결국 그토록 긴 시간을 소식도 모른 채 살아야 했다. 바로 나 때문에……' 인생의 여정에서 어느 정도 안정을 얻었다고 생각할 즈음, 이런 자책감이 더욱 강렬하게 그를 아프게 했을지도 모른다. 보통 사람들이 그런 것처럼, 그도 분명 그랬겠다.

그런데 동생이 돌아온다는 소식이 전해졌다. 너무나 반가웠을 것이다. 어떻게 변했을까? 아내는 예쁘겠지? 자식은 몇이나 될까?…… 그의 마음은, 분노는 온데간데없고, 어느덧 설렘으로 가득 찼다. 그는 어떻게 아우를 맞이할지를 고심했다. 그런데 동생이 보낸 선물들이 속속 당도한다. 아직도 아우는 자기를 무서워하는 게다. 그만큼 그는 더욱 따뜻하게, 더욱 성대하게 맞이해야겠다고 마음먹는다. 종들과 식솔들에게 엄히 당부하고는 대대적으로 많은 무리를 이끌고 아우를 마중 나간다. 그러면서 어느덧 그는 죄의식으로부터 해방됐다.

야곱과 에서 이야기는 이렇게 사회적 모순을 안고 태어난 형제가 화합하는 내용으로 구성됐다. 보통 사람들의 가족 상봉을 염두에 두면서 설명이 빈 곳을 채워 상상해 본다면 말이다. 전체 이야기가 야곱의 시각에서 다루어졌지만, 에서의 입장을 위와 같이 상상하는 것이 그리 지나친 일은 아니다.

그런데 우리는 여기서 이 형제가 각기 한 족속을 상징적으로 대표한다는 점을 유념하지 않을 수 없다. 곧 이들의 갈등 이야기에는 두 족속 간의 반목이 전제됐고, 이들의 화해에는 족속의 화해에 대한 소망이 담겼을 것이기 때문이다. 애증의 역사를 적대감의 증폭으로 발전시키는 것이 아니라, 화해로 귀결시키려는 소망 말이다.

● ● ●

왕가위王家衛가 감독한 영화 〈동사서독〉(東邪西毒, Ashes of Time, 1994)을 이야기해 보자. 이 영화는 서독西毒이라고 하는 구양봉(장국영 분)의 독백을 중심으로, 여덟 명의 주요 등장인물 간 인연의 얽힘에 관한 이야기들이 대체로 시간을 거꾸로 거슬러 가는 방식으로 구성됐다. 이 이야기들은 한결같이 등장인물들의 애증으로 점철된 인연의 사슬을 이룬다.

주인공이면서 스토리를 이끌어 가는 내레이터인 서독 구양봉은, 무인으로 성공하려고 사랑하는 여인 자애인(장만옥)을 두고 고향 백타 산을 떠났다. 그러자 자애인은 형과 결혼한다. 10년의 세월이 흐른 뒤, 서독은 사막에서 홀로 거주하면서 청구인과 해결사 간을 중개하는 브로커 역할을 하면서 살아간다. 뛰어난 무사가 되었지만, 그는 다른 사람보다는 더욱 영리하게 안전한 삶의 방식을 찾아낸 것이다.

그러나 고향을 떠난 것, 그리고 사랑하는 여인을 두고 간 것은 그에겐 깊은 상처로 남아 있다. 그래서 마음속에서는 늘 사막 너머의 고향을 바라보면서도, '사막 너머엔 또 다른 사막이 있을 뿐'이라고 자조하며 살아간다.

그는 그곳을 결코 벗어나지 않는다. 동시에 그곳에서 해방되고 싶어 한다. 귀향의 소망이다. 그러나 기어이 그는 가지 못하고 결국 자애인의 죽음 소식을 듣는다. 시간의 흐름 속에서, 세월이 낳은 긴장의 발전 경로를 전복시킬 역진의 행보를 선택하지 못한 그는 끝내 돌아갈 고향을 상실한다. '덧없는 시간의 흐름Ashes of Time'이라는 영어 제목이 시사하듯, 구양봉은, 사막의 집을 불태워 버렸는데도, 끝내 사막의 사람일 뿐이다. 만약, 많은 평론가들이 해석하는 것처럼, 서독이 홍콩을 상징한다면, 세월의 덧없음을 역진시키는 데 실패한 홍콩과 중국의 만남은 여전히 혼돈과 갈등으로 점철된 역사를 종식시키지는 못할 것이다.

반면 야곱과 에서의 만남은 두 족속의 화해를 향해 손짓한다. 사막 같은 낯선 땅의 고독한 삶에서 벗어나려고 귀향을 택한 야곱의 행보는 바로 그러한 상징을 담았다. 그러나 유대교와 그리스도교 역사는 성서 텍스트에서는 침묵한 에서의 여백을 불온한 것으로 채워 넣었다. 에서는 증오만이 증폭되는 역사의 주역이었다는 것이다. 원망의 언술이다. 책임 전가의 말 만들기다. 그리고 이러한 기억술은 두 족속 간의 끝없는 지배와 착취와 약탈의 현실을 정당화했다.

● ● ● ●

야곱과 에서의 텍스트에서 침묵하는 에서. 그러나 사람들은 텍스트를 읽으면서 침묵 속에서 울려 퍼지는 그의 소리를 듣는다. 이스라엘은 자신의 아픔만을 되새기면서, 에서를 바라보았다. 에돔 족속이 자신들을 괴롭힌 이야기만을 떠올렸다. 그 결과 침묵하는 에서의 입에서는 썩은 악취가

풍겼다. 그래서 이스라엘은 하느님의 저주를 그에게 쏟아 부었다. 에돔 족속에 심판의 불화살을 쏘았다.

분명히 에서는 야곱과는 다른 욕망을 가졌을 것이다. 그도 분명 나름의 아픔을 갖고 살아왔을 터이다. 그러나 사람들은 그의 소리를 듣고자 하지 않는다. 야곱의 소리만을 듣는다. 그런데 그 야곱의 소리라는 게 실상, 텍스트 자체가 말하는 소리가 아니라, 역사 속에서 이스라엘이 품어 왔던 독기 어린 저주의 소리다. 남의 욕망, 남의 한恨을 생각지 않은 채, 자신에게만 집착한 결과다. 자기들이 에돔을 억누를 땐 전혀 생각지 못했던 아픔을 자기들만 당했다고 호들갑스럽게 떠드는 것이다. 그 소리로 변색된 야곱의 소리만을 들으면서 우리는 이 텍스트를 읽어 왔다. 야곱과 에서에 관한 성서 텍스트를 읽는 우리의 시선과 이스라엘 민족사의 시선이 중첩된 것이다.

그러나 텍스트로 돌아와서 에서의 입을 열게 했을 때, 우리는 전혀 다른 소리를 듣는다. 그리고 그와 마주하는 야곱의 소리 또한 우리가 들어왔던 것과는 너무나 다르다는 걸 발견할 수 있었다. 그것은 화해의 소리다. 평화의 울림이다. 기나긴 적대의 역사를 향한 청산의 호소다.

사랑받은 여인과
사랑받지 못한 여인

라헬과 레아

●

얼굴의 주름 사이로까지 땟국물이 흐르는 여자, 호박 구덩이에 똥
물을 붓는 여자, 뙤약볕 아래 고추 모종하는 여자,…… 아궁이의
불을 뒤적이던 부지깽이로 말 안 듣는 아들을 패는 여자, 고무신에
황토흙이 덕지덕지 묻은 여자……
― 신수정, 「글쓰기 욕망의 음화」, 『문학과 사회』 46호(1999 여름),
　　709~10쪽에서 재인용

　신경숙의 「풍금이 있던 자리」(이하 「풍금」)에서 딸이 묘사하는 엄마의 이
미지다. 어느 정도 묘사의 차이는 있을지언정 조강지처의 이미지는 대개
저렇게 '매력 없이' 억척스러운 모습이다. 이순원의 단편 「수색, 어머니
가슴속으로 흐르는 무늬」에서 조강지처인 화자의 친엄마는 억척스럽다기

보다는 관대한, 전형적인 모성적 존재로 나온다. 하지만 여기서도 화자의 엄마는 매력적인 아내가 분명 아니다. 반면 「풍금」에 등장하듯, 첩의 뉘앙스는 '사랑스러움' 그 자체다. 섹시하든 귀엽든, 아니면 다른 어떤 모습이든, 그녀에겐 품을 파고드는 짜릿함이 있다. 그래서 온화하게 산들거리면서도 가슴까지 파고드는 봄바람을 '첩의 바람'이라고 했던가.

그런데 이 매력 없는 엄마들은 한결같이 '사랑하는 여인들'이다. 남편을 사랑하든, 자식을 사랑하든, 아니면 남편의 조강지처요 자식의 엄마라는 자신의 역할을 사랑하든, 그들은 모두 사랑으로 가득 찼다. 남편으로부터 받는 사랑이 없어도, 사랑할 대상을 향해 아낌없이 퍼붓는 사랑, 그래서 그들은 헌신적이다. 그것이 관대한 모성이든 억척스러운 살림 중독증이든 말이다. 하지만 그렇다고 이 헌신성만으로 남편으로부터 외면당하는 이의 한이 해소되는 것은 아니다.

한편 사랑받는 여인은 어떤가. 그녀들은 남자로부터만 사랑받는 게 아니다. 「풍금」의 화자인 딸은 아버지의 첩을 동경한다. "그 여자처럼 되고 싶다." 더욱 놀라운 것은, 김주영의 소설 『홍어』의 어머니가 남편의 여자 삼례를 욕망했던 것처럼, 조강지처조차 첩을 동경한다.

그러나 그녀들이 나르시시즘에 빠질 수 있는 것은 아니다. 왜냐하면 그녀들도 자신의 결핍 때문에 고통스럽기 때문이다. '세컨드'라는 비정상적인 관계, 그것은 그녀들의 욕망을 굴절시킨다. 또한 흔히 그러한 비정상적 관계 탓인지는 몰라도, 그녀들은 아이가 없는 경우가 많다. 사실 이 여자들의 매력은 자기 자신에 있으므로 아이라는 관계의 중계자는 불필요하기도 하다. 그러나 '아이 없음'이라는 조건은 그녀들이 비정상적인, 불완전한 여자임을 승인하도록 강요한다. 그래서 그녀들은 품속에서 자라는 악성종양 같은 '한'을 해소할 수 없다.

사랑받는 여인과 사랑하는 여인은 한 남자를 두고 경쟁한다. 그러나 그녀들은 결코 자기 욕망의 결핍을 충족시킬 수 없다. 그럴수록 그녀들의 경쟁은 남자에 의존할 수밖에 없다. 그럴수록 그녀들은 남자를 증오할 수 없다. 그럴수록 그녀들은 남자가 아닌, 여자를 향한 미움, 투기로 가득 찬다.

●●

야곱은 형 에서의 장자권을 도둑질하려다 실패하고 도망자의 신세가 된다. '이방인'의 비참함을 벗어날 길은 없으나, 그나마 연고 있는 곳을 찾아간다면 그 운명의 혹독함은 덜해질 것이다. 그는 외삼촌 라반을 찾아 멀리 북동쪽 유프라테스 상류 생면부지의 땅 하란을 향한다. 거기에서 사촌 동생 라헬을 만난 후, 야곱은 그녀를 사랑한다.

라반은 조카에게 일한 품삯을 주겠다고 한다. 이방인 숙객에게 품삯을 주는 일은 거의 없던 터라, 라반의 이런 제안은 조카에 대한 특별한 배려일 듯싶다. 야곱은 라헬을 원했다. 그렇다면 이제 품삯은 지참금이 된다. 야곱의 지참 금액은 7년간의 노동이다. 그러나 혼인식 날 밤, 야곱의 품속에서 첫날을 치룬 여자는 라헬이 아니라 레아였다. 야곱의 항의는, 동생을 언니보다 먼저 결혼시킬 수 없다는 풍습을 들고 나온 라반의 변명에 의해 묵살된다. 결국 7년간 더 일해 준다는 조건으로 라헬을 두 번째 아내로 맞이한다.

레아를 한글 번역본 성서들은 "눈매가 부드럽다."고 애매하게 묘사하는데, 영문 번역본인 『오늘의 성서』(CEV, Contemporary English Version)는 "눈매가 흐릿하다."(her eyes didn't sparkle)고, 보다 명료하게 표현한다. 반면 라헬은 "몸매도 아름답고 용모도 예쁜" 여자라고 말한다(『창세기』 29:17). '눈매가 흐릿하다.'는 말은 외모상 총기가 없어 보이는 얼굴이라는 뜻으로, 매력 없는 여인을 가리키는 표현의 하나였던 것으로 보인다. 실제로 성서 본문을 통해 추정되는 라헬과 레아의 이미지도 바로 그렇다. 하지만 그 외에 두 여인의 성격을 추정하는 것은 대단히 어렵다. 다만 암소라는 뜻의 레아라는 이름과, (어린) 양이라는 뜻의 라헬이라는 이름에서 억지 추정 한다면, 그리고 고대 메소포타미아 전통에서 이름은 그 인물을 상징적으로 대표한다는 점을 감안한다면, 전자는 묵묵하고 성실한 성격이 돋보이는 반면, 후자는 품속에 쏙 들어 올 만한 귀여운 여인이라고 할 수 있을지도 모르겠다.

필시 그래서였겠지만, 레아는 사랑받지 못하는 여인이었다. 본래 야곱이 사랑했던 여인은 라헬이었고, 그런데도 레아를 첫째 아내로 맞아야 했던 것은 장인의 속임수 탓이었다. 그렇다면 라반의 처사는 이해할 수 없다. 한 남자의 두 아내라는 게 아내 간의 비교를 피할 수 없게 하는 것이라면, 그의 처사는 자매가 서로에게 불행을 주도록 조장한 셈이 되기 때문이다. 아니면, 레아가 너무 단점이 많아서 이렇게라도 딸을 결혼시키지 않으면 안 되었을까? 또는 그가 너무 탐나는 사윗감이어서 그랬을까? 그렇더라도 레아의 결혼은 처음부터 불행의 씨를 품었다.

성서는 야곱이 두 아내 가운데 라헬을 공공연히 사랑했다는 것을 보여 준다. 레아는 사랑받지 못하는 여인으로서 한을 삭히고 살아야 했다. 그녀가 아이들을 낳으면서 한 말은 그것을 적나라하게 보여 준다. "주님께서 나의 고통을 살피시고, 나에게 아들을 주셨구나. 이제는 남편도 나를 사랑하겠지."(「창세기」 29:32), "주님께서, 내가 남편의 사랑을 받지 못하여 하소연하는 소리를 들으시고, 이렇게 또 아들을 주셨구나."(「창세기」 29:33), "내가 아들을 셋이나 낳았으니, 이제는 남편도 별 수 없이 나에게 단단히 매이겠지."(「창세기」 29:34), "이제야말로 내가 주님을 찬양하겠다."(「창세기」 29:35), "내가 나의 몸종을 나의 남편에게 준 값을 하느님이 갚아 주셨구나."(「창세기」 30:18), "내가 아들을 여섯이나 낳았으니, 이제부터는 나의 남편이 나에게 잘 해주겠지."(「창세기」 30:20) 등, 한마디 한마디가 뼛속 깊이 각인된 그녀의 한, 남편의 사랑을 듬뿍 받고 싶은 욕망을 담았다. 하지만 '이제는 사랑하겠지.', '이제는 내게 매이겠지.'라는 염원에도 불구하고, 남편은 끝까지 레아가 아니라 라헬을 사랑했다. 그렇지 않았더라면 이런 간절한 바람이 계속되지는 않았을 것이다.

레아가 네 명의 아들을 연거푸 낳자, 동생은 언니를 투기한다. 사랑받는 여인 라헬은 아이를 낳지 못 했던 것이다. 그리하여 그녀는 남편에게 자기의 몸종 빌하를 주었고,[1] 그녀는 두 아들을 낳아 라헬에게 준다. "내가 언니와 크게 겨루어서, 마침내 이겼다."(「창세기」 30:8)라는 라헬의 환호성은 언니에 대한 열등감을 반증한다.

한번은 레아의 첫 아들인 르우벤이 들에서 '사랑의 약초'를 발견해, 엄마에게 주었던 일이 있다(「창세기」 30:14~18). 남자와 사랑을 나눌 때 그의 마

---

[1] 여기서 남편은 수동적으로 아내가 시키는 대로 하는 듯이 보인다. '투기하는 여자'와 '아내 말을 잘 듣는 남자'가 대비된다. 아내들과 남편의 이런 대조적인 모습은 레아와 라헬 이야기에서 끝까지 계속된다.

[표1] 야곱의 아내들과 아들들

실바	레아	야곱의 아들들	라헬	빌하	아이를 낳았을 때 레아/라헬이 한 말
	○	르우벤			주님께서 나의 고통을 살피시고, 나에게 아들을 주셨구나. 이제는 남편도 나를 사랑하겠지(「창세기」 29:32)
	○	시므온			주님께서, 내가 남편의 사랑을 받지 못하여 하소연하는 소리를 들으시고, 이렇게 또 아들을 주셨구나(「창세기」 29:33)
	○	레위			내가 아들을 셋이나 낳았으니, 이제는 남편도 별 수 없이 나에게 단단히 매이겠지(「창세기」 29:34)
	○	유다			이제야말로 내가 주님을 찬양하겠다(「창세기」 29:35)
		단		○	하느님이 나의 호소를 들으시고, 나의 억울함을 풀어 주시려고, 나에게 아들을 주셨구나!(「창세기」 30:6)
		납달리		○	내가 언니와 크게 겨루어서, 마침내 이겼다(「창세기」 30:8)
○		갓			내가 복을 받았구나(「창세기」 30:11)
○		아셀			행복하구나, 여인들이 나를 행복하다고 말하리라(「창세기」 30:13)
	○	잇사갈			내가 나의 몸종을 나의 남편에게 준 값을 하나님이 갚아 주셨구나(「창세기」 30:18)
	○	스불론			하느님이 나에게 이렇게 좋은 선물을 주셨구나. 내가 아들을 여섯이나 낳았으니, 이제부터는 나의 남편이 나에게 잘 해주겠지(「창세기」 30:20)
		요셉	○		하느님이 나의 부끄러움을 벗겨 주셨구나(「창세기」 30:23)
		베냐민	○		

음을 빼앗아 버린다는 마법의 약초다. 그러자 라헬은 언니의 약초를 탐낸다. 자매의 입씨름은 그녀들이 얼마나 남편의 사랑을 차지하려는 욕망에 가득 찼는지를 보여 준다. 그녀들은 모두 남편의 사랑을 차지하지 못해 안달한다. 마치 배고픈 형 에서가 장자권을 아우에게 팔면서 야곱의 죽을 얻어먹은 것처럼, 두 자매도 거래를 한다. 라헬은 언니에게 하루 동안 남편을 양도하는 대신, 묘약을 받아 낸다. 언니는 실질적인 이익을 챙겼고, 동생은 추상적인 권리를 얻었다. 마치 에서와 야곱 간의 거래에 꼭 상응하는 모양이다.

얼핏 보면 에서는 실익뿐 아니라, 원리상으로도 손해 보는 것 없는 거래를 한 반면, 하룻밤 남자와 동침하려고 사랑의 묘약을 양보하는 건 어리석은 선택처럼 보일 수도 있다. 실제로 장자권은 판다고 넘겨지는 게 아니지만, 사랑의 묘약은 분명 동생에게 건네졌기 때문이다. 만약 사랑의 묘약이 가진 신비한 힘을 실제로 믿었다면 말이다. 여기서 이 약초의 주술적 힘에 대한 믿음을 전제하지 않는다면 이야기 자체가 성립하지 않는다. 하지만 여기에는 그럴 만한 이유가 있다. 성서 텍스트는 레아가 넷째 아들 유다를 낳은 후, 단산斷産했다는 것을 분명히 하기 때문이다(「창세기」 29:35). 그 후 동생이 양보한 남편과 동침한 후 아들을 또 낳았다는 것은 그녀의 단산이 생리적인 것이 아님을 알 수 있다. 다시 말하면, 넷째 아들을 낳은 이후, "이제야말로 내가 주님을 찬양하겠다."는 레아의 환호성에도 불구하고, 남편은 더 이상 그녀와 동침하지 않았던 것이다. 그래서 동생의 몸종 빌하가 아이를 낳아 주자, 자신의 몸종 질바가 남편의 아이를 낳도록 해야 했던 것이다.

이런 상황에서 사랑의 묘약이 생겼으니, 그것은 분명 기회였다. 그런데 동생이 거래를 청한 것이다. 남편과 다시 관계를 회복할 기회를 말이다. 다급했던 레아는 남편과의 하룻밤을 위해서 약초를 판다. 그리고 그녀의 거래는 성공적이었다. 다섯 번째 아들을 낳았을 뿐 아니라, 다시 남편과의 관계가 시작되었기 때문이다. 그랬기에 여섯 째 아들도 낳았고, 딸 디나도 출산할 수 있었다.

남편의 사랑을 독차지했던 라헬, 그녀는 사랑의 묘약 없이도 사랑을 가질 수 있는 여인이었다. 그렇다면 그녀가 언니와 거래를 한 것은 그 묘약이 딱히 필요했었기 때문이 아니라, 그것으로 인해 언니에게 남편을 빼앗길지 모른다는 불안감 때문이었으리라. 성서 텍스트에 의하면, 언니는 그 거래로 인해 자식을 더 낳을 수 있었고, 남편과의 관계가 재개되었다면, 그래서 그 계약이 성공적이었다면, 라헬 또한 실패하지 않았음을 보여 준다. 왜냐하면 남편은 여전히 그녀를 더 사랑했기 때문이다. 후에 야곱이 고향으로 귀향할 때, 형의 공격을 두려워한 그는 자신이 대열의 제일 앞에 서고, 첩과 자식들을 그 뒤에, 레아와 그녀의 자식들을 세 번째에 세운다. 그리고 제일 후미에 라헬과 그녀의 자식을 세운다(「창세기」 33:1~3). 가장 보호하고 싶은 1순위 대상이 라헬이라는 뜻이겠다.

아무튼 세 여자들이 열 명의 아들을 낳은 이후, 그녀들이 더 이상 아들을 낳지 못했음을 확인해 주는 시점에 와서야, 라헬은 드디어 아들을 낳는다. 요셉이 바로 그다. "하나님이 나의 부끄러움을 벗겨 주셨구나."는 그의 찬양은 자식을 낳지 못한다는 사실이 그녀를 얼마나 억눌렀는지를 단적으로 보여 준다.

한 여자는 사랑받지 못했으나, 많은 자식을 낳을 수 있었다. 분명 그녀의 아들들은 야곱의 재산을 상속받을 주역일 테니 레아의 한 많은 결혼

생활을 보상해 줄 것임이 틀림없다. 그러나 끝내 그녀는 남편의 마음을 빼앗지 못하고 말았다. 그녀는 자신의 존재론적 한계를 결코 넘어서지 못했다. 다른 한 여자는 사랑을 듬뿍 받았으나, 아들을 낳을 수 없었다. 천신만고 끝에 열한 번째 아들을 낳았고, 훗날 남편의 귀향 뒤에 두 번째 아들을 낳았으나, 산고 끝에 숨지고 말았다. 자식 없는 한을 풀었다고 생각할 바로 그 즈음, 자식으로 인해 그녀는 죽어야 했다. 죽어가면서 벤오니Ben-oni, '내 슬픔의 아들'이라는 유언으로 남긴 이름은 남편에게 받아들여지지 않았다(『창세기』 35:18). 이 아들의 이름은 '벤오니'가 아니라 '베냐민'이었다. 자식 없어 불행했던 여인 라헬은 끝내 자식으로 인해 죽었고, 목숨 값으로도 자식의 이름을 전유할 수 없었다.

　라헬과 레아는 남편을 따라 고향을 떠난다. 야곱이 라반의 집에 머물면서 시위가 된 이상, 그는 사실상 라반의 집 식구다. 그리고 라반은 가부장이었다. 그러니 야곱은 라반의 허락 없이 집을 떠날 수 없다. 오래전 형에게 쫓겨 아버지의 집을 도망치듯 벗어난 것처럼, 야곱은 이번에도 도망치듯 라반의 집을 빠져나와야 했다. 그런데 두 아내는 그를 따르기로 한다. 라헬은 그렇다 치고, 레아가 야곱을 따르기로 한 것은 다소 의아하다. 레아는 사랑받지 못한 여인이기 때문이다. 남편을 따라나서는 것이 도리겠지만, 또한 가부장의 권한 아래 머무는 것도 도리다. 두 도리가 그녀를 망설이게 한다. 이때 레아는 남편을 택한다. 여섯 명의 아들을 낳아 줄 때까지 그토록 무심했던 남편보다는, 결혼한 이후 아마도 십여 년간을 아무것도 드린 것이 없어도 사랑으로 키워 준 아버지가 아닌가. 게다가 분명 아버지는 결혼한 이후에도 내내 남편보다는 더 따뜻한 존재였다. 그런데도 레아는 남편을 택한다. 아무것도 보장받을 수 없는 유랑의 길을 따르기로 한 것이다.

레아와 라헬, 그 둘은 처음으로 서로 질시하는 관계가 아닌 동지로서 남편과 행동을 같이 한다. 그 둘은 처음으로 화합했고, 처음으로 자매다움을 회복했다. 아버지를 떠나기 위해서, 남편과 동행하기 위해서.

● ● ●

레아와 라헬의 이야기는 남자에게 의존한 여인들을 처음부터 끝까지 보여 준다. 자매간임에도 그녀들은 한 남자로 인해 서로를 질투하는 관계가 되어야 했다. 그러므로 그녀들은 야곱을 미워할 수 없다. 오히려 서로를 미워해야 한다. 그리고 경쟁적으로 남편을 사랑해야 한다. 물론 여기서 야곱이 그녀들에게 특별히 잘못한 것은 아니다. 아마도 그는 남편의 도리에 꽤나 충실했다. 사랑하지 않는 여자와 결혼했는데도 평생을 아내로 삼았고, 사랑하지 않는데도 그녀가 자식을 낳을 수 있을 만큼 그녀와 관계를 계속했다. 사랑하는 여자가 따로 있는데도 말이다. 또한 빈털터리로 시작했는데도 아내와 자식을 위해서 남보다 더 열심히 산, 전형적인 자수성가형 인물이다. 실상 고대 메소포타미아의 한 가장으로서 지위를 포기하고 현대로 시공간 이동을 하지 않는 한, 그에게 더 나은 대안은 그다지 없어 보인다.

레아와 라헬은 후에 협력자가 된다. 이들의 동지적 결속은 아버지라는 가부장적 권력으로부터 탈출하기 위해서다. 모세가 이스라엘 족속을 이집트의 파라오라는 가부장적 절대 권력으로부터 이끌어 냈을 때, 온 이스라엘이 일심으로 단결하여 갈대 바다를 건넜듯이, 가나안의 가부장적 군주들로부터 해방을 얻어 내려고 이스라엘 온 족속이 서로 연대했듯이, 이스라엘 전설의 조상 레아와 라헬은 가부장적 권력인 라반으로부터 탈출을 감행하면서 서로 동지적 결속을 실현해 낸다. 그런데 그 결속은 실상 두 여인이 당했던 억눌림으로부터 해방을 향한 결속이 아니다. 아니 그것은 오직 남편의 해방을 향한 결속일 뿐이다.

큰 이념을 위해 작은 이념은 숨죽이고 큰 이념에 따라야 한다는 상징적 암시일까? 그의 행복을 위해서라면 자기들의 행복을 유보시켜야만 가능한 이 여정을 위해, 그녀들은 '대탈주'의 길에 나선다. 여인들의 그러한 연대가 필요한 어떤 역사적 동기가 있었던 탓인가? 아무튼 큰 이데올로기가 해방의 춤을 추었던 지파 동맹 시대에도 '성' 해방의 메시지는 숨죽이고 있었다. 그리고 여자들을 향한 결속의 구호는 레아와 라헬의 이야기에서도 예외 없이 동족들을 향해 전파됐다. 라이벌 관계의 두 여인 사이 갈등과 동맹의 이야기는 그러한 맥락에서 발생했고, 시간의 돛을 곧추세웠다.

2

넷째 마당 • 반대할 권리가 필요한 이유_
포스트 출애굽 체제의 저항자들—다단과 아비람, 그리고 고라

다섯째 마당 • 딸들은 상속자가 될 수 있는가?_
포스트 출애굽 시대 재산권 논쟁—슬로브핫의 딸들 vs. 한니엘

여섯째 마당 • 러브 스토리 인 딤나_**삼손과 딤나의 여인**

일곱째 마당 • 쉬볼렛, 학살의 기억_**입다**

반대할 권리가 필요한 이유

포스트 출애굽 체제의 저항자들—다단과 아비람, 그리고 고라

●

　예나 지금이나 권력을 둘러싼 투쟁에서 인간의 가학성은 무자비하다. 그 갈등이 타협으로 귀결되지 않고 어느 한 편이 뚜렷한 승리를 거둔 경우, 실패자는 거의 예외 없이 역사의 혹독한 보복의 칼침을 받는다. 그런데 권력을 체험하는 공간이 어디 국가 정치 영역뿐이랴. 가정을 포함한 인간의 모든 사회적 활동 공간을 권력이 점거하니 말이다. 그래서 권력에 대한 인간의 욕망은 살아온 연한만큼 오래도록 그와 더불어 존재하는, 그 자신의 일부이기도 하다. 곧 권력 욕망은 마치 존재의 속성처럼, 우리와 분리할 수 없는, 바로 우리 자신이기도 하다. 더욱이 권력이라는 건, 중독성이 있어 점점 더 강한 것을 욕망하기 마련이다.

　또한 그럴수록 권력의 타자 역시 그것을 향한 갈망에 불타오른다. 곧 권력을 비판할 때조차 그 속 한 켠에 권력 욕망이 도사린다. 그래서 지배 세력이나 도전 세력이나 각별한 노력을 기울이지 않는 한, 그들 간의 싸움은 단지 권력을 쟁취하려는 투쟁으로 일관하기 십상이며, 이런 경향을 피하기란 여간 어려운 일이 아니다. 그런 점에서 인간의 역사는 곧 권력투쟁의 역사라 해도 과언이 아니며, 역사의 진보란, 그 '숭고한' 명분들에도 불구하고, 권력투쟁의 다른 표현에 불과한 것이라 할 수 있다.

권력 게임에 돌입한 인간은 잔인함에서 쾌락을 느낀다. 이것이 '보복의 정치학'의 인간학적 근거다. 패배자의 모든 것을 앗아 가는, 또는 최대한 그를 모멸하는 보복의 방식은 권력의 쾌감을 극대화한다. 그런데 여기서 우리가 유념할 것은, 보복의 정치학은 권력에 도전한 세력을 분산시키는 기능을 한다는 것이다. 도전 세력 가운데 가장 약한 쪽에서 권력투쟁의 희생양이 선별되고, 욕망을 억제당한 사람들은 이 희생양을 향해 억압된 분노를 폭발시킨다. 마치 부글부글 끓는 주전자 속의 증기가 외부를 향해 개방된 유일한 공간인 주둥이로 맹렬한 소리를 내며 발산하듯, 대중의 억제된 분노는 희생양을 향한 잔인성을 통해 발산한다. 이로써 보복의 정치학은 권력을 업그레이드하는 주요한 수단이 된다.

그래서 이러한 보복의 메커니즘은 일 회에 그치지 않는다. 계속 또 다른 희생양, 또 다른 '가상의 적'을 생산한다. 나아가 적을 상징화함으로써, 적에 대한 분노를 기억 속에 영구히 안착시킨다. 지옥이니 심판이니 하는 개념들은 이러한 상징화의 장치들로 활용된다. 지옥이나 심판을 경험한 이는 없을 테니 그것들은 현실 외부에 있다. 하지만 동시에 그것들은 끊임없이 현실 속에 개입함으로써 적에 대한 기억을 재생시키는 구실을 한다. 이로써 보복의 정치학은 영원한 생명을 획득한다. 아울러, 이때 권력은 자신을 지속시킬 기반을 구축한다. 요컨대 복수의 정치는 권력투

쟁 속에서 맹렬하게 실행되고, 권력은 복수의 정치를 통해서 자신을 정당
화한다. 악을 응징해야 한다고. 그리하여 권력과 복수의 정치는 서로 상
보적 관계에 있다.

　여기서 우리는 권력에 대한 문제 제기인 해방의 정치가 종종 보복의 정
치와 중첩된다는 점에 유념한다. 아니 어쩌면 해방의 정치에서 보복의 정
치를 제거하는 일은 불가능할지도 모른다. 우리는 태어나면서부터 그러
한 문화 속에서 성장해 왔기 때문이다. 이미 그것이 우리 심성의 한 구성
요소가 되어 버린 것이다. 그래서 해방의 정치는 복수의 정치학으로부터
'단斷'을, 권력투쟁으로부터 단을, 나아가 역사로부터 단을 필요로 한다.
요컨대 해방의 정치는 현존하는 지배 권력을 향한 도전을 통해 실행되지
만, 동시에 그 도전 속에 내재된 자신의 권력 욕구에 대한 끝없는 거부의
실천을 필요로 한다.

　야훼 신앙에서 이러한 반권력투쟁의 원형은 모세 사건이다. 그것은 신
화의 세계 속에서만 존재하는 상징화된 역사인데, 여기에는 이집트로 상
징되는 권력의 역사로부터 탈주하기를 욕망하는 '유랑의 정신'이 담겼
다. 그리하여 유랑 정신을 각 역사 속에 되살리는 기억의 장치가 바로 야
훼 신앙이다. 우리가 야훼 신앙을 체험하는 장소는 바로 이러한 기억의
재현, 곧 모세 사건을 원형으로 하는 해방의 정치가 재현되는 곳이다. 그
런데 흥미롭게도 성서에는 모세 자신도 모세 사건의 재현에 실패한 흔적
이 있다. 그중 하나가 바로 오늘 우리가 주목하려는 다단과 아비람, 그리
고 고라의 도전에 맞선 모세의 얼굴이다.

● ●

「민수기」 16장을 보면, 일단의 사람들이 모세에게 반기를 든 사건이 나온다. 그 주모자는 고라, 다단과 아비람, 온 등이다.

> 이스할의 아들 고라가 반기를 들었다. 그는 고핫의 손자이며 레위의 증손이다.
> 엘리압의 아들인 다단과 아비람, 그리고 르우벤의 손자이며 벨렛의 아들인 온도 고라와 합세하였다.
> —「민수기」 16장 1절

그런데 그 이후 '온'은 한 번도 등장하지 않는다. 한편 27절과 32절을 제외하면, 다단과 아비람은 고라와 별개로 언급된다. 그리하여 고라에 얽힌 이야기와 다단과 아비람에 얽힌 이야기를 분리해 보면, 각 이야기는 줄거리 구성이나 문체에서 대체로 일관된 모습을 띤다. 그러므로 16장에서 우리는 적어도 두 개의 다른 전승 층위가 누군가에 의해 하나로 통합된 흔적을 발견할 수 있다. 아래 [표2]는 이 두 전승 층위를 대별한 것이다.

오경에 대한 오래된 문헌 비평의 관점에서 보면, 이 텍스트는 두 개의 전승 층위로 나눌 수 있다. [표2]에서 좌측 부분은 이른바 '야훼계 자료'(J 자료 층)로, 그리고 우측 부분은 '사제계 자료'(P 자료 층)로 분류해도 무방할 만큼, 어휘나 관심사에서 각각 오경의 두 자료 층과 맞물린다. 한편 이어지는 17장은 후자와 연속적인 텍스트로 분류할 수 있다. 이 가설에 따르면 '야훼계 자료'가 왕조 시대 유다 왕실 역사가의 작업과 관련된다면(기원전 7세기 이전), 후자는 식민지 재건 시대의 이스라엘 역사와 관련된다.(기원전 6세기 말~7세기) 이 오래된 가설에 기반을 두면 우리는 16~17장에

[표2] 모세와 그 반대파(다단 · 아비람/고라) 간의 논쟁

「민수기」	16장 1b~3 · 12~15 · 25~34절		16장 1a · 4~11 · 16~24 · 35절; 또는 16장 36~50절과 17장	
논쟁 당사자	모세	다단과 아비람	모세와 아론	고라
논쟁의 내용	탈이집트 – 젖과 꿀이… 아무것도 빼앗 은 일이 없다	이집트 – 젖과 꿀이… 모세가 백성 위에 군 주처럼 군림한다 그가 밭과 포도원을 주지 못했다	누가 거룩한지를 증명 하자. "아론이 어떤 사람인데 감히 그를 거역하여 불 평하느냐"	온 회중이 거룩하다
논쟁의 경과	①논쟁 제기▶②모세가 소환▶③반대 파의 소환 거부▶④모세가 반대자에 게로 감▶⑤추방▶⑥생매장		①고라의 반론▶②향로로 분향(거룩 의 증명법)▶③반대자를 분사시킴▶ ④백성이 고라의 일로 항의▶⑤전염 병▶⑥지파별로 가지를 증거궤 앞에 놓음(거룩의 증명법)▶⑦아론계 사제 직의 공식화	
논쟁의 결과	반대파 추방 / 생매장		반대파 분사시킴 / 아론계 사제직의 공식 인정	

서 모세와 관련된, 시대를 달리하는 두 가지 저항의 이야기를 추론할 수
있으며, 여기에서 두 저항 전승의 기억법을 추론하는 것이 가능하다.

다단과 아비람의 저항 이야기

　다단과 아비람은 일단의 저항 세력을 대표하여 모세를 비판했다. 그 내
용은 모세가 "백성 위에 (군주처럼) 군림한다."(3절)는 것이다. 그런데 모
세는 자신이 백성으로부터 하나도 빼앗은 것이 없다고 한다. 사실 모세의
주장에 반하는 근거를 반대파는 하나도 제시하지 않았다. 그렇다면 도대

체 그들이 말하는 "군림한다."는 주장의 근거는 무엇인가?

우리는 반대파들의 논거를 추정할 수 있는 두 가지 정보를 얻을 수 있다. 하나는 그들이 이집트가 '젖과 꿀이 흐르는 땅'이라고 주장한 것과 관련된다. 이 표현은 모세가 이미 이집트를 벗어날 것을 주장할 때 하느님이 약속한 땅을 지칭하는 용어로 사용된 것이다. 그렇다면 모세에게 이 표현은 구체적인 지명을 가리키기보다는 탈이집트(출애굽)를 촉구하려는 전략적 언술이라고 할 수 있다. 하지만 말이 전략적 함의를 지닐 땐, 사람들은 언제나 그것이 구체적 현실과 대응하리라는 기대를 갖게 마련이다. 그런데 그들이 도주해 온 곳은 배고프고 목마르고 앞뒤 사방이 황량한 사막 같은 곳이다. 당연히 이스라엘은 과거를 그리워할 것이다. 곧 출애굽한 이스라엘이 겪는 고초는 모세의 공약空約에 대한 불만으로 표현되었다. 텍스트는 바로 이러한 반발을 다단과 아비람이 대표하는 것으로 그린다. 이것은 두 번째 정보가 확증한다. 그들은 모세가 백성에게 밭과 포도원을 주지 못했다고 비난한다. 곧 그들에게서 젖과 꿀이 흐르는 땅은 (꿈이 아니라) '구체적인 물리적 현실'이었다.

모세의 입장에서 그들은 출애굽 해방 운동에 대한 반동이었다. '이집트'가 도대체 누군가? 그들은 이스라엘을 노예로 삼은 거대한 권력의 응집체 아닌가? 그들은 비록 풍요로운 세상을 구축할 수 있을지는 몰라도, 그 풍족함이란 대중의 피와 땀을 전제로 한 것이다. 그렇다면 대중을 착취하는 그 악마적 권력을 칭송하는 이들은 반동적이고 반민중적 세력에 불과하다.

과연 다단과 아비람이 그런 자들인가? 적어도 텍스트를 통해 추론하면 그렇게 보인다. 그들의 주장은 모세가 생각한 대로 위험천만하다. 하지만 동시에 우리가 생각하지 않으면 안 되는 것은, 모세의 지도력이 한계에 부딪쳤다는 사실이다. 그는 더 이상 백성에게 꿈을 약속할 수 없었다. 모세는 꿈을 잃지 않았으나 백성들은 그와 꿈을 공유할 수 없었다.

대화의 단절이 있다. 그래서 꿈을 잃어버린 체제, 그것은 개혁을 필요로 한다. 모세는 자신의 주장을 되풀이하는 것만으로는 더 이상 그가 기대한 대안 체제를 이끌어 갈 수 없다. 자신이 단연코 옳다고 주장하는 것만으로는 더 이상 해결책이 없었던 것이다. 바로 이런 상황에서 비판이 제기되었다. 비록 그들이 모세 같은 폭넓은 안목을 갖지 못한 자들일지라도, 비록 그들이 문제를 즉자적으로 해결하려는 순진한 비판자에 불과할지라도, 그 배후에는 분명 모세 자신이 이끄는 체제의 한계가 도사리고 있었다.

한데 저항에 직면한 모세는 자신의 체제를 성찰하기보다는 먼저 분노했다. 그는 저 비판자들을 소환했다. 아마도 장로 재판에서 그들을 정죄하려 함이겠다.

당연히 그 소환은 거부되었다. 이에 모세는 장로들을 이끌고 그들에게로 갔다. 이동 재판의 결과는 공동체로부터 추방이다. 대화할 수 없다는 표현이다. 우매한 비판은 경청할 가치가 없다는 것이다. 그런데 그것으로 그치지 않는다. 성서는 "땅이 그들을 삼켜버렸다."고 한다. 그들은 '스올'(Sheol, 고대 이스라엘인들이 '죽은 자가 거하는 곳'이라고 믿었던 장소)에 영원히 묻혀 버렸다. 다시는 그런 식의 주장이 유포될 수 없게 하겠다는 뜻이다.

승자의 시각에서 이 전승은 해석되었다. 신이 그들을 그렇게 했다는 것이다. 그리하여 비판자들은 기억의 역사 속에서 영원한 저주 아래 놓였다. 실제로 그들은 얄팍한 권력욕에 사로잡힌 자들일지도 모른다. 또한 그들의 단견은 위험천만하다. 그래서 모세는 자신이 꿈꾸었던 '해방의 정치'를 견지하고자 저들을 공동체로부터 영원히 배제시켰다.

그런데 그것으로 족한가. '옳은 주장'은 '잘못된 주장'을 마음대로 처벌해도 아무런 문제가 없는가. 이 기억 속에서 승리한 모세는 대중의 욕망이 빗나갔다는 판단 아래 대중과 소통하기를 거부했다. 그의 주장은 대중보다 현명했을 수 있지만, 비판에 대한 그의 행태는 두고두고 비판에 대한 체제의 가학적 관행을 정당화하는 상징적 선례가 되지 않았을까.

모세 사건의 요체는 이집트로 상징되는 제국주의적 권력으로부터 해방에 있었다. 그러나 그것은 그 이상이다. 모세 신화를 이야기하는 사람들은 출애굽을 이집트라는 구체적인 권력을 넘어서는, 일체의 권력 욕망에 대한 비판의 담론으로 읽었다. 바로 이것이 이스라엘 지파 동맹의 형성 이념이기도 했다. 그러나 지파 동맹 사회 내에는 권력이 집중된 체제, 곧 군주제 사회를 향한 미련이 사라지지 않았음을, 성서는 도처에서 밝힌다.[1] 하지만 그런 미련은 체제 교체를 향한 주장이 아니다. 비록 말 자체는 그렇게 얘기하지만, 그 주장 이면에는 현 체제가 충분히 해방적이지 못하다는, 현실에 대한 대중의 불만이 있다. 이러한 불만이 어쩔 수 없는 것이라 하더라도, 불만 자체를 억압하는 것은 잘못된 일이 아닌가. 대화가 필요했으나, 체제의 중심부는 대화를 거부하고 분노의 정치를 작동했다. 그것이 바로 다단과 아비람 설화 속에 담긴 역사적 함의였다. 지파 동맹 사회의 해방의 정치는 동시에 이러한 한계를 노정했던 것이다.

야훼계 자료의 저자는 이것을 차용해서 왕조 역사를 쓴다. 도대체 그의

---

[1] 특히 「사사기」와 「사무엘기」는 지파 동맹 사회, 특히 중후기의 사회가 왕권에 대한 이스라엘의 욕망의 역사로 점철됨을 시사한다.

의중에는 무엇이 들어 있었을까? 일반적으로 통용되는 것처럼 이 저자(개인 또는 집단)가 왕실 역사가였다면, 아마도 야훼는 모세를 지지했고, 그것이 지파 동맹의 정신이며, 그것의 정통성을 계승한 것이 다윗 왕권이라는 주장이 그의 역사화의 핵심이 아닐까? 그런데 이 설화 텍스트가 묘사한 사건은 부족 동맹 시대의 내적 위기를 주류 세력이 폭력으로 대응했던 역사적 상황을 반영하지 않는가. 그렇다면 이 텍스트는 군주제 시대의 권력과 폭력을 향한 우회적 비판으로 읽을 수 있다.

고라의 저항 이야기

고라의 이야기는 제사장 집단인 레위인들 사이의 갈등을 묘사한다. 여기서 논쟁 당사자는 얼핏 모세와 고라인 듯이 보이지만, 실상 모세는 아론을 위해 행동하는 제3자로 나타날 뿐이다. 고라가 대변하는 비판의 요지는 야훼 앞에서는 회중이 모두 거룩한데 왜 특정인들만이 야훼와 백성 사이에 존재한다고 주장하느냐는 것이다(5절). 이것이 제의를 둘러싼 문제임은 모세의 반응에서 알 수 있다. 모세는 향로를 가져와서 야훼에게 분향하라고 한다. 정말 야훼가 모든 사람을 택했는지 특정한 사람을 택했는지를 분간하자는 것이다. 그런데 모세의 이 주장 배후에는 고라 일파가 하급 사제들로서 사제직을 보조하는 자들인데, 고위급 사제들의 직무를 넘본다는 문제의식이 도사리고 있다(8~11절).

여기서도 도전 세력은 패배하였다. 그들은 향로 불에 타 죽고 말았다. 본문은 야훼가 그렇게 했다고 해석하는데, 백성들은 그것에 대해 항의한다(16:41). 곧 야훼의 뜻에 대해 이견이 있다는 것이다. 그러자 이번에는 다시 전염병이 창궐해서 많은 사람이 죽었다. 자연재해란 사람들의 도덕적 또는 신앙적 행위에 따라 달리 나타나는 게 아닌데도, 종교적 텍스트는 상투적으로 그것을 차등화한다. 「민수기」 16장도 예외가 아니다. 수많은 사람들이 죽고 백성이 고분고분해진 뒤에, 모세는 또 다른 방식으로 야훼의 선택이 누구에게 있는지를 시험하는 의례를 주관한다. 지파별로 대표가 나뭇가지를 만남의 장막 앞에 놓도록 했다. 이때 레위 지파는 아론이 대표했다. 텍스트는 모든 가지 가운데 아론의 가지만이 잎과 열매를 맺은 것을 언급한다. 이것으로 아론이 레위 지파를 대표하는 사제임을 모든 지파들에게 확증시키는 계기가 되었다고 주장하는 것이다. 그리하여 이 텍스트는 아론계 사제 권력을 공고히 하는 데 봉사한다.

여기서 우리는 이 갈등의 사회학을 추정할 수 있다. 식민지 시대 재건 공동체 사회에서 사제 귀족과 평사제 간의 갈등이 있었고, 평사제들은 '만인사제론'과 같은 주장을 명분으로 제기했다. 사제 귀족이 독점하던 제의권은 '왕 없는' 사회에서 권력의 직접적인 장치였다. 그들이 권력을 장악하는 유일한 명분은 자신들이 야훼의 뜻을 전유한다는 사실 바로 그것이다. 이에 반해 고라 일파의 만인사제론은 단순한 종교 제의권을 둘러싼 의제가 아니다. 모세와 아론의 권력, 그것을 후광으로 하는 식민지 시대 사제 귀족 체제를 향한 비판이기도 하고, 또한 그들로부터 소외되고 착취당하는 대중을 자기들의 편으로 끌어들이려는 고라 집단의 전략적 언술이다. 그렇다면 이 갈등에서 도전 세력은 반권력 연합을 구축하고자 했다.

그러나 그들은 불에 타 죽었다. 어쩌면 지배 당국에 의해 화형에 처해진 것인지도 모른다. 권력 당국의 태도는 도전을 수용할 수 없다는 단호함 바로 그것이다. 그러한 아론계 사제의 권력 재생산을 위해 모세가 동원되었고, 고라 일파는 주류 담론 속에서 야훼를 거부한 자로서 낙인찍혔다. 아론의 '싹이 돋은 가지'가 만남의 장막 안에 영구히 보존되었다는 이야기는 상징을 통한 권력 재생산의 장치다. 이 상징은 긴 시간과 광대한 공간을 넘나들면서 기억을 역사 속에 재현시켰다.

그러나 불에 타 잿더미가 된 고라 일파의 시신은 거룩한 것에 대한 항의의 전통을 내포한다. 훗날 세례자 요한은 사제들이 장악한 제사가 아닌 예언자가 주관하는 세례를 주장했고, 예수도 제사 제도가 담은 죄의 체계로부터 백성의 사면을 선포했다.

● ● ●

권력투쟁은 줄곧 폭력을 동반한다. 그것은 승자의 몫이다. 패자는 자신의 몸을 배상금으로 지불해야 한다. 그런데 그 과정에서 비판의 대중적 함의도 희생된다. 지배 체제가 더 민중적이든 더 권력적이든, 권력투쟁의 폐쇄 회로 속에 갇힌 당사자들은 대화를 잊어버린다. 그리하여 자신만이 진리를 담보한다는 확신 속에서 보복의 정치만 난무한다.

지배 담론은 승자의 시선에서 상징화된 역사다. 여기서 반란자들은 신의 저주를 받은 자에 불과하고, 그 반대편에 있는 승자는 신의 축복을 받은 주역이다. 이런 논리 속에서 담론은 보복의 정치학을 후세대에 전승시켜 준다. 성서의 많은 이야기들도 이 점에서 예외가 아니다.

그런데 어느 시대건 이런 지배 담론의 폭력성에 저항한 흔적들이 있다. 대개는 실패하여 지하로 은폐되거나 불에 타 잿더미로 사라져 버렸다. 그러므로 지배 담론의 정당성 주장에 대한 항의들은 실패해 맥락을 잃어버린 채 에피소드로만 남았다. 결국 반권력 투쟁은 전통이 결핍된, 곧 반역사적 운동으로 귀결된다. 그래서 '해방의 고고학'이 필요하다. 여기저기 흩어진 채 파묻혀 버린 또는 잿더미가 된 작은 에피소드들을 발굴하여 잘 수습하고 재현시키는 작업이 필요하다. 그리고 그 발굴된 단편적 이야기를 연결해서 진정한 성찰적인 해방의 가능성들을 기억하는 '사건의 계보학'이 필요하다.

만약 우리가 성서 속에서 그것을 찾아낸다면 성서는 우리 시대에 성찰적인 메시지로 되살아날 수 있을 것이다. 그것을 위해서 우리는 성서 안의 은폐된 또는 억눌린 이들의 목소리를 되살려 내야 한다.

딸들은 상속자가 될 수 있는가
포스트 출애굽 시대 재산권 논쟁–슬로브핫의 딸들 vs. 한니엘

●

이 글은 슬로브핫의 딸들에 의해 촉발될 매우 생소한, 하나의 논쟁을
다룬다. 그런데 텍스트는 이 논쟁의 상대편이 누구인지 말하지 않는다.
아무튼 슬로브핫의 딸들이 제기한 문제 제기는 가부장제 사회의 상속 문
제에서 그것이 물질적인 것이든 상징적인 것이든 여성의 역할을 적극적
으로 재고하게 한다. 그런 점에서 이들의 주장은 통념을 위반한다. 따라
서 명시되지 않은 논쟁의 상대편을 통념의 대변자로 가정하고자 한다. 여
기서 우리가 선택한 통념의 대변자는 한니엘이다. 그에 관한 정보는 극히
제한적이지만, 우리는 한정된 자료에 역사적 상상력을 보충함으로써 그
에 관한 개연성이 있는 상을 그려 낼 것이다. 비역사를 통해 숨겨진 또는
간과된 역사를 소환하고자 하는 것이다. 아래에서는 슬로브핫의 딸들과
한니엘 간의 가상 논쟁을 통해 통념에 대한 지배와 도전의 역사를 살펴보

[표3] 「민수기」 13장과 34장의 가나안 땅 분배 족속과 족장

	「민수기」 13장	「민수기」 34장	순서
르우벤 지파	삭굴의 아들 삼무아	※요르단 강 동편	
시므온 지파	호리의 아들 사밧	암미훗의 아들 스므엘	2
유다 지파	여분네의 아들 갈렙	여분네의 아들 갈렙	1
에브라임 지파	눈의 아들 호세아(=여호수아)	십단의 아들 그므엘	8
베냐민 지파	라부의 아들 발디	기슬론의 아들 엘리닷	6
스불론 지파	소디의 아들 갓디엘	바르낙의 아들 엘리사반	3
므낫세 지파	수시의 아들 갓디	에봇의 아들 한니엘	7
단 지파	그말리의 아들 암미엘	요글리의 아들 북기	5
앗셀 지파	미가엘의 아들 스둘	슬로미의 아들 아히훗	4
납달리 지파	윕시의 아들 나비	암미훗의 아들 브다헬	9
갓 지파	마기의 아들 그우엘	※요르단 강 동편	10
총책임자	모세(와 아론)	여호수아와 엘르아잘	

고, 그 속에서 고대 이스라엘 사회에서 여성의 재산권 문제가 어떻게 신학화되는지를 다루고자 한다.

「민수기」 13장을 보면 가나안 땅을 탐지하기 전 모세가 땅의 분배를 위해 부족과 족장의 이름을 열거한다. 또 34장에는 땅을 정탐한 후 여호수아가 모세를 승계하고 난 뒤에 가나안 땅을 분배받을 부족과 족장의 명단이 나온다. 한데 아래 [표3]에서 볼 수 있듯이 갈렙을 제외하고는 족장의 이름이 어느 하나도 일치하지 않는다. 요컨대 「민수기」는 여호수아가 모세를 승계하면서 지도력의 극심한 재편이 있었음을 암시한다.

모종의 중요한 정치적 격변이 있었던 탓일까. 그런데 '모세 설화'가 '출

애굽'에 초점이 있다면, '여호수아 설화'는 '이스라엘 부족 동맹 사회의 질서 구축'이라는 관점을 내포한다. 그 주된 내용 가운데 하나가 바로 '토지 분배'다. 이것은 출애굽한 이스라엘이 가나안에 정착하여 토지를 분배받았다는 오경의 맥락 속에 위치한다. 그 스토리 라인에 따르면 갈렙을 제외한 명단 재작성의 이유는 땅에 대한 야훼의 약속을 확고히 믿지 못한 죄에 있다. 하지만 스토리 라인 이면의 문맥상 상징적 함의를 조금 더 캐보면, 모세로 상징되는 '탈주'와 여호수아로 상징되는 '재질서화' 사이의 간극이 반영된 것이라고 해석된다.

탈주와 재질서화는 서로 쌍을 이루는 연속적 요소이지만, 그 사이에는 무수한 간극이 있기 마련이다. 앞 장에서 본 것처럼, 모세를 향한 다단과 아비람의 저항 이야기에는 탈주에서 재질서화로 이행하는 과정에서 누군가는 제거되고 누군가는 권력이 강화되는 역사가 반영됐다. 필시 명단 교체는 바로 이러한 과정의 위기를 보여 준다.

한편 이 장에서 우리가 다룰 슬로브핫의 딸들에 관한 이야기는 그 탈주에서 재질서화로 가는 이행 과정에서 맞닥뜨린 또 다른 형태의 위기를 시사한다. 재산 분배가 이루어졌지만 그것을 어떻게 유지할지에 관한 문제이다. 부족 동맹 사회의 토지 소유에 관한 공공선이 형성되는 과정이 이 설화 속에 응축된 것이다.

●　●

슬로브핫의 딸들이 제기한 논점을 이야기하기에 앞서, 부족 동맹 시대를 반영하는 성서 문서들 속에서 사회 조직체를 암시하는 용어로 사회의 구성 방식을 살펴보면 대략 다음과 같다.[1] 먼저 사회의 기초 조직으로 '아비의 집'(히브리어는 '벧아브')이 있다. 대체로 2~3세대의 가족으로, 한 명의 가부장 아래 재산과 거주지를 공유하는 혈연 공동체이다. 여러 '아비의 집'들이 혈연으로 묶인 '가문' 또는 '문중'(히브리어는 '미스파하')이 그 상위에 있다. 대개 이들은 혈연적 공동체일 뿐 아니라 지연적 공동체이기도 하다. 그러나 유력한 가문은 그 규모가 커서 특정 지역의 범위를 넘어서기도 한다. 세 번째 사회조직은 '지파/부족'(히브리어는 '세베트' 또는 '마테')인데, 많은 가문/문중으로 이루어진 광범위한 결속체로, 조상에 관한 설화를 공유한, 일종의 '상상의 혈연 공동체'이다. 마지막으로 지파들의 정치적 연합체인 지파 동맹(이스라엘)이 있다.

이것을 현대 인류학적 개념과 연결해 보면, '아비의 집'은 '(확대)가족',

[표4] 이스라엘 지파/부족 동맹 사회와 군주제 사회의 사회조직

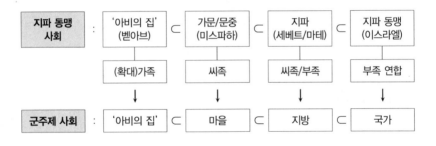

---

1 아래 내용은 제1성서(구약성서) 학자 노만 갓월드(N.K. Gottwald)의 가설을 나의 관점에 따라 재정리한 것인데, 너무 기계적으로 단순화하지 않는다면, 이스라엘의 사회 조직에 관한 그의 가설은 여전히 유용하다.

'가문/문중'은 '씨족', '지파'는 '(거대)씨족'이거나 '부족', 그리고 '지파 동맹'은 '부족 동맹'과 조응할 수 있다. 군주제 사회는, 단순화하면, 이러한 사회조직 형태가 대체로 유지되지만 '지파 동맹'이 '국가'로 이행한 것이라고 할 수 있다. 하지만 군주제가 발전할수록 귀족이 평민의 수많은 가문/문중의 토지를 병합함으로써, 가문/문중이 해체되고 그 자리에 지연 공동체인 '마을'이 성립하며, 더 발달한 군주제 사회에서 지파는 국가의 '지방 조직'으로 변형되어 간다. 고대 이스라엘 군주제 사회는 지파의 해체를 충분히 이루어 내지는 못한 것으로 보이며, 평민 가문/문중의 해체는 상당히 진척되었던 것으로 보인다.

여기서 우리의 주목을 끄는 것은 '가문/문중'이라는 용어다. 왜냐하면 이스라엘의 사회 이상이 추구하는 가장 핵심적인 것이 바로 이것과 깊이 연관됐기 때문이다. 곧, 지파 동맹의 지배적 사상은 '평등주의 이념'에 있는데, 그것이 관철되는 사회적 단위가 바로 '가문/문중'이기 때문이다. 가령, 슬로브핫의 딸들 이야기가 배경으로 하는 토지의 공공선이 갖는 가치란, 한 '아비의 집'이 상속자가 없어서 몰락할 지경에 이르렀을 때, 가문/문중의 친척이 그 가문의 몰락을 막는 조치를 취해야 한다는 것이다. 예컨대, 경제난으로 인해 타인의 노예가 될 수밖에 없는 상황이 벌어진다면, 같은 가문/문중의 사람이 대신 변상해 줄 의무가 있다. 물론 그것이 잘되지 않는다면, 50년마다 돌아오는 '희년'(禧年, jubilee)을 기다려야 한다. 곧 가문/문중의 도움이 없다 하더라도, 희년이 되면 모든 채무로부터 해방된다는 것이다. 또한 상속자가 없어 몰락할 지경에 이르면, 역시 가문/문중의 사람이 그 집안을 위해 상속자를 낳아 주어야 한다는 것이다. '시형제 결혼 제도'[2]는 바로 이러한 맥락 위에 있다. 여기서 우리는 지파

[표5] 지파 동맹 시대 이스라엘의 사회조직

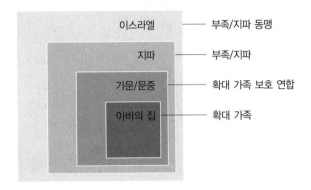

이스라엘 —— 부족/지파 동맹

지파 —— 부족/지파

가문/문중 —— 확대 가족 보호 연합

아비의 집 —— 확대 가족

동맹의 공공선인 평등의 이상이 가문/문중을 단위로 하며, 그 평등은 가부장제적 성격을 갖는다는 추론에 이른다.

그런 점에서 「민수기」 34장에서 므낫세 지파의 토지 분배 책임자로 거명된 한니엘은 바로 이러한 가치를 대변하는 지파 동맹의 지도자 여호수아와 동일한 지향을 가진 존재로 상징화된다. 요컨대 므낫세 지파 사람은 자기 지파의 족보를 보면서, 특히 한니엘이라는 조상을 보면서 여호수아

2 '시형제 결혼 제도Levirate Marriage'는 손위 형제가 자식 없이 사망했을 경우, 그 미망인과 손 아래 형제가 일시적 결혼 관계를 맺어 자손을 낳게 해주는 제도로, 자손이 없어 위기에 처한 가정의 몰락을 억제함으로써 강한 친족사회의 가부장제를 유지 재생산하는 일종의 '가문 안보 시스템'의 하나이다. 유다의 며느리 다말 이야기는 고대 이스라엘 사회에서 시형제 결혼 제도가 얼마나 강한 이데올로기로 작동하고 있었는지를 시사한다. 자식 없이 미망인이 된 다말에게 자식을 낳아 주기를 꺼려했던 시동생들을 하느님이 처형했고, 결국 다말 집안은 몰락할 위기에 처했다. 그러자 시형제 결혼의 의무를 시아버지인 유다가 수행해야 했다(「창세기」 38장).

적 이상을 공유한다는 것이다. 곧 한니엘은, 여호수아적 이상을 므낫세 지파에서 실현하는 기억의 장치로 기능하였다고 할 수 있다.

한편, 슬로브핫의 딸들은 모세에게 이러한 사회 이상 아래서 발생한 하나의 문제점을 제기한다. 아버지 슬로브핫이 아들 없이 죽어서 집안 존속의 위기를 맞았다는 것과, 딸들이 상속자가 된다면 그러한 위기가 해소될 수 있다는 것이다(『민수기』 27:3~4). 이에 대해 이스라엘을 통합하게 하는 상징적 중심인 모세는 그것을 인정한다. 곧 상속 순위인 아비의 아들, 부계 형제, 부계 사촌, ······ 이러한 순위에서, 아들과 부계 형제 사이에 '아비의 딸'이 들어갔다는 것이다(『민수기』 27:7~11).

여기서 슬로브핫의 딸들이 주장의 근거로 내세운 것은 아들이 없다고 아비의 이름이 문중에서 지워지는 것은 부당하다는 것이다.

> 아들이 없다는 이유로 아버지의 가족 가운데서 아버지의 이름이 없어져야 한다니, 어찌 이럴 수가 있습니까?
> ─『민수기』 27장 4절

사실 이스라엘의 사회 이상은 부계 형제들이 상속자 없이 죽은 형제에게 상속자를 제공해 준다는 원리를 내포했었는데, 슬로브핫의 딸들이 제기한 논점의 배후에는 그러한 원리가 잘 지켜지지 않는 상황이 놓여 있다. 그것은 아비뿐 아니라 어머니도 죽거나 또는 단산인 상황과 관련되었을 수 있고, 또는 형제나 친척이 그것을 자신의 소유로 복속시키려고 편법을 사용했을 수도 있다. 그러면 가문/문중의 재산은 보존되지만, 가문/문중이 지켜내야 할 가문 내적 평등은 깨지고 만다. 아마도 이러한 상황은 매우 빈번했을 수 있고, 그래서 슬로브핫의 딸들의 문제 제기는 강한 설득력을 갖는다. 그리하여 모세는 그것을 수용하였던 것이다.

그런데 이것은 가부장제적 사회의 성적 질서에서 혼란을 초래할 수밖에 없다. 그리하여 반발이 적지 않았으리라는 가정은 그리 무리한 상상이 아니다. 「민수기」에는 이 논쟁에 얽힌 두 유형의 반대 논리가 시사된다. 하나는 27장에서 슬로브핫의 딸들이 제기한 문제 제기 속에 들어 있는 바, 아비 슬로브핫이 죽은 것은 '고라'의 반역과 무관하다는 것이다.

> 우리의 아버지는 광야에서 돌아가셨습니다. 그러나 주님을 거역하여 모였던 고라의 무리 속에 끼지는 않으셨습니다. 아버지께서는 다만 자신의 죄로 돌아가셨습니다. 그런데 아버지께는 아들이 없습니다.
> —「민수기」 27장 3절

이것은 아비의 죽음이 자연사가 아니었다는 사실을 반영한다. 그랬기에 반대자들은 그의 죽음이 고라의 반역에 연루되었다고 비난한다. 반역자의 재산은 보존될 수 없다는 논리다. 어쩌면 이런 극한의 반론이 제기될 필요가 있었던 것은 슬로브핫의 딸들이 제기한 문제 제기가 많은 이들이 공유하는 고민과 맞닿아 꽤 강한 설득력을 지녔다는 사실을 반증할지도 모른다. 이에 반대자들은 지파 동맹의 반역자와 슬로브핫을 연루시켜 그의 재산 보전에 가문/문중이 책임질 필요가 있느냐는 당시의 관습적 인식에 호소함으로써 슬로브핫의 딸들의 문제 제기를 묵살하려 한다.

앞 장에서 보았듯이 고라의 반역이란 모세가 모든 권한을 독점한 데 대한 불만에서 일어난 하나의 사건이다. 이것은 왕 또는 '유사왕'에 대한 반대 논리를 바탕에 깔고 있다. 이 논쟁에서 모세 당파는, 고라 일파가 제기한 비판의 배후에는 모세적 공동체의 이상인 반왕권제적 전망에 대한 반발감이 바탕에 깔렸다고 주장했다. 곧 이 논쟁은 이상하게도, 독점에 대한 반대자가 또 다른 독점권(왕권제/유사 왕권제)을 추구하였다는 혐의를 확인한 것으로 귀결되었다. 이것은 논란의 여지가 많은 사건이었지만, 그 사건의 진상을 재검토하는 것은 지속적으로 유보되었다.

슬로브핫의 딸들의 문제 제기가 슬로브핫과 고라 일당 사이의 연루설로 와전되자, 문제를 제기한 측은 즉각 그것을 부인할 수밖에 없었다. 곧, 슬로브핫의 딸들의 문제 제기로 인해 발생한 일련의 논쟁은 고라 사건을 냉정하게 논의할 기회를 박탈했을 뿐 아니라, 고라 사건에 대한 기존의 봉합을 기정사실로 받아들인 채 전개된 것이다. 그리하여 고라 일파에 의해 제기된 권력의 반독점 문제와는 별개로, 평등의 논의가 펼쳐지는 기이한 현상이 벌어진 것이다. 아무튼 이 논쟁에서 슬로브핫의 고라 사건 연루설에 얽힌 의혹은 해소된 것 같다. 이렇게 해서 인신공격으로 인해 자칫 무화될 수도 있었던 딸들의 주장이 가진 의의는 살아남을 수 있었다.

그러자 반대자들은 두 번째 반대 논리를 들고 나왔는데, 여기에는 가부장제적 질서의 교란에 대한 그들의 위기감이 직접적으로 깔렸다. 「민수기」 36장이 그것을 반영하는데, 여기서는 반대자들이 분명하게 명시된다. 그들은 슬로브핫과 같은 가문/문중의 지도자들이다. 물론 그 배후에는 전통을 고수하는 지파 지배층의 이해가 얽혔다. 우리는 이러한 반대자들을 상징적으로 대표하는 인물로 '한니엘'을 지목하였다. 물론 이것은 개연성을 따라 규정한 가상의 설정이다.

그들의 반론 내용은, 딸의 상속권이 허용된다면 그로 인해 문중의 재산이 보전되지 않는 사태가 벌어질 수도 있다는 것이다. 왜냐하면 출가한 딸은 그의 남편과 그 가문에 귀속되기 때문이다(「민수기」 36:1~4). 이것은 가문/문중의 외부에서 하는 결혼이 일상적으로 벌어졌던 상황을 전제로 한다. 사실 일반적으로 이스라엘에서는 족외혼의 전통이 지배적이었다. 더구나 '아비의 집' 재산을 보전하려고 '가문/문중'의 재산 보전에 위협이 되는 조처를 취할 수는 없었다. 그렇다면 슬로브핫의 딸들의 문제 제기는 결정적인 타격을 받는다. 딸의 상속권 인정 자체가 다른 많은 문제를 가졌다는 점이 지적됐기 때문이다.

이 두 번째 논쟁은 양자의 타협을 이끌어 냈다. 딸의 상속권 자체를 예외 조처로 처리하기로 한 것이다. 곧 '아비의 집'이 몰락할 위기에 처한 경우에만 '예외적'으로 딸의 상속권을 인정하되, 그들은 가문/문중 내에서만 결혼해야 한다는 것이다.

> 주님의 명을 받들어, 모세가 이스라엘 자손에게 명령하였다. "요셉 자손 지파의 말이 옳소. 주님께서는 슬로브핫 딸들의 경우를 두고 이렇게 명하셨소. 그 딸들은 자기들의 마음에 드는 남자가 있으면 누구하고든지 결혼할 수는 있소. 그러나 그들이 속한 조상 지파의 가족에게만 시집갈 수 있소. 이스라엘 자손의 지파 유산이 이 지파에서 저 지파로 옮겨지는 일이 없어야, 이스라엘 자손이 제각기 자기 조상으로부터 물려받은 지파의 유산을 그대로 간직할 수 있을 것이오. 이스라엘 자손의 지파 가운데서 유산을 받은 딸들은 누구나, 자기 조상 지파의 가족에게로 시집가야 하오. 그래야만 이스라

엘 자손이 지파마다 조상으로부터 물려받은 유산을 간직할 수 있을 것이오. 지파의 유산이 한 지파에서 다른 지파로 옮겨지는 일이 없어야, 이스라엘 자손 각 지파가 제각기 물려받은 유산을 그대로 간직할 수 있을 것이오."
—「민수기」36장 5~9절

형식상 이 타협안은 문중의 재산도 보전하는 동시에 '아비의 집' 재산도 보전하는 묘안임에 분명하다. 「민수기」 자체는 바로 이러한 귀결에 퍽 만족한다. 그러나, 가령 출가하지 않은 딸이 없는 경우는 집안의 재산 보전이 불가능해진다. 더구나 딸의 재산 상속권을 예외적 사안에만 적용하는 것으로 취급함으로써, 재산권 문제에서 성적 평등 논리가 확산되는 것을 영구히 막는 방책이 되기도 했다.

● ● ●

슬로브핫의 딸들에 의해 제기된 문제로 인해 벌어진 하나의 논쟁을 담은 이 텍스트를 여성 신학자들은 전혀 주목하지 않았다. 그것은 필시, 이 논쟁의 전개가 표면적으로 성을 주제로 하지 않았거니와, 성적 평등과는 무관한 것으로 귀결했기 때문일 것이다. 하지만 위에서 보았듯이 조금 더 깊게 살펴보면 본문에는 성적 평등의 의제가 바탕에 깔려 있다. 슬로브핫의 딸들이 제기한 의제로 인해 딸의 상속권을 금하는 가부장제적인 인습적 통념이 몰락할 위기에 처한 가문을 보호해야 한다는 부족 동맹의 공동체 원리와 모순의 상황에 빠진 것이다. 그리고 그녀들이 제기한 의제는 타협안을 이끌어 냈다.

「민수기」는 여전히 성적 편견에서 자유롭지 못하고, 그렇게 텍스트의 지배적인 스토리 라인이 형성되어 있지만, 동시에 이 텍스트 속에는 지배적 스토리 라인과는 잘 조화되지 않는 측면이 담겼다. 바로 슬로브핫의 딸들이 제기한 논점이 꽉 막힌 인습의 철문을 열게 했고, 타협을 통한 절충을 이끌어 낸 흔적이 텍스트 속에 새겨져 있는 것이다.

우리는 그리스도교를 넘어서려고 성서를 본다. 전 세계적으로 종교 갈등, 이념 갈등의 중심에 있는 종교에서 화해의 종교, 나눔의 종교, 섬김의 종교, 예수의 꿈과 이상이 녹아 있는 종교에 다가가고자 성서를 다시 본다. 그것은 그리스도교의 성서 해석을 넘어서려는 재해석 과정이기도 하다. 성서를 역사 속에 재배치시키는 것은 이러한 재해석을 위한 기반 작업의 하나다. 슬로브핫의 딸들과 한니엘을 역사의 라이벌로 가상 설정하여 역사적 상상력을 편 것은, 그런 점에서, 반역사를 통해 역사화를 모색하는 하나의 테크닉이다. 그리하여 '성서를 넘어서서 성서로!'라는 구호를 관철시키고자 우리는 성서를 다시 읽는다.

슬로브핫의 딸들에 대한 텍스트는, 우리의 역사적 조명에 따르면, 성서의 자기 한계를 극명하게 보여 준다. 그리고 그 한계는 우리가 그리스도교를 넘어서려면 필요한 성서 재해석의 한 지점을 분명하게 해 준다. 성서의 전거들references이 우리로 하여금 삶의 성찰에 이르게 하는 신앙적 준거이게 하고자 함이다.

러브 스토리 인 딤나
삼손과 딤나의 여인

●

　사람들은 사랑이 결혼의 필수적인 요소인 양 얘기한다. 두 당사자가 어떠한 이유든 사랑을 유지하는 데 실패한다면 둘의 관계는 보증할 수 없는 불안정한 상황에 놓일 것이다. 하지만 그렇다고 결혼이라는 제도가 당사자 간 사랑의 잔치일 수만은 없다. 거기에는 가문 간 또는 종족 간의 암묵적인 또는 명시적인 계약이 얽혀 있다. 또 오늘날에는 관계를 유지하는 데 특별히 부각된 요소들, 가령 외모, 재산, 장래성 등이 사랑 못지않은 중요한 조건이다(여기서는 이러한 요소들을 통칭해서 '사회적 궁합'이라고 부르겠다). 만약 이러한 사회적 궁합이 매우 약하다면, 비록 그들이 서로를 간절히 사랑한다 하더라도 관계를 지속시켜 나가는 것은 여간 어려운 일이 아니다. 그런 점에서 결혼은 사랑과 '사회적 궁합'(계층적 차이, 교육 수준의 차이 등)이 어우러져 조화를 이루며 유지되는 제도라고 할 수 있다.

고대부터 현재까지 결혼을 둘러싼 수많은 비극적 이야기들은 대개 이 두 요소의 부조화와 관련이 있다. 셰익스피어의 희곡『로미오와 줄리엣』은 가문 간의 갈등이 사랑을 금지된 행위로 만드는 결정적 조건이었다. 여기서 사랑의 결실이 결혼이라는 통념을 전제한다면, 그네들의 열렬한 사랑에도 불구하고 두 연인은 결국 죽음에 이르는, 곧 결코 결혼이라는 사랑의 정점에 도달하지 못하는 비극적 운명의 주인공이 되어야 했다. 물론 이 희곡의 결말부는 사랑이 결혼이라는 제도를 초월해서 실현될 수 있다는 암시로 가득하다. 그렇다면 자살은 가문 간 궁합이 극단적으로 서로를 배척하는 현실에서도 사랑을 완성하는 장치가 된다. 하지만 몸과 더불어 살아야 하고 몸과 더불어 사랑을 실현해야 하는 현존재의 운명 아래서, 나아가 결혼이라는 제도를 떠나서 사랑을 완성해 갈 수 없다는 인식의 통념 아래서 사람은 사회적 궁합의 영향권에서 벗어날 수 없는 운명에 처한다.

우리는 성서의 삼손 이야기에서 이와 유사한 또 하나의 비극적 이야기를 본다. 그 줄거리는, 우화적으로 기술되었는데도 사랑을 포함한 개인의 사적인 인생이 사회적 관계 속에서 얼마나 어그러지는지를 다룬다는 점에서 매우 사실적이다. 그러나 우리는 이 성서 이야기의 화자가 사회적 가치에 의해 짓밟히는 사람의 시각에서 이야기하지 않는다는 것에 유념해야 한다. 오히려 성서는 사회적 가치를 우선시하면서, 그것을 위해 사람들의 운명을 무자비하게 착취한다. 더구나 화자는 그 사회적 가치가 곧 야훼의 시선과 일치하고 있음을 전제하면서 이야기하기 때문에, 화자의 시선을 따라 읽지 않으면 안 된다는 강압 아래서 독자는 이 설화를 읽는다. 요컨대 이 텍스트의 화법은 수용자와 대화하기를 배제하는, 화자 중심의 권위주의적 독백 전략을 취한다. 그럼으로써 화자는 야훼를 들먹이면서 텍스트 안의 타자들을 향해 폭력을 휘두를 뿐 아니라, 텍스트 밖의 타자들(독자)에게도 폭력을 가한다. 이때 화자는 자신의 파시스트적 태도를 야훼와 동일시하기 때문에, 결국 독자는 파시스트적인 야훼의 강압을 느끼며 텍스트 읽기에 들어가야 한다.

한편 예수의 이야기에서 우리는 타자화된 자들을 향한 신의 '말 걸기'를 본다. 거기서 강조되는 것은 우상숭배의 대상에서 벗어나고자 자신을 처형하는 처절한 신의 절규다. 이것은 출애굽 신앙의 재천명이요, 나아가 그것에 대한 존재론적 성찰이라 할 수 있다. 민중신학은 바로 여기에서 신학하기의 출발점을 보며, 따라서 이 눈으로 성서와의 새로운 대화에 돌입했다. 곧 우리의 성서 다시 읽기는 바로 예수의 눈으로 성서를 다시 보는 행위이며, 예수의 실천 기조로 성서의 의미를 다시 음미하는 행위이다.

여기서는 삼손 이야기를 바로 이 '예수의 눈으로 뒤집어 읽기' 방식으로 시도하고자 한다. 뒤집어 읽어야 하는 이유는 화자가 출애굽에서 시작된 분노의 기억을 절대화한 나머지 수많은 인간관계를 황폐하게 하는 배타주의적 폭력을 일삼기 때문이다. 그 분노의 뿌리가 억눌림으로부터 해방이었다면, 화자는 그 분노를 위해 인간을 억누르는 형식으로 전통을 전유한다. 그리하여 우리는 형식주의적 제도로 돌변해 버린 분노의 정치를 출애굽 신앙의 원형으로 되돌려 놓으려고 예수의 눈으로 텍스트를 재전유하려는 것이다. 그것을 위해 우리는 화자를 젖혀 두고 화자로부터 소외된 희생자의 눈으로 텍스트를 다시 보고자 한다. 그가 바로 삼손의 첫 번째 여자인 '딤나의 여인'이다.

삼손 이야기(「사사기」 13~16장)는 전체적으로 매우 폭력적이다. 텍스트는 이스라엘이 블레셋에게 오랜 기간 압제를 당했다는 구절에서부터 시작한다(「사사기」 13:1). 삼손의 탄생은 불임녀의 기적적인 출산 결과다(13:2~4). 여기에는 이스라엘이 겪은 장기간에 걸친 고난의 역사처럼, 여성이 장기간 고통을 겪은 시기가 암시된다. 관습은 그 관습 외부의 사람, 관습을 몸으로 체현하는 데 실패한 이들에게 폭력적이다.

　　살아서는 볼 수 없다는 천사를 만난 마노아(Manoah, 삼손의 모친)의 두려움은 신의 폭력에 대한 공포와 관련이 있다(13:6). 여기서 신은 존재가 너무 격상된 나머지 일체의 관계를 거부한다. 그리하여 신이 사람에게 다가올 때조차도 그 사람을 죽게 한다는 통념이 사람들에게 일상화되었다. 요컨대 신은 폭력적으로 사람들과 얽혔다.

　　삼손은 그가 서원으로 인해 '나실 사람nazir' [1]이 된 것이 아니라, 그의 선택과는 무관하게 이미 태어날 때부터 그렇게 결정된 존재다(13:4). 그런데 삼손의 결혼에 얽힌 긴장과 갈등은 더 말할 것도 없이 폭력적이다. 여기에는 속고 속이는 음모가 들어 있고, 잔치 상황에서조차 서로 을러대는 긴장 관계가 암시된다. 그리고 끊임없이 난폭한 보복전, 살육전이 반복된다.

---

1 '나실 사람'이라는 것은, 「민수기」 6장 1~21절에서 보듯, 신에게 자신을 바치기로 서약한 사람을 가리키는 것으로, 이들은 평생 포도주 같은 술 또는 독한 술을 먹어서는 안 되며, 시체를 가까이 접해도 안 되며, 머리털도 잘라서도 안 되는 존재다. 히브리어 Nazir은 '구별된'을 뜻하는 형용사다.

이러한 모든 직간접적인 폭력의 배후에는 세 가지 기본 대립이 전제된다. 신과 인간의 대립,[2] 남녀의 대립, 그리고 종족 간의 대립(단 족속 대 블레셋 족속). 그리고 이 대립에는 항상 관철되는 법칙이 있다. 그것은 강자가 약자를, 약자의 운명을 마음대로 전유한다는 것. 그런데 그중 첫 번째와 세 번째는 신의 개입으로 상황이 정돈되며 긴장이 해소된다. 그런데 두 번째의 경우는 단지 소품처럼 취급되며, 신은 이 대립의 긴장 상황을 해소하는 데 별 관심이 없어 보인다.

여기서 우리는 본문이 시사하는 '신의 행위'에 관한 동시대 이스라엘의 이데올로기를 추정할 수 있다. 그것은 '이스라엘을 펀드는 야훼'라는 신앙이다. 그이는 이스라엘이 신실하지 않을 때는 여러 방식으로 그들을 시험한다. 이때 신의 주된 심판 도구는 외적의 침략이다. 이것은 거꾸로 이스라엘 공동체의 야훼 신앙이 외적의 침공에 시달리면서 발전했다는 것을 암시한다. 곧 외적은 가해자며, 따라서 이스라엘은 그 가해자에 대한 분노의 정치를 야훼 신앙의 일부로 기억했고 발전시켰다는 것이다. 이렇게 본다면, 이 이데올로기는 그 자체만 볼 때는 민족 해방을 지향한다. 그런데 그 속에 또 다른 형태의 반해방주의가 들어 있는데 그것이 바로 '성의 억압'이다. 그러므로 우리는 텍스트에서 성의 문제를 중심으로 이 '해방적 야훼 이데올로기의 반해방성'을 문제시하고자 한다.

한편 이 텍스트에서 흥미로운 점은 이렇게 복잡한 갈등 상황이 매우 구체적인 개인사와 얽혔다는 것이다. 「사사기」에 등장하는 다른 사사들과는

---

2 자손이 신의 선물이라는 통념이 지배하는 사회에서 불임의 현실은 신과 인간 사이의 갈등을 암시한다.

달리, 삼손의 이야기는 그의 공적 활동과는 완전히 무관하다. 오히려 스토리는 그의 금지된 사랑 행각을 둘러싸고 벌어진다.

우선 그의 탄생 설화를 보자(「사사기」 13:1~24). 전형적인 영웅 탄생 이야기다. 불임의 어머니, 신적 계시에 의한 기적적인 탄생, 그리고 그 탄생에서 신의 소명. 여기에서 핵심은 신이 그를 크게 쓰고자 점지했다는 것에 있다. 삼손은 그렇게 탄생했다.

그런데 우리는 여기서 삼손이 결코 나실 사람과는 걸맞지 않은 삶을 살았는데도 나실 사람으로 서원誓願 '되고' 있다[3]는 점을 주목할 필요가 있다. 삼손 텍스트의 화자는 용의주도하게 긴장을 이용한다. 나실 사람으로 서원했는데도 그는 술이 오가는 혼인 잔치의 주역이 되었고, 나실 사람인데도 죽은 시신을 적극적으로 접했으며, 종족을 위해 일해야 할 나실 사람인데도 원수 종속의 딸과 결혼하려 했다. 그리고 이 모두 나실 사람답지 않은 행적에도 불구하고 야훼는 결국 그를 나실 사람답게 사용했다.[4]

요컨대 나실 사람이라는 것은 삼손의 욕망과 배치된 곳에 자리 잡고 있다. 나실 사람이 종족을 위한 지도적 역할에 초점이 있다면, 삼손 이야기에는 종족적 가치와 개인적 욕망의 충돌이 부각된다. 어쩌면 이런 긴장이 첨예하게 충돌을 일으키는 지점에서 성장해야 했던 삼손이었기에, 그의 행동이 종잡을 수 없이 난폭해졌는지도 모른다.

---

[3] 서원 '한' 게 아니라 '되고' 있다는 부자연스러운 표현이 그의 경우에는 맞다.

[4] 「민수기」 6장 1~21절은 나실 사람에 관해 상세한 설명을 한다. 여기서 나실 사람이 지켜야 할 규약들이 나오는데, 그중에는 술을 마셔서는 안 된다는 것, 몸을 부정 타게 하는 시신과의 접촉 금지 등이 포함된다.

그가 딤나Thimnah의 여인을 보고는, 그녀에게 반해서 결혼하려 들었다
는 이야기는 나실 사람답지 못한 행적의 핵심을 이룬다(14~15장). 그의 결
혼에 대한 부모의 반대 장면에서 우리는 사랑과 그의 사회적 궁합이 극단
의 대립을 이루는 모습을 본다. 부모는 아들이 조상의 전통에 따라 결혼
해 주기를 바란다. 그런데 하필 상대가 원수 종족의 딸이다.

성서(「사사기」 14:5 "삼손이 부모와 함께 딤나로 내려가서")는 삼손이 부모와 함께
신부의 집이 있는 딤나로 갔다고 묘사하지만, 그 뒤의 이야기에는 마치
부모가 없는 것처럼 이야기한다. 심지어 삼손은 함께 갈 들러리조차도 없
었다. 결국 그 결혼은 신부가 친정에 남고, 신랑이 가끔씩 선물을 가지고
신부의 집에 들르곤 하는, 비정상적인, 특히 남편이 여러 어려운 조건에
있는 상황을 반영하는, 고대 아랍 특유의 결혼 방식인 '차디카 결혼sadiqa
union'을 반영한다. 그래서 '공동번역성서'는 이 구절에서 다른 성서 번
역본에 들어 있는 '부모와 함께'라는 구절을 삭제했다. 아마도 이것이 문
맥에 더 잘 부합할 것이다. 아무튼 삼손은 부모의 뜻을 거슬러서 신부와
결혼하려고 홀로 그녀를 찾아왔다.

> 삼손이 부모와 함께 딤나로 내려가서, 딤나에 있는 어떤 포도원에
> 이르렀다. 그런데 갑자기 어린 사자 한 마리가 으르렁거리며 그에
> 게 달려들었다.(새번역, 「사사기」 14장 5절)

> 삼손이 딤나로 내려가서 딤나에 있는 한 포도원에 다다랐을 때의
> 일이다. 난데없이 어린 사자 한 마리가 으르렁거리며 달려드는 것
> 이었다.(공동번역, 「판관기」 14장 5절)

이제 우리의 주인공, 딤나의 무명 여인의 시각에서 이야기를 살펴보자. 자신을 좋아해서 물불 가리지 않고 달려드는 이 난폭한 남자를 그녀는 어떻게 생각했을까? 그녀도 삼손에 대한 연정에 빠졌을까? 그렇게 볼 수도 있다. 남성미 넘치는 야생마 같은 남자를 좋아하는 여인도 충분히 가능한 설정이다. 하지만 또 한편으로 그녀에게 너무 불안한 상황이었을 수도 있다. 온 동네가 험악한 눈빛으로 예의 주시하는 상황에서 이 위험한 남자와 결혼한다는 게, 이 평범치 않은 모험에 뛰어든다는 게 얼마나 불안한 일인가? 그런데 이런 상황에서 그녀의 생각이 무엇인지와는 상관없이, 그녀는 타인이 점지한 운명의 늪으로 빨려 들어가야 한다. 왜냐하면 결혼은 그녀가 선택하는 문제가 아니라 아버지의 선택에 달린 것이기 때문이다. 일반적인 상상력을 동원했을 때 그녀의 아버지는 이 결혼을 기꺼워하지 않았을 것이 틀림없다. 그런데도 필시 삼손의 완력에 승복하지 않을 수 없었을 것이다. 마을 사람 누구도 이 초인 같은 남자에 대항할 이는 없었을 테니 말이다.

결혼식 날 잔치 마당에 삼손은 홀홀 단신으로 나타났다. 그의 아버지가 신부의 아버지에게 선물을 가지고 와서 청혼을 하고 신랑의 친구들이 들러리로 따라와야 하는데 말이다. 기가 막혔지만 신부의 아비는 부랴부랴 마을에서 30명의 들러리를 불러왔다. 축하해야 할 마당이었지만, 전체 이야기는 삼손의 험악한 인상에 질린 채 억지로 연출되는 잔치의 상황이다. 이런 '화기애매' 한 상황에서 삼손은 아마도 자신의 힘을 과시하고 싶었던 것 같다. 블레셋 족속으로부터 수도 없이 약탈당하고 폭행당해 왔던 약소 부족의 청년은 잔치 마당에서도 충분히 즐길 수 없었던 모양이다.

돌연 수수께끼를 낸다. 마치 스핑크스가 지나가는 사람 누구에게나 일방적으로 수수께끼 질문을 던지고, 맞히지 못하는 이의 생명을 빼앗는 것과 같은 폭력적인 분위기가 감돈다. 벌금은 모시 옷 서른 벌과 겉옷 서른 벌. 이 값비싼 내기에 이기려고 사람들은 신부를 협박했다. 그녀는 여기서 다시 선택의 여지가 없는 상황에 놓인다.

또 다른 삼손의 여자인, 소렉 사람 들릴라는 마을 사람들로부터 각각 은 천 백 세겔씩 주겠다는 약속을 받고 삼손을 유혹했지만(「사사기」 16:5), 이 무명의 여인은, 불태워 죽이겠다는 마을 사람의 위협 아래서 삼손이 낸 수수께끼의 비밀을 캐내야 한다. 결혼식 후 남편은 떠날 테니 그때에 이 부녀에게 어떤 일이 일어날지 누가 알랴. 결국 그녀를 통해 해답이 누출되고, 삼손은 내기에 지고 말았다. 삼손은 아내를 통해 비밀이 누출된 것을 알아차린다. 그러나 그는 그럴 수밖에 없었던 아내를 배려하기보다는, 자신의 상한 자존심에 더 관심이 있다. 그는 이웃 마을에 가서 옷을 갈취한다. 블레셋 족속에게 물어내야 할 것을 그들의 이웃에게서 빼앗아 갚는다는 것, 그것은 이스라엘 독자에게는 통쾌한 일이겠지만, 난데없이 당한 사람의 고통은 여기서 간과된다. 그리고 조마조마한 하루를 맞이해야 할 신부의 불안한 처지는 생략됐다.

화난 채 떠나 버린 삼손. 신부의 아비는 그가 결혼을 포기한 줄로 알았다. 그래서 마을의 다른 사람과 그녀를 결혼시킨다. 삼손의 자기중심적 태도로 인해, 그녀는 두 번 결혼해야 하는 기구한 여인이 됐다. 물론 이러한 상황은 신부로서 그녀의 가치를 격하시켰을 것이고, 이로써 그녀의 소녀 시절 푸른 꿈은 사정없이 난도질을 당한 셈이 되었다.

그런데 얼마 후 삼손이 나타났다. 장인은 당황했다. 이 난폭한 녀석이 무슨 짓을 할지 몰랐다. 할 수 없이 그는 다른 딸을 내어 주기로 한다. 세상에 자기 딸 인생을 망친 자에게 다른 딸을 주겠다는 아비가 있을까마는, 그렇게 선택하지 않으면 안 되는 상황도 있다. 혹시 일족이 몰살당할지도 모른다는 두려움에 휩싸였을지도 모른다.

성격이 불같았을지언정, 삼손의 사랑은 일편단심이었다. 그런데 이미 그녀가 다른 이의 아내가 되어 버렸다니. 삼손은 화가 머리끝까지 치솟았다. 본문은 여우 삼백 마리를 잡아 서로 꼬리를 묶고, 그 매듭 사이에 횃불을 붙였다고 한다. 충분히 짐작할 수 있는 상황이 벌어졌다. 블레셋 족속의 밭이 온통 쑥대밭이 되었고, 또 포도 덩굴과 올리브 나무에 불이 붙어 과수도 잿더미가 되었다. 이 일로 블레셋 사람들은 딤나의 이 기구한 여인 일족을 불태워 몰살시켜 버린다. 그리고 이에 더욱 화가 난 삼손은 그들에게 다시 보복의 살육전을 펼친다. 그리고는 광야의 한 동굴로 도망친다.

복수는 복수를 낳는 법. 블레셋 군이 출동했고, 유다 족속을 공격해서 닥치는 대로 살육하고 불태웠다. 이에 유다 족속은 약한 부족인 단 족속에게로 몰려와 그들을 협박했다. 삼손은 그들에게 끌려와 블레셋에게 넘겨졌다. 그리고 성서는 삼손에게 하느님의 영이 임해서 당나귀 턱뼈로 블레셋 사람을 천 명이나 살해했다고 한다.

과연 이야기가 이렇게 맺음이 되었을까? 성서는 여기서 일단의 삼손 이야기를 마감한다. 그리고 새로운 삼손 이야기가 이어진다. 앞서 말한 소렉 여자 들릴라와 삼손의 이야기다. 물론 후속 편도 내용은 대동소이하다. 차이가 있다면 딤나의 비운의 여인 자리에 더 적극적인 운명의 개척자인 들릴라가 있다는 것 정도다.

● ● ●

삼손 이야기는 후대의 많은 예술가들에게 수많은 상상력을 부여해 주었다. 마찬가지로 많은 독자들도 여기서 깊은 인상을 받는다. 이 이야기의 성서 내적인 위상에 비해 과도한 관심이 집중된 이유는, 아마도 흥미진진한 스토리 전개 덕분이리라. 특히 연인 간의 금지된 사랑 이야기는 개인 간 사랑의 선택이 매우 중요한 삶의 한 부분이 된 현대의 독자들에게는, 과장스럽지만 퍽 공감이 가는 줄거리였을 것이다. 게다가 영웅담이 얽혔으니 재미를 위해선 그야말로 금상첨화의 스토리다. 그런데 이 이야기에서 독자들은 '삼손과 들릴라'만을 상상한다. 하지만 이 두 사람의 관계는 러브 스토리가 아니다. 오히려 사랑을 빙자하고 벌어지는 남자의 여체에 대한 욕구와 여자의 물질에 대한 욕구가 교차하는 지점에 삼손과 들릴라 이야기가 자리 잡는다.

한편 삼손과 딤나의 여인 이야기는 어떤가. 이 이야기는 고대의 러브 스토리에 속하는가? 한데, 여기서 유념할 것은, 이 이야기는 삼손에게만 러브 스토리라는 점이다. 화자는 처음부터 들릴라와는 달리 이 여인에게는 선택의 여지를 부여하지 않는다. 오히려 그녀의 경우에, 이 이야기는 운명을 폭력적으로 난도질당한 여인의 이야기다. 그녀는 종족 간 갈등의 희생자였고, 사랑을 빙자한 거친 남자의 욕구와 종족 간 부조화가 갈등하는 것 사이에서 희생자였다. 그녀가 들릴라에 비해 동정을 받을 만한 여지를 충분히 갖는데도, 성서의 화자는 끝까지 그녀의 비운에 대해 조금의 연민도 보이질 않는다. 그녀는 '이름 없는' 존재일 뿐이다. 그래서 스토리 전개에서 그녀가 차지하는 비중에 비해 그녀의 공식적 배역은 엑스트라에 불과하다. 곧 운명에 대해 누구도 신경 쓸 필요 없는 그런 존재다. 또한 화자는 그녀를 처음 소개할 때, '나으라'(nᵉarah, 소녀)나 '브툴라'(bᵉtula, 처녀)가 아니라 '잇사'('issab, 「사사기」14:1)로 표기한다. 이 표현은 그녀가 기혼녀나 창녀였다는 암시다. 그러나 웅장한 결혼식 규모로 볼 때 그녀가 그런 여인일 가능성은 희박하다. 그런데도 화자는 이 여인에 대해서 그렇게 혹독하다.

화자의 이러한 편견의 배후에는 화자 자신의 야훼주의 이데올로기가 개입됐을 것이다. 화자는 그것이 출애굽 신앙의 전통이라고 믿었으며, 그 전통에 따르면 야훼는 이스라엘을 지켜 주신다는 것이다. 더구나 상대가 원수 족속인 블레셋이 아닌가. 그러니 야훼는 이스라엘의 한 영웅을 통해서 마음껏 복수를 한다. 화자는 그런 상상을 하며 즐거워했을 것이고, 이스라엘은 그런 '옛날이야기'를 반복적으로 술회하면서 분노의 정치와 야훼 신앙을 결합시킬 수 있었을 것이다. 요컨대 이 흥미진진한 이야기는 타 종족에 대한 배타주의를 정당화시키는 일종의 대중매체 역할을 하였다.

그런데 절대화된 이데올로기는 그것이 표방하는 숭고한 가치에도 불구하고 비극의 불씨를 도처에 남겼다. 그런 점에서 이것이 단 족속의 이야기라는 점이 흥미롭다. 단 족속은, 북쪽에는 에브라임 지파가 있고, 남쪽에는 유다 지파가 있으며, 동쪽에는 베냐민 지파가 있고, 그리고 서쪽에는 블레셋 족속이 있는 그러한 곳 사이에 위치한 군소 족속이다. 결국 그들은 '땅의 경계석'을 옮기지 말라는 지파 동맹의 지엄한 전통에도 불구하고(「신명기」27:17) 북쪽으로 이동해야 했던 약소 종족이다. 아마도 여기에는 냉엄한 정글의 법칙이 그 배후가 되었을 것이다. 그 족속의 사사라는 삼손, 그러나 사사라기보다는 한 전설적 영웅에 가까운 존재의 이야기는 다른 영웅들에 비해 이색적이다. 그의 이름이 태양과 관련됐고, 그것은 '태양의 집'이라는 뜻의 벳세메스*Beth Shemesh*[5] 인근 이야기라는 점이 암시하는 어떤 뜻이 있을지도 모른다. 태양은 어둠의 혼돈을 질서로 바꾸어 놓는 존재다. 이것은 지배 이데올로기의 일반적 가치를 반영한다고 할 수 있다. 한데 이에 반해 삼손은 일탈적 영웅이다. 그의 행적은 질서를 교란 시키는 특징을 지닌다. 그렇다면 단 지파의 민간전승에서 이러한 일탈적 영웅 담론이 유포되었다는 사실은 어쩌면 이 지파의 소수자적 운명과 맞 닿은 것인지도 모른다. 아무튼 그의 사랑과 결혼은 종족 간 분노의 기억이 담긴 전통과 이데올로기 상황에서는 금지된 것이었고, 거기에서 한 청년 의 순수한 사랑은 처절한 살상극의 한가운데 그의 운명을 내던져 버린다.

또한 우리가 여기서 주목한 바, 이름 없는 딤나의 여인은 이러한 모든 비극의 정점에 있다. 종족 간의 갈등에서 어느 편에서도 환영받지 못한 그녀. 그것도 그녀가 선택한 결과가 아니다. 한 문제적 청년의 가슴을 설 레게 한 것밖에는 그녀에겐 책임이 없다. 한데 그 결과는 너무 혹독하다. 동족에 의해 불살라진 여인은, 삼손의 이야기를 술회하는 이스라엘의 신 앙사에서도 아무런 동정의 대상이 되지 못했다. 생전에 그녀가 낸 고통의 소리는 종족 간 원한 탓에 묵살되었는데, 억울하게 처형당한 그녀의 시신 이 부르는 하소연조차 야훼의 이름으로 다시 함구당하고 있다.

이제 우리는 이러한 소리를 복원해야 한다. 그것은 이데올로기에 의해, 거룩함을 가장한 폭력의 언어에 의해 도륙된 무지렁이 대중의 소리이며, 십자가에 달린 예수의 신음 소리이기도 하기 때문이다.

---

5 유다 족속과 단 족속 사이의 소렉 계곡에 위치한 성읍으로, 동서와 남북을 잇는 교 통의 요지다. 특히 지파 동맹 시대 어간에 이곳은 매우 발전된 도시였던 것으로 보 인다. 그리고 후대, 유다 군주제 시대에 왕실의 종교적 행동 집단인 레위인들이 사 는 땅이 되었다고 한다.

쉬볼렛, 학살의 기억
입다

●

길르앗 사람들은 에브라임 사람을 앞질러, 요단 강 나루를 차지하
였다. 도망치는 에브라임 사람이 강을 건너가게 해 달라고 하면,
길르앗 사람들은 그에게 에브라임 사람이냐고 물었다. 그가 에브
라임 사람이 아니라고 하면, 그에게 쉬볼렛이라는 말을 발음하게
하였다. 그러나 그가 그 말을 제대로 발음하지 못하고, 시볼렛이라
고 발음하면, 길르앗 사람들이 그를 붙들어, 요단 강 나루터에서
죽였다. 이렇게 하여, 그 때에 죽은 에브라임 사람의 수는 사만 이
천이나 되었다.
ㅡ「사사기」 12장 5~6절

요단 강과 그 지류인 얍복 강이 만나는 여울목에 살기등등한 길르앗 병

사들이 지키고 있다. 혹 한 명이라도 에브라임 족속 패잔병들이 살아 돌아갈까 하여 그들의 경비는 철통같다. 강을 건너려다 붙잡힌 사람들은 공포에 질린 채 길르앗 병사들에게 심문을 받는다. "'쉬볼렛'이라고 말해 봐라." '곡식 이삭'을 뜻하기도 하고, '빠르게 흐르는 물결'을 가리키기도 하는 이 단어를 에브라임 사람들은 '시볼렛'이라고 발음한다. 그들은 사력을 다해 길르앗 식으로 말해 보지만, 태어나면서부터 익힌 몸에 밴 발성의 차이를 극복하지 못해 어설픈 발음이 튀어나온다. 그리고 그것은 죽음을 뜻했다. 강물을 피로 물들인 이 살육전은 길르앗으로 쳐들어온 에브라임 병사들을 거의 전멸하다시피 하고서야 끝이 난다.

전사자가 4만 2000명에 달했다는 「사사기」(12:6)의 언급은 터무니없다. 현대 고고학자들에 의하면 이스라엘이 중부 산간지대에 정착한 초기 인구를 다 합쳐도 4만 5000명에 지나지 않았다. 성서 연구자들이 흔히 주장하는 것처럼 이 에브라임-길르앗 전쟁이 사사 시대 말기라고 해도, 불과 200년도 채 안 되는 시기에 그 수가 그렇게 엄청나게 늘어날 수는 없기 때문이다. 무엇보다도 자급자족에 의존하던 이들의 생활양식에서 식량 생산 능력이 최소한 열 배는 향상되어야 가능한 일일 테니 말이다. 그리하여, 당시 사람들의 생각을 억지로 엿본다면 아마도 에브라임 전 족속을 다 몰살하고도 남는 사람들이 죽어 갔다는 뜻이 아닐까. 그만큼 이 전투는 처절한 동족상잔으로 사람들에게 기억됐고, 그 고통스런 기억의 한가운데에 '쉬볼렛/시볼렛'이라는 생뚱맞은 단어가 휘말려 들어 있다.

위에서 보았듯이 이 처참한 전쟁의 기억에 쉬볼렛/시볼렛이라는 단어의 뜻은 아무 관계도 없다. 이 단어엔 죽음이 끼어들 자리가 없다. 그런데 역사 속의 한 사건은, 당사자들이 기억할 수 있는 한, 가장 처참한 살육의 악취를 풍기게 해 버렸다. 단지 관습상 차이에 불과했을 발성의 차이가 증오와 한이 되었고, 복수로 물든 흉물스런 단어로 자자손손 대물림되는 기호記號가 된 것이다.

후대의 역사에서 에브라임도 길르앗도 요단 강 하구 동서 지역의 주인공 자리를 차지하지 못했다. 그런 탓에 에브라임과 길르앗 사람들 사이에서 대물림되었을 법한 이 원한의 기억이 우리에겐 보존되지 못했다. 그 증오가 어떻게 표출되었으며 두고두고 사람들을 얼마나 고통스럽게 했을지 우리는 알 길이 없다. 어쩌면 어떤 화해의 사건이 쉬볼렛/시볼렛의 비극을 가로질렀을 수도 있다. 아니면 종족적 정체성이 해체된 후, 사람들이 새로운 정치 단위를 통해 귀속 의식을 가진 이후에도, 그 비극은 다른 방식으로 변형되어 남아 여전히 그들을 반목하게 했을지도 모르겠다.

세르비아와 보스니아 두 족속 간 해묵은 갈등이 유고 연방에 의해 최소한 공식적으로는 해소되고, 두 족속은 평화스럽게 살아가는 듯했다. 하지만 연방이 해체된 이후, 알다시피, 처절한 살육전이 벌어지지 않았던가. 천 년이나 지난 뒤에도 말이다. 그 오래된 증오가 긴 세월의 부침 속에서도 잦아들지 않고 지속된 것은 교회를 통해 분노와 증오의 어휘들이, 그네들의 '쉬볼렛/시볼렛'에 얽힌 기억들이 생생하게 보존되어 왔던 탓이다. 그러니 어쩌면 에브라임과 길르앗 사이의 이 참혹한 사건도, 비록 에브라임이나 길르앗의 종족적 정체성이 사라진 뒤에도, 어떤 형태로든 대물림되어 기억되었을 법하지 않을까. 4만 2000이라는 숫자는 그 불길한 기억 가능성의 높은 강도를 시사하는 정보일 수도 있다.

참극을 낳은 수많은 다른 역사들로 우리가 추론할 수 있는 것은, 한 비극적 사건은 그 사건의 직접적인 이해 당사자가 완전히 사라진 이후에도 오랫동안 비극의 잔영을 남긴다는 것이다. 심지어 그 잔영은 더욱 증폭적이고 폭력적인 방식으로 서로를 증오하고 복수하게 할 수도 있다. 그리고 그 지난 과거를 극복하는 일은 너무나 힘들고 긴 인고의 여정을 필요로 한다는 것이다.

한데 여기서 우리는 그 극복의 역사를 이야기할 수 없다. 그것에 대해 아무런 정보가 없기 때문이다. 다만 그 사건 배후의 역사를 통해 발생의 근저를, 왜, 무엇이, 어떤 행위들이 그 비극의 원인이 되었는지를 추정할 수 있을 뿐이다.

● ●

성서의 역사가 '사사들의 시대'라고 일컫던 때다. 이스라엘에 왕이 없던 시대다. 그래서 혹자가 '야훼 신앙의 위대한 정신의 제도화'라고 규정 짓기도 한 시대다. 평등 이상으로 넘쳐 나는 사회, 남을 고통스럽게 하는 것이 억제되는 사회, 고통을 겪는 자들에 대한 보호와 복권復權의 정신이 고무되는 사회. 이와 같이 왕국 시대 못지않게, 또는 더욱 '잘 짜인' 사회처럼 이 시대를 보려는 견해는 그리 타당하지는 않지만, 최소한 '불평등의 제도화'가 덜 진행되었다는 점에서 왕국 시대보다는 '좀 더 평등한 사회'라고 보는 것은 일반적으로 받아들여지는 견해와 그리 멀지 않다.

한데 이 전쟁 배후에는 그러한 사회의 이상과 현실 간의 불행한, 하지만 필연적인 동거가 가로놓였다. 사실 지배적인 이상은 그 사회를 조직하는 힘이기도 하지만, 동시에 그 이상에 위배되는 현실 또한 그 이상을 더욱 지배적 가치로 통용시키는 요소이다. '위악성僞惡性'이라는 것은 그것이 위악적이라고 보는 이들에게 그들이 공유하는 '선'의 가치를 더욱 빛나게 하기 때문이다. 이때 이상과 동거하는 불미한 현실은 그리 추악한 것이 아니다. 평범한 것이고 누구에게나 가능한 것이다. 다만 그것이 추하다고 여겨진다는 점에서 다른 보통 행위들과 다를 뿐이다. 반면 평범함을 넘어선 악, 이른바 '악의 축'인 악은 동거의 대상이 아니라 '제거의 대상'이다. 이 전쟁을 승리로 이끈 길르앗의 영웅 입다Jephthah의 등장 배경에는 그 사회 속에, 그들의 이상과 동거하는 위악성이 도처에서 엿보인다.

「사사기」 11장 1절에 의하면 그는 길르앗이라는 남자가 '매춘하는 여자'에게서 낳은 자식이다. 길르앗 족속의 한 남자 이름이 길르앗이라는 건 좀 어색하다. 아마도 이 '길르앗'은 사람의 이름이라기보다는 '길르앗 족속의 한 남자'를 잘못 표기한 것 같다. 아무튼 이 남자의 본처 자식들은 아비가 죽자 창녀의 자식이 아비의 재산을 상속받을 수 없게 하려고 입다를 집에서 쫓아낸다. 성性을 팔아 살아가야 했던 여자, 그리고 그를 거둔 아비의 집에서 천덕꾸러기로 자라났고 끝내 추방당한 자식. 평등 이상을 추구한다던 사회의 위선은 여자와 그녀의 자식에게 던져진 고통의 발원지다. 물론 그 시대에도 또 다른 '입다들', 추방당한 천한 태생의 인생들이 적지 않았을 것이다. 비극적인 역사적 사태의 주인공 입다는 단지 그중 한 사람이다.

쫓겨난 입다가 정착한 곳은 북쪽의 '돕'이라는 갈릴리 호수 남쪽의 고을이었다. 그곳에 관하여 더 많은 정보를 알지는 못하지만, 문맥상 척박하거나 족속의 경계 지역쯤 되는, 그리하여 길르앗 남자가 족속의 도움을 받는 것이 쉽지 않은 땅, 곧 그 자신에겐 '버림받음을 의미하는 땅'이었을 것이다. 그런 입다 주위에는 사회에서 '버림받은', 그렇지만 힘깨나

쓰는 젊은이들이 많이 모여들었다. 그는 이들을 이끌고, 사람들의 재산을 강탈하거나, 다른 자들로부터 그들의 안위를 지켜 주는 대신 대가를 지불받는 비정상적 무장 집단을 이끌었다. 초기의 다윗처럼 말이다. 그 사회에서 폭력의 대상이 되어 추방당했던 이들이 폭력의 주체가 되어 그 사회 속에서 생존하는 비법을 터득한 것이다. 이는 그 사회에 대항하는 방식이기도 하지만, 동시에 그들은 그들의 관점에서 볼 때 그 사회의 존재 방식과 똑같은 방식으로 살아간 것이다.

입다 패거리의 영향력은 날로 커졌고, 그들은 길르앗 전체에서도 가장 유명한 폭력배가 된 듯하다. 동편의 암몬 왕국이, 아마도 원시적 왕권제를 형성하던 사회인 듯한데, 쳐들어오자 길르앗의 유지들은 입다를 찾아와 자신들의 '콰신'(11:6 새번역: '지휘관' / 공동번역: '장군'), 곧 군대 사령관이 되어 달라고 부탁한다. 상비군이 있던 시대가 아니니 이 용어는 당장의 위급한 상황을 군대 지휘관으로서 지켜 달라는 뜻일 것이다. 용병 대장을 고용하는 방식이지만, 길르앗의 의용군을 이끌 권한까지 부여한 정도의 권력을 말이다. 그러나 그는 자기가 승리하면 길르앗의 '로쉬'(11:11 새번역: '통치자와 지휘관' / 공동번역: '수령')가 되겠다고 계약을 한다. 전시 임시 사령관을 뜻하는 콰신과는 달리, 로쉬는 거의 군주와 유사한 상시 지도자를 가리킨다. 그리하여 입다의 폭력이 그 사회의 존속을 위해 쓰일 때, 그 사회의 이상은 치명적인 위기에 직면한다.

입다가 승리했다. 이제 계약에 따라 길르앗 족속은 그를 로쉬로 받아들여야 한다. 한데, 길르앗 부족과 바로 북부의 므낫세 부족, 그리고 서부의 에브라임과 베냐민 부족 등은 형제 부족처럼, 느슨하지만 일종의 부족 간 연합체로 엮여 있다. 그 밖에 아주 일찍부터 므낫세 지파에 통합되어 사라진 것으로 보이지만 마길 족속이나 야일 족속도 이 연합의 일원이었던 것으로 보인다(「민수」 32:39~42). 좀 더 느슨하게 확대하면 므낫세 이북의 부족들(아셀, 스불론, 잇사갈, 납달리 부족 등)과 베냐민 이남의 부족들(유다, 갈렙, 고라, 그니스, 여라므엘, 겐, 시므온 지파 등)까지도 동지적 결속체로 묶일 수도 있다. 또 단, 르우벤, 갓 부족도 연합의 방계적 일원이었던 것으로 보인다. 아무튼 이 실체 불분명한 연합은 후대에 좀 더 과장되어 '잘 조직된 것'으로 기억되며, 그네들의 이상 또한 '잘 짜인 것'처럼 여겨진다. 그리고 이러한 기억은 주로 에브라임 부족으로부터 유래한 신념이었다.

에브라임 부족의 족장이나 성소의 사제들, 예언자들은 가장 적극적으로 부족들 간의 평등 이상을 지켜 내려는 이들이었다. 훗날 왕국 시대에도 이곳 출신 사제와 예언자들은 공히 평등 이상으로 왕국 시대에 개입하려는 사람들이었다.[1] 더군다나 길르앗 족속에 대해서는 거의 종주권에 가까울 만큼 강한 영향력을 유지하려 했다.

그런데 입다가 로쉬가 되었다. 이 만만찮은 인물의 등장은 에브라임 부족을 바짝 긴장하게 한다. 이참에 길르앗 족속을 단속하지 않으면 제멋대로 굴 것처럼 보였다. 더구나 위험스럽게도 이 지파는 상임 통치자로 그를 위임한 것이다. 이것은 군주제를 이들이 추구한다는 혐의로 받아들이지 않을 수 없었다.

본때를 보여 주어야 한다고 생각했다. 아니 어쩌면 더 강해지기 전에 그 위험천만한 직위의 소유자를 내쫓아야 했는지도 모르겠다. 입다와 같

---

1 예컨대 사울의 파트너인 사무엘과 엘리 집안, 다윗의 사제인 아비아달, 북왕국 이스라엘의 시조인 여로보암의 동지 아히야, 유다 왕국 말기의 예언자 예레미야 등.

은 무뢰배를 떠받드는 부족은 응징을 받아 마땅하다고 보았기도 하겠다. 그래서 에브라임인들은 강을 건너 출병한다. 한편으로는 부족 동맹의 평등 이상을 지킨다는 명분으로, 다른 한편으로는 하급 부족이 자기들과 대등한 위치에 올라설 것을 견제하려고…….

입다는 거들먹거리는 에브라임을 더 이상 용인할 수 없었다. 게다가 매춘부의 자식으로 천대받고 추방당했던 그가 우여곡절 끝에 기어이 부족의 지도자가 될 기회를 얻었는데 이 '방해꾼'들은 그의 꿈을 가로막으려 하는 것이다. 외동딸을 죽이면서까지 부족 사람들에게 신망을 지키려 했던 그의 욕망은, 도움이 되기는커녕 사사건건 감 놔라 대추 놔라 하며 참견하는 에브라임 인들의 소행을 못 견뎌 했던 길르앗 사람들의 바람과 맞물렸다.

이렇게 전투는 시작되었고, 입다는 대승을 거두었다. 그리고 더 이상 적이 그를 가로막을 수 없게, 치명적인 패배를 안겨 주고자, 모든 생존자를 처형하기로 맘먹었다. 쉬볼렛/시볼렛은 바로 그 살육의 언어적 수단이 되었다.

● ● ●

흔히 '폭력의 역사'는 나쁜 이상에 의해 추동되는 사회의 산물인 양 생각되곤 한다. '악의 축' 운운하는 말은 나쁜 이상의 극한이 존재하며, 그 극한의 악은 우리를 오염시켜 우리 자신을 재앙에 떨어지게 한다는 것이다. 그리고 이러한 신념은 죽임의 문화를 낳는다. 수많은 역사의 희생양들은 이 죽임의 악취를 풍기는 신념들이 휘두른 칼날에, 총질에 무참히 스러져 가야 했다.

한데 쉬볼렛/시볼렛 비극은 그리 심각한 악에서 유래한 것이 아니다. 흔히 있는 폭력과 배제의 현장에서 비극의 싹은 자라난다. 특별한 악마의 장난이 아니라, 보통 사람들이 품는 욕구들로 인해 비극은 키워지고, 흔한 상처들로 인한 욕망을 자양분 삼아 자라난다. 보통 사람들의 평범함 속에서 이 잔혹한 폭력적 사건은 배태되었던 것이다.

또한 쉬볼렛/시볼렛 비극은 아름다운 이상을 품은 이들의 신념 속에서 발생하였다. 나쁜 이상과 좋은 이상이 부딪혀 나타난 게 아니라, 좋은 이상과 명분을 위해 폭력과 대량 학살이 자행됐다.

마지막으로 이 피비린내 나는 폭력 사태는 사악한 저주의 욕설만으로 자행된 것이 아니다. 아무런 의미상 관련도 없는 언어들이 동원되었다. 어쩌면 아름다웠을 수도 있는, 또는 행복한 꿈이나 추억을 간직하였을 수도 있는 쉬볼렛/시볼렛은, 그 평범한 말이 의도하지 않은 역사와 얽히면서 몸서리치는 잔혹함의 상징이 되어야 했다.

그리하여 쉬볼렛/시볼렛의 비극은, 평범한 사람들에 의해, 평범한 언어들을 통해, 그리고 아름다운 이상을 위한다는 이름 아래 벌어진 역사의 참극들을 떠올리게 하는 하나의 교훈이다. 훗날 유대인이면서도 배타적 시오니즘에 대항한 위대한 사상가인 한나 아렌트는 유대인에 대한 나치 시대 독일인의 학살은 특별한 악의 축에 의해 책동되어 자행된 것이 아니라 '악의 평범성'이 얼마나 참혹한 데까지 이를 수 있는지를 보여 주는 사건이라고 말했다. 그런데 예수의 죽음을 기억하고 기리는 많은 이들은 수난절기를 맞아 절대악에 대한 증오를 촉발시키는 언어를 서슴치 않고 발설한다. 그러는 사이 그들이 '양'이라고 말하는 수많은 그리스도 십자군들은 세계 각처에서 쉬볼렛/시볼렛 비극의 주역이 되고 있다.

3

여덟째 마당 • 양들의 침묵_다말 강간 사건

아홉째 마당 • 우리야와 다윗 사이, 다윗과 솔로몬 사이_
우리야의 아내 vs./and 밧세바

열째 마당 • 영웅은 없다_**민중의 예언자 엘리야**

열한째 마당 • 규방 속에 갇힌 민족의 구원자_**에스더**

양들의 침묵
다말 강간 사건

●

인간관계란 무수히 많은 기억들을 축적해 감으로써 형성된다. 그렇지만 이 기억들은 서로 연관되어 하나의 줄거리를 이루는 것이 아니라 개별적으로 저장되어 있다. 몸속에 저장된 이들 기억들이 삶으로 표출될 때는 새로운 경험과 어울리며 재조합된다. 기억이란 이렇게 항상 새롭게 재구성되며 새로운 이야기를 이룬다. 한데 사랑, 특히 열정적 사랑amour passionnel은 맹렬하게 기억을 서사화하는 경향이 있다.

한편 여기서 또 하나 유념해야 할 것은, 기억과 경험이 얽히면서 매 순간 새롭게 만들어지는 이야기에 사회적인 관념 또는 제도가 끼어들어 사정을 더 복잡하게 한다는 사실이다. 가령, 결혼 제도나 그것에 관한 인습적 담론은 수많은 사랑 이야기들의 최종 종착지처럼 생각된다. 그래서 이 세상의 많은 사랑 이야기들은 주인공이 결혼하는 것으로 마무리된다.

이처럼 사랑의 사연들은 정상적인 것과 비정상적인 것으로 나뉜다. 결혼으로 이어지지 않은 사랑은 비정상적인 것이 되는 것이다. 심지어 이러한 비정상적인 기억들은 병리적이거나 불륜으로 여겨져 혐오스러운 것이 된다. 가령, 셰익스피어의 희곡 『말괄량이 길들이기The Taming Of the Strew』는 남편에게 순종하지 않는 부인들을 혐오스럽게 보는 대중의 편견을 당연한 것처럼 가정하면서 극의 스토리가 구성됐다. 이는 그런 여성에 대한 공공연한 체벌이 여전히 횡행하던 엘리자베스 1세 여왕 말기의 시대상을 배경으로 한다. 당시 말괄량이로 낙인찍힌 아내들은 체벌 의자에 묶여서 온 동네를 끌려다니다 오물 투성이 강물 속에 수차례나 빠뜨려지는 고문을 겪곤 했다고 한다. 그래서 신체적 고통뿐 아니라 씻을 수 없는 수치심을 줘서 말괄량이 여인들을 순종적인 요조숙녀로 규율하였다고 한다. 그런데 이러한 폭력은 물리적 체벌의 수단일 뿐 아니라, 담론적 규율의 도구이기도 했다. 『말괄량이 길들이기』 1막 1장에서 한 남자는 순순히게 남성에게 자신을 맡기지 않는 캐서리나에게 구애하느니 차라리 "(그녀를) 수레에 태워 버리겠다."는 말을 아무렇지도 않게 우스갯소리처럼 하는데, 이것은 수치심과 공포의 성 정치학이 일상화된 상황에서 효력을 갖는 말이다.

한편 우리는 성애性愛적 관계를 왜곡시키는 또 다른 사회 담론적 서사로 '성기 중심주의'를 주목할 필요가 있다. 모든 성애적 관계 중심에 성기가 자리 잡아서, 상대의 성기 정복을 목표로 하는 관계 맺기 방식이 다른 방식들을 질식시킨다. 여기서 성애적 관계는 정복을 둘러싼 권력투쟁으로 재구성된다. 그런데 이러한 성기 중심주의적 관계는 대체로 결혼 제도와 접속해 실현되는데, 여기에서 우리 시대의 결혼 제도와 관련된 폭력

성의 양상이 드러난다.[1]

그런데 여기서 또한 주목할 것은 성기를 정복하는 것이 곧 성을 정복하는 것으로 이해된다는 점이다. 이것은 이성애적 관계를 상정하여 이야기하면 더 분명해지는데, 가령, 여성의 성기로서 여성 전체를 표상하는 것과 연관되며, 나아가 정복을 꿈꾸며 대상화된 세계를 여성으로 표상하는 것과도 연관된다. 곧 여성의 성기를 정복하려는 남성의 욕망과 세계에 대한 정복욕은 구조적 등가물로서 연계됐다는 것이다. 이런 사실은 사회적으로 담론화된 성적 욕망의 메커니즘이 성을 매개로 하는 권력 메커니즘이기도 하다는 점에서, 성 정치학적 문제 설정을 통해 조명되어야 한다.

「사무엘기하」에 나오는 '압살롬의 누이 다말' 이야기. 여기에는 성적인 폭행에 희생된 여인의 부르짖음과 침묵이 교차한다. 그리고 그 사이에 권력의 역학이 끼어들어 있다. 드러낼 것과 침묵할 것, 주목할 것과 간과할 것을 희생과 고통의 시각이 아니라 권력의 시각에 준해서 결정하는 역학 말이다.

· ·

다말이라는 이름의 여인은 제1성서(구약성서)에 세 명이 있다. 한 명은 「창세기」 38장에 나오는 유다의 며느리이고, 다른 한 명은 다윗의 아들인

---

[1] 이러한 관점은 결혼 제도나 성적 에로티즘의 부정적 측면을 극대화한 해석이다. 이러한 극단적 논리를 펼치는 것은 제도적이고 담론적인 역사적 구성물에 대한 비판점을 명료히 하기 위함이며, 그것은 대안 제도나 대안적 담론을 위한 것이라기보다는, 지배적 제도/담론의 정당성에 균열을 내려는 언술 전략이라 할 수 있다.

압살롬의 딸(『사무엘기하』 14:27, 다말B), 그리고 마지막으로 여기서 우리가 다룰 압살롬의 누이다(『사무엘기하』 13장. 다말A).

이 중, 압살롬의 누이와 딸은 뭔가 혼동이 있는 것처럼 보인다. 둘은 모두 다윗과, 그술 왕 달매의 딸 마아가(마아가A) 사이에서 태어난 식구이다. 불과 한 세대 사이에 같은 집안에서 동일한 이름을 가진 두 사람이 존재했을 것 같지는 않다. 더구나 이모 다말(압살롬의 누이. 다말A)의 운명이 기구하다는 사실은 조카의 이름이 다말이었을 가능성이 거의 없다는 점을 암시한다. 두 여인이 모두 아름다웠다는 점, 그리고 모두 압살롬 집안 출신이라는 점에서 전승 과정의 혼동이 있었을 것으로 추정된다(『사무엘기하』 13:1, "압살롬에게는 아직 결혼하지 않은 아름다운 누이가 있는데, 이름은 다말이었다……"/ 『사무엘기하』 14:27, "압살롬에게는 아들 셋과 딸 하나가 있었다. 그 딸의 이름은 다말인데, 생김새가 아주 예뻤다."). 실제로 '칠십인역본 성서'(LXX)[2]는 바로 이 점을 인식해서인지, 조카 다말을 훗날 솔로몬(압살롬의 이복동생)의 아들 르호보암의 아내가 된 마아가(마아가B＝다말B)와 동일시한다. 이렇게 되면 마아가는 다시 할머니(압살롬의 모친으로 마아가A)와 동일한 이름을 가진 셈이 된다([표6] 참조).

이것은 압살롬을 둘러싼 여인들로 다말이나 마아가의 이름이 잘 알려졌다는 것을 시사할 것이다. 하지만 압살롬과 이들의 관계를 정확하게 재구성하는 것은 현재 우리가 아는 지식으로는 불가능하다. 그러므로 여기서는 실존 인물 다말에 관한 더 이상의 물음은 괄호 치고, 압살롬의 누이 다말에 관한 「사무엘기하」 13장의 묘사에 의존해서 그녀에 관한 성서와

---

2 기원전 2세기경 이집트에서 번역된 제1성서의 헬라어 역본이다. 제2성서(신약성서)에서 인용되는 제1성서 텍스트는 모두 칠십인역본 성서이다.

[표6] 압살롬 주변의 여인들

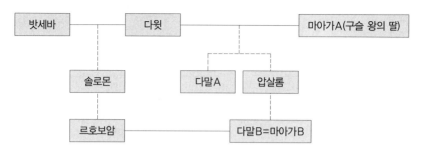

실선: 부부 관계 | 점선: 부모 자식 관계

그 이면의 이야기를 상상해 보기로 하겠다.

압살롬의 누이 다말의 이야기인 「사무엘기하」 13장에서 주연급 인물들을 꼽으라면, 단연 암논과 다말 그리고 압살롬이다. 이들은 모두 다윗의 자녀들이다. 「사무엘기하」 3장에 보면 헤브론 시절[3] 태어난 다윗의 아들 명단이 나오는데, 그것을 표로 정리하면 다음 쪽의 [표7]과 같다.

위의 표에서 한 어머니에 한 명의 아들만 언급되고 있다. 일곱 명의 아내가 모두 아들 하나씩만을 낳았을 리는 없을 것이다. 그러니 이 텍스트가 모계 가문의 한 상속자만을 언급한다고 보는 게 자연스럽다. 이 중 둘째인 길르압은 이 명단 이외에 어디에서도 등장하지 않는다. 어쩌면 그는 어려

---

[3] 헤브론은 예루살렘에서 남쪽으로 35km 떨어진, 해발 1000m에 가까운 고지대 성읍으로, 아브라함 전승과 밀접한 관련이 있는 지역이다. 사울이 블레셋 족속과 벌인 길보아 전투에서 전사한 이후, 다윗은 헤브론에 거점을 정하고 본격적인 독자적 정치 세력으로서 자리 잡기 시작한다. 하지만 국가로서 다윗 왕국 대두의 결정적 계기는 헤브론에서 예루살렘으로 거점을 옮기면서부터다.

[표7] 다윗의 아들들

헤브론에서 낳은 아들들	첫째	**암논**	이스르엘 여자 아히노암의 아들
	둘째	길르압	나발의 아내였던 아비가일의 아들로 요절한 것으로 추정
	셋째	**압살롬**	**그술 왕 달매의 딸** 마아가의 아들
	넷째	아도니야	학깃의 아들
	다섯째	스바댜	아비달의 아들
	여섯째	이드르암	에글라의 아들
예루살렘에서 낳은 솔로몬			밧세바의 아들

서 죽었을지도 모르고, 살았더라도 왕위 승계 후보자로는 심각한 결격사유를 가진 자가 아니었을까. 한편 다윗의 여러 아들 가운데 압살롬만이, 모계 혈통이 왕족 출신으로 언급된다. 결혼이 가문 간의 결합으로, 가문 사이의 권력 공조를 뜻하는 것이라는 사실을 고려한다면, 궁궐에서 압살롬의 지위는 특별했을 것이다. 또한 그의 외모도 누이 못지않게 준수했다는 점(「사무엘기하」14:25)은 분명 그에게 유리한 조건으로 작용하였다. 외모는 이해 당사자가 아닌 이들에게 호감도를 높일 수 있는 중요한 조건의 하나일 수 있기 때문이다. 그렇다면 여기서 우리는 장자인 암논뿐 아니라 압살롬이 다윗의 가장 유력한 승계자로 부각되었으리라고 추정할 수 있다.

이런 상황에서 암논은 압살롬의 누이 다말을 사랑했다. 하지만 당시 상황에서 장자라 하더라도 이복 누이를 공공연히 자기 품속으로 끌어들이는 것은 쉬운 일이 아니다. 더구나 그녀는 요나답과 왕위 승계를 두고 경쟁하는 라이벌 집안의 딸이 아닌가. 이때 시므아(다윗의 형, 「사무엘기하」13:32)의 아들 요나답이 개입하여, 음모를 꾸미도록 충동질한다.

여기서 요나답이라는 인물은 많은 의혹을 남긴다. 그는 암논에게 계략을 주고, 압살롬의 대응 계략도 훤히 아는 탁월한 모사꾼인데, 그런데도 유력한 왕위 승계 후보자인 두 사람 가운데 누구의 사람도 아니다. 「사무엘기하」 13장 3절에서는 암논의 친구라고 하지만, 32~33절에선 암논의 피살 소식을 다윗에게 냉정하게 보고한다. 그는 암논의 친구라기보다는 다윗의 충성스런 신하인 것이다. 탁월한 계략을 펴는 능력과 정보력을 모두 갖춘 그가 다윗의 측근이었다면, 그는 도대체 무엇을 위해 암논에게 계략을 펴는 것일까?

이러한 궁금증을 뒤로하고, 다시 암논 얘기로 돌아가 보자. 그는 요나답의 충고에 따라, 꾀병을 앓으면서 아버지 다윗에게 다말의 시중을 부탁한다. 그리하여 그녀를 자기 방으로 끌어들이는 데 성공한다(「사무엘기하」13:4~7). 이 과정에서 흥미로운 것은 암논이 요나답의 충고대로 하자, 다윗이 마치 대본을 따라 하듯 그대로 행동했다는 사실이다. 요나답의 탁월한 계략 덕일 수도 있겠다. 또는 다른 가능성이 있을지도 모른다. 좀 더 보자.

다윗은 다말이 해 주는 음식을 먹고 싶다는 암논의 청을 들어준다. 다윗같이 영리하고 판단이 예리한 사람이 암논의 청이 무엇을 의미하는지를 과연 몰랐을까? 왕위를 두고 경쟁하는 두 아들. 이는 그 둘을 각기 지지하는 신하들의 세력을 전제해야 한다. 그러한 복잡한 정세 속에서 암논이 압살롬의 누이를 자기 방으로 끌어들이는 것은 자칫 왕실을 심각한 권력투쟁의 소용돌이 속에 말려들게 할 수 있었을 것이다. 아마도 다윗은 두 집안의 행보를 예의 주시하였을 것이다. 그러니 필시 그는 암논이 다말을 짝사랑한다는 걸 모르지 않았을 법하다. 한데 다윗이 그 사실을 알았다 해도, 상황은 예상보다 복잡하게 전개된다. 다말이 음식을 차려 들어오자 요나답의 충고에는 없던 돌발 상황이 벌어진 것이다. 암논이 그녀를 겁탈한 것이다(「사무엘기하」 13:14).

　모친이 다르기 때문에 암논이 다말을 아내로 맞아들이는 것은 관습상 금지된 일이 아니다. 강간당할 위기에 처한 다말도 이복 오라비를 향해 그렇게 하라고 애원한다(「사무엘기하」 13:13). 그런데 그는 부왕에게 청원하는 대신 여동생을 강간해 버린다. 도대체 왜 그런 무리수가 필요했을까? 본문을 통해서는 저간의 사정을 충분히 짐작할 수 없다. 그런데 강간 직후 암논의 태도로 추정하면, 그는 다말을 아내로 맞아들일 생각이 애초에 없었던 것 같다. 그는 그녀에 대한 욕정을 채우고, 그녀를 실컷 모욕한 다음 내쫓아 버린 것이다(「사무엘기하」 13:15~19).

　암논의 이러한 돌발 행동을 요나답은 예측했을까? 또 다윗은? 이런 의문은 다윗이 암논에게 다말을 보낸 이유와 모종의 연관이 있을 것이다. 단순화해 보면, 다윗은 두 가지 가능성을 생각했을 수 있다. 하나는 암논과 압살롬이 가까워지기를 바랐을 수 있다. 왕위를 놓고 경합하는 두 아들을 화합하게 하는 데 결혼은 매우 유용한 수단이기 때문이다. 하지만 이 경우 압살롬이 왕위를 양보한다는 가정을 전제해야 한다. 암논이 첫째 아들이기 때문이다. 그러므로 압살롬의 입장에서는 동생도 주고 왕위도 내주어야 하는 상황이니, 대등한 관계라면 거래할 만한 것이 못 된다.

　다른 가능성으로, 다윗은 암논과 압살롬 집안이 사돈 관계가 될 가능성보다는, 그 결혼이 잘 되지 않으리라는 것을 미리 알았으리라는 전제에서 출발했을 수 있다. 그렇다면 이 에피소드에서 다윗은 뭔가 돌발 상황이 일어나리라는 가정을 했을 수 있고, 그 가운데는 강간까지는 아니더라도 최악의 경우 추행의 가능성까지는 배제하지 않았을 수 있다. 그렇다면 여기서 다윗이 기대한 것은 무엇이었을까? 그것은 누군가를 함정에 빠뜨리려는 음모일 수 있다. 텍스트의 상황 전개는 후자와 맞아떨어진다. 그러나 이 경우에도 문제는 다윗이 딸의 강간을 유도했을 수 있다는 점에서, 아버지의 선택으로서 정말 적합한지는 의문이다.

아무튼 다윗의 의중이 모호한 가운데서 사태는 벌어졌고, 다말은 그 사건의 최대 희생자였다. 암논은 다말을 강간하고 쫓아 버림으로써, 다윗의 의중이 어떻든 간에, 압살롬과는 화해할 수 없는 사이가 되어 버렸다. 이것이 계획적인 것이든 즉흥적인 것이든, 암논은 라이벌 압살롬과 손잡을 의사가 없음을 분명히 했다. 한 권력자가 정변을 일으켜 권력을 장악한 뒤 행하는 통상적인 행위 가운데 하나가 선왕의 아내들을 공개적으로 강간하는 것이라고 할 때, 암논의 행동은 자신의 우위를 선언하는 행동으로 비춰질 가능성이 충분하다. 강간 사건을 접한 뒤에도 다윗이 암논을 벌하지 않았다는 점(「사무엘기하」 13:22)은 암논이 이런 행동을 한 것이 그에게 불리하게 작용하지 않았음을 시사한다. 궁중의 많은 사람들은 이런 사태 전개를 보면서 암논의 편이 유리한 상황임을 직감할 수 있었을 것이다. 요컨대, 의도했든 아니든, 암논은 이 일로 인해 정치적 승리를 얻은 셈이다.

따라서 압살롬은 이 사건의 두 번째 피해자다. 하지만 동생의 절규에도 불구하고 압살롬은 즉각 어떠한 태도를 취하지는 않았다(「사무엘기하」 13:20). 설사 부왕이 암논 편을 든다 하더라도 아버지에게 달려가서 하소연해 볼 만한데, 그는 그렇게 하는 대신 오히려 동생을 달래며 태연한 척한다. 본문은 무려 2년간이나 그의 자제심이 계속되었다고 전한다(「사무엘기하」 13:23). 그에 관한 성서의 기억들을 보면 그는 대단히 영리하며 냉철한 판단력을 가진 사람임에 분명하다. 다윗도, 암논도 이 일을 잊어버릴 만한 기간으로 2년이면 결코 부족한 시간이 아니다.

그렇게 세월이 흐른 어느 날 압살롬은 양털 깎는 축제에 왕을 초대한다. 왕이 사양하자, 다른 왕자들이라도 초청할 수 있게 해 달라고 청한다. 아마도 압살롬은 이런 상황 전개를 예측했던 것 같다. 그의 목표는 다윗이 아니라 암논이었기 때문이다. 그리고 축제 때 기습적으로 암논을 살해했다. 그러나 다른 왕자들을 죽이지는 않았다(「사무엘기하」 13:23~29). 2년간 자제했던 분노를 그는 결정적인 순간에 실행에 옮길 만큼 무서운 자제력의 소유자였던 것 같다. 아무튼 이렇게 해서 그의 라이벌은 제거됐다. 그리하여 암논은 이 사태의 원인이자 마지막 희생자가 되었다.

반역 사건이라고 해도 과언이 아닐 이 유혈 사태는 다윗에게 즉각 보고됐다. 그만큼 다윗의 정보력은 신속했다. 그러나 다윗의 정보원 가운데 요나답이 가장 정확했다. 그는 마치 모든 상황을 안다는 듯, 다윗에게 보고한다. 그리고 이런 상황에서 압살롬은 다윗을 피해 도주한다(「사무엘기하」 13:30~34). 이로써 압살롬의 세력은 일단 거세된다.

이상에서 우리는 다말 강간 사건이 단지 암논이 한 여성을 겁탈하는 것으로 출발해서 끝나는 것이 아님을 이야기하고자 했다. 그것은 당시 왕실 내에서 벌어지는 복잡한 권력 쟁투의 양상과 맞물렸다. 그러한 상황 전개 속에서 강간당할 위기에 처한 여인의 하소연은 이복 오라비에 의해 무시당했다. 또 강간당한 뒤 오라비에게 버리지 말아 달라는 그녀의 애원 또한 무시당했다. 내쫓긴 그녀는 공주의 옷을 찢으며 절규한다. 제삼자의 도움을 청하는 최후의 수단이다. 그러나 아버지인 다윗도 그녀를 걱정하기보다는 암논을 걱정할 뿐이다. 심지어 친오빠인 압살롬까지도 그녀의 부르짖음을 듣기보다는, 그녀에게 조용히 있을 것을 종용한다. 본문은 그 뒤로 "다말은 그의 오라버니 압살롬의 집에서 처량하게 지냈다"(「사무엘기하」13:20)고 기술한다. 이스라엘 전통 속에서 강간당한 여인은 창녀와 동급의 처지로 전락한다. 「레위기」 21장 7절에 의하면, 창녀나 소박맞은 여인과 더불어 강간당한 여자는 사제의 아내가 될 자격을 상실한다. 이것은 지체 높은 왕녀에겐 치명적인 것이다. 가문의 명예를 위해서 그녀는 결혼할 수 없다. 그것은 여자로서의 지위가 죽을 때까지 회복될 수 없음을 의미한다. 결국 그녀는 아름다운 외모 때문에 '강요당한 침묵' 속에서 여생을 보내야만 했다.

절규의 부르짖음, 그것은 생존을 위한 몸부림이다. 죽음의 위협을 맞이한 이의 처절한 외침이다. 그러나 누구도 그녀의 부르짖음에 귀 기울이지 않았다. 이복 오빠도, 아버지도 그리고 친오빠도. 그녀는 침묵을 강요당했다. 그것은 살아 있음의 마지막 표지인 부르짖음조차도 허락되지 않음의 상태다. 침묵은 가상의 죽음이다.

이제 우리는 이런 사건을 기술하는 성서 텍스트 자체를 보자. 과연 그녀는 어떻게 묘사됐는가? 우리가 발견할 수 있는 한, 본문의 화자는 이 여인의 운명에 관하여 아무런 관심이 없다. 텍스트에서 그녀는 단지 소품일 뿐이다. 궁중에서 벌어지는 권력투쟁의 한 소재 거리에 불과하다. 그래서 강간의 위기를 맞아 오라비에게 호소하는 그녀의 지혜로운 언변에도 불구하고, 이 지혜롭고 아름다운 여인의 운명에 대해 성서의 저자/화자는 별다른 관심을 보이지 않는다. 그녀는 단지 맡은 배역만 다한 뒤, 조용히 무대에서 사라지기만 하면 그것으로 충분한 존재다. 그녀의 부르짖음을 얘기하면서도, 서술자는 압살롬이 암논을 죽이는 교묘한 술책을 말하기 위한 극적인 효과로 그 절규를 이용할 뿐이다. 서술자는 강간당하는 장면을 제외하고는 그녀가 이야기할 기회를 박탈하고 있다. 요컨대 그녀는 여기서도 침묵을 강요당한다. 서술자의 유일한 관심은 훗날 아버지 다윗을 모반한 패덕한 아들인 압살롬의 전과前過를 기술하는 데 맞추어졌다.

마지막으로 다시 다윗과 요나답에게 돌아가 보자. 요나답이 다윗에게 절대 충성을 다하는 한 사람의 관료라고 한다면, 그의 술책과 정보력은—비록 세세하게는 독자적 판단이 개입되었을지라도, 포괄적으로는—다윗의 이해와 맞닿아 있다. 그렇다면 이런 상황이 유도된 것이든 돌발적인 것이든 간에, 다윗에게 유리한 전개는 어떤 것이었을까? 다윗이 합리적으로만 판단했다면 도대체 어떻게 하는 것이 그에게 유리한 것일까?

이미 말했듯이 다윗의 아들 가운데 압살롬만이 유일하게 모계가 왕족인 존재다. 게다가 그는 자제력이 대단하고 용모가 준수하며, 매우 영리한 사람이다. 만약 그가 왕위를 승계한다면, 주변 여건은 그가 강력한 통치력을 발휘하기에 충분한 개연성을 부여해 주고 있다. 어쩌면 다윗에게 이것은 위기로 여겨졌을 수 있다. 왜냐하면 그술 왕국은 소국에 불과하지만 미약한 유다 왕국 초기에 이 정도의 나라도 그리 만만한 대상이 아니기에, 그 나라 왕의 입김에 의해 유다 왕실이 좌지우지될 수 있기 때문이다. 그의 입장에선 유능한 아들이 통치자가 되는 것은 좋은 일이겠지만, 왕자의 외가가 강력한 것은, 그것도 외가가 이웃 나라의 왕가라면 그리 좋은 징조는 아니라고 판단했을 수 있다. 또 (다윗의 형이자 요나답의 아비인) 시므아 가문 같은 왕실 친족의 입장에서도 강력한 외척 세력에 의해 정국이 주도되는 것이 매우 우려스러운 일일 수 있다. 당시 다윗 측근에게 압살롬은 분명, 당장은 아니라 하더라도, 향후에 매우 위협이 될 만한 화약고 같은 존재였다. 왕위 경쟁에서 그를 탈각시키는 일은 그런 점에서 중요한 요소였다고 할 수 있다. 그러므로 다말 강간 사건 배후에는 압살롬이 표적이 되는 복잡한 정치적 음모가 도사렸을지도 모른다.

그래서 이런 사정을 모르지 않을 만큼 영리하고 인내심 많은 압살롬은 2년 동안이나 잠잠히 있었다. 하지만 결국 복수극을 감행했고 훼손된 가문의 명예를 회복하고자 했다. 압살롬의 용의주도한 복수극은 결국 다윗과 압살롬 간의 한판 싸움에서 압살롬이 승리한 것으로 귀결되었다. 다윗은 압살롬을 거세하지 못했고, 그의 권력은 더욱 커진 것이다. 그리하여 훗날 숱한 견제에도 불구하고 그는 정변을 일으켜 왕권을 거의 차지할 뻔하였다.

● ● ●

조르주 바타유Georges Bataille의 표현대로 '아름다움은 신의 형상'이다. 물론 아름다움의 기준은 다양할 수 있지만, 분명 아름다운 외모는 인간의 자기 초월의 한 징후임이 분명하다. 그런데 다시 바타유의 말대로 바로 그 아름다움 때문에 불경스런 충동이 싹튼다. 암논은 다말에게 불경스런 욕망을 느꼈다. 그녀의 아름다운 외모 탓이다.

물론 강간이라는 것은 자신의 욕망을 강압적으로 표현한 것이므로, 다말의 미모가 그녀에게 불행의 씨앗이라고 하는 것은 어폐가 있다. 암논의 빗나간 성애적 표현은 결코 용서될 수 없다. 그는 여인의 성기를 정복하는 것으로 자신의 욕망을 추구했다. 물론 그것이 그녀가 겪은 고통의 끝이 아니다. 세상은 강간당한 여인을 피해자로 만들 뿐, 그녀의 항변을 도무지 귀담아 듣지 않는다. 사회의 거대 서사적 담론이 이미 개입했기 때문이다. 강간당한 여인은 그녀가 처녀성을 상실했다는 결과 하나만으로도 그녀를 결혼 제도에서 최악의 희생자로 처리할 이유가 충분하다. 사회의 서사 구조가 예정해 놓은 그녀의 운명은 더 말할 것도 없다.

그런데 그녀의 부르짖음을 들어줄 이 또한 하나도 없었다. 그녀를 기구한 운명에서 구원해 줄 이가 없을 수는 있다. 담론적 거대 서사 구조가 너무 엄청난 힘을 가졌기에 말이다. 그 전능자적 권력을 감히 당해 낼 자가 누구인가? 하지만 그녀의 강요당한 침묵을 돌아보고, 그녀의 죽음 같은 삶을 위해 무모한 만용을 부릴 이조차 하나도 없다. 가족까지도 말이다. 역사의 서술자도 말이다. 그리스도교 신앙사의 그 무수한 담론적 승계자들도 말이다. 그러는 한, '양들의 침묵' 속의 시위는 여전히 우리를 향해 구조 신호를 보내고 있다. 해방자를 갈구하는 미세한 몸짓으로……

우리야와 다윗 사이, 다윗과 솔로몬 사이

우리야의 아내 vs./and 밧세바

●

　양귀자의 소설 『모순』은 안진진이라는 결혼을 앞둔 25세 여성의 1년간의 이야기를 담았다. 그녀가 결혼 상대자를 택하는 '모순적 선택'에 이르는 삶의 미스터리에 관한 이야기로, 사랑을 테마로 하는 냉소적 기풍이 작품 전체의 기조를 이룬다. 삶의 깨달음과 삶의 선택은 모순 관계라고…….

　이 소설은 사랑에 관한 삶의 선택을 냉소하려는 장치로 이분법적인 인물 배치를 설정한다. 우선 일란성 쌍둥이인 어머니와 이모. 이들은 단지 10분 차이로 언니와 동생이 되었을 뿐, 똑같이 생긴 서로의 분신이다. 그러나 어머니는 억척스럽고 매사에 공격적인 여인네로 변모해 간다. 인생은 매 순간순간 격동적인 변화의 연속이며, 그 속에서 그녀는 번번이 죽음과도 같은 절망의 늪으로 내동댕이쳐진다. 그러나 마치 부활이란 이런 것임을 증명이라도 하듯 그때마다 억척스럽게 되살아나는 것, 그것이 바로 어머니의 삶이다.

이모는 소녀 같은 감수성으로 인생의 생명력을 관조하는 수동적 여성이다. 풍요롭고 단란한 가족, 여유에서 오는 격조 있는 문화의 소비, 언니와는 비교할 수 없는 행복이 그녀의 삶을, 운명을 이끌어 간다. 그러나 무수히 반복되는 일과표와 같은 인생, 비약이나 전복 없이 단지 앞으로 한 걸음 한 걸음 전진하기만 하는 꼬마 병정과도 같은 삶, 그녀에게 이 모든 것은 무료함과 권태로만 인식될 뿐이었고, 그러한 운명에서 잠시라도 탈출할 수 있는 기회라곤 풍파 많은 언니네 가족을 엿보는 것이 전부다. 이모는 언니의 삶을, 그 역동성을 동경하는데, 어머니는 동생의 난초 같은, 품위 있는 안락, 그 관조의 삶을 질투한다.

그런데 이렇게 극단적으로 운명이 갈린 계기는 결혼이었다. 단지 10분 차이로 태어난 것으로 말미암아 순서 매겨진 것일 뿐, 애초에 사랑의 감정과는 무관하게 짝지어진 남편들과의 만남, 바야흐로 이 만남에서 두 쌍둥이 자매의 극단적 인생 갈림길이 펼쳐진다. 언니의 남편, 그러니까, 안진진의 아버지는 안주할 수 없는 격랑의 인물이다. 폭행으로 이어지는 심각한 주벽에, 결국 직장도 잃고 무기력하게 하루하루를 보내다 기어이 부랑자로 전락해, 행불자로 가족으로부터 말소된 존재가 된다. 소설 말미에 중풍과 치매에 걸린 채 귀환한 아버지, 그러나 정신이 가끔씩 되돌아올 뿐인 그는 여전히 안주할 수 없는 떠돌이다. 반면 이모부는 연착조차 허용하지 않는 기차와도 같은 사람이다. 언제나 계획된 시간표에 따라 행동하고, 차근차근 쌓이는 삶의 획득물에 존재의 의미를 다 거는 사람이다. 그는 일상이 반복되는 한 결코 부재할 수 없는 존재로 이모의 인생에 끼어들어 있다.

세 번째로 대조되는 인물은 진진의 두 애인. 나영규는 이모부를 빼어 닮은, 안정을 선사해 줄 만한 남성으로, 모든 면에서 적극적이고 계획적이다. 이 남자가 사랑하는 대상은 실재 인물 진진이라기보다는 자신의 계획이라는 액자 속에 그려진 진진의 이미지다. 부재하는 아버지를 품은 진진과는 전혀 다른, '진진이 아닌' 진진의 이미지.

한편 또 다른 남자 김장우는, 진진이 가슴속에 품은 동경의 대상인 아버지의 재현체다. 그렇다. 현실 속에서는 끝내 부재하는 아버지. 그러나 그는 진진의 가슴 속에서 실존하고 있었다. 그래서 그녀는 김장우를 사랑했다. 아니 사랑하지 않을 수 없었다. 자신의 분신이니까.

하지만 동시에, 타인 앞에선 이모를 어머니로 부르고 싶은 욕망을 가진 그녀는 나영규 또한 포기하지 못한다. 모든 것을 계획하고 그 기획에 따라 모든 것을 채워 주려는 나영규와 만날 땐 그에게 몸을 맡긴 채 그의 계획에 순응한다. 하지만 김장우를 만날 땐, 그녀는 적극적으로 프로그램을 실행하며 관계를 이끌어 간다. 김장우에게 마음을 맡긴 채.

팽팽하던 저울이 점차 김장우에게로 기울고 있다. 그 절정의 시간에 마치 선택의 종지부를 찍으라고 윽박지르기라도 하듯 다가온 엄청난 소식. 이모의 자살은 나영규의 선물이 말짱 헛것에 불과한 것임을 결정적으로 공표한다. 안진진의 최종 선택은, 그런데…… 나영규다. 이런 역설이 있는가? 삶의 깨달음이 달음질하는 방향과는 전혀 엉뚱한 쪽으로 그녀의 선택은 종결된다. 바로 이것이 삶의 선택의 '모순'이겠다.

삶은 선택의 연속이다. 그만큼 사람들은 무수한 기회를 맞이하면서 살아간다. 기회란 의도한 만큼 주어지는 삶의 연속적인 신호등 같은 것이 아니다. 오히려 그것은 연속되는 공간을 뛰어오르는 활주로의 비상점飛上點과도 같다. 달리다 날아오를 수도 있지만, 실패하면 종종 달리는 관성 때문에 앞으로 나뒹굴기도 한다.

기회가 삶의 선택의 비상점이라는 것은, 그것이 계획의 소산이 아니라는 것을 뜻한다. 한데 유독 어떤 사람은 기회를 잘 낚아 성공에 이른다. 계획한 대로 되는 것이 아니고, 따라서 예상할 수 있는 게 아닌데도, 누군가는 기막히게 그 기회를 잘도 이용한다. 만약 세상에 한 가지 가치만 존재한다면, 기회는 성공과 실패라는 결과만을 낳을 것이고, 그 기회를 잘 이용한 자는 성공한 자로서 길이 남을 것이다. 그리고 사람들은 그의 '성공'을 동경하며, 그것을 향한 삶의 질주를 욕망할 것이다. 또한 누군가의 '실패'를 조롱하며, 추락의 삶을 저주하곤 한다. 사실 세상은 이러한 보편적인 성공, 공인된 성공의 기준을 갖고 있다. 비록 시대마다 그 기준이 조금씩 바뀌기는 해도 사정은 마찬가지다.

그리하여 성공 예찬적인 지혜의 체계도 발전한다. 이 지혜는 기회를 만났을 때 그것의 쟁취를 위해 적극적으로 성공의 가치를 추구할 것을 권고하는 지혜다. 하늘로 날아오르는 비상의 지점이 존재함에도, 그것에 무감각하여 미래를 내다보지 못하고 과거와의 연속성에만 몰두하는 수동적인 관조자, 흔히들 '순정파'라고 부르는 그러한 삶의 자세를 조소하는 지혜다.

소설의 안진진처럼 삶의 허무성을 너무 일찍 알아 버린 여자, 그래서 순정이니 희생이니 모성성이니 하는 것들의 덧없음을 20대에 이미 알아 버린 이. 이런 것들에 대한 그녀의 냉소는, 냉소주의적인 지혜는, 그래서 훨씬 더 계산적이다. 물론 갈등은 한다. 혈관 속을 흐르는 순정파적 운명의 부름을, 그 부름에 대한 그녀의 친숙한 정감을, 그녀 또한 안다. 또 세상 경험은 그러한 운명에 순종하는 것이 그리 단순하게 실패로 귀결되는 것만은 아니라는 걸 깨닫게도 해 준다. 그러나 결국 계산하는 자신에게 복종한다. 냉소자의 운명을 받아들이며, 성공을 위한 기회의 적극적인 향유자가 된다.

그런데 기회를 적극적으로 이용하는 자이건, 단지 과거에만 집착하는 삶의 수동적 관조자이건, 그들에게는 공히 성공과 실패라는 보편적인 이분법이 작동한다. 행복과 불행이라는 보편적 기준에 집착하면서, 전통을 고수할 것인지 미래를 욕망할 것인지를 결정하려고 한다. 이분법적인 가치의 갈등 속에서 자신의 선택 지점을 고수하려 한다. 그 이분법으로부터 탈주하는 것 자체를 고려하려 하지 않는다.

이 글에서 우리는 필시 선택의 기로에서 고민했을 한 여성, 그러나 언제나 전통적이고 인습적인 삶의 순환 고리 속에 남기보다는 다가온 기회를 보다 더 '성공적'인 기획의 계기로 쟁취한 여인에 관한 얘기를 본다.

밧세바! 우리는 그녀를 「마태복음」이 전하는 예수의 족보(1:1~17)에서 발견한다. 여기에 등장하는 네 명의 여인들(라합; 룻; 우리야의 아내; 마리아)은, 매춘녀이자 종족의 배신자, 이방인이자 과부, 남편을 죽인 상관(왕)의 아내가 된 여자, 혼전 임신한 여자 등, 한결같이 규범적 질서에서 결코 아름답게 포장되기 어려운 사람들이라는 점에서 여성 신학자들을 포함한 비판적 신학자들의 적지 않은 주목을 받기도 했다. 하지만 마리아를 제외한 다른 이들에 관한 그리스도교의 빈약한 정보 탓에 족보만으로 충분한 해석을 내리는 것은 쉬운 일이 아니다. 아무튼 무수한 여인들 가운데 예수와 연관된 몇 안 되는 존재의 하나로 기억되었다는 사실만으로도 그리스도교 역사에서 밧세바에 대한 인식은 그리 부정적이지 않다.

아마도 예수와 다윗을 어떻게 해서든 연결해 보려는 노력의 흔적이 여기에 담긴 것 같다. 본문이 그녀를 이름으로 기억하기보다는 '우리야의 아내'로 기억한다는 점은 분명 하나의 약점이었을 것이다. 그런데도 대중은 그녀를 이름으로보다는 비운에 숨져 간 우리야의 비극적 운명과 결부시켜 기억했기에, 그것은 부득이한 것이었을지도 모른다. 그런데도 다윗의 여러 부인들 가운데 하필 그녀가 대중적 기억의 간택을 받은 것은 그녀가 다윗을 승계한 솔로몬의 어머니, 밧세바였기 때문일지도 모른다. 왜냐하면 예수와 다윗을 연계시킨 가장 결정적인 동기는 메시아를 왕적 지위로 격상시키려는 신앙적 열망을 충족하려는 것이기 때문이다. 어쨌든 이와 같이 밧세바는 그리스도교 신앙사에서 결코 소외된 존재가 아니며, 또한 유대교 신앙사에서도 간과된 여인이 아니다. 오히려 성서 본문이 전하는 설화 내용에 비하면, 신앙사의 궤적에 남겨진 것 자체가 단지 솔로몬의 모친이라는 사실, 곧 왕실 사가들의 전폭적인 기억하기의 소산일 거라는 혐의를 지울 수 없다.

그러나 여기서 우리는 밧세바 설화를 왕실 사관들의 손에서 빼내려고 한다. 사관들은 유다국 왕의 시선, 다윗과 솔로몬의 눈으로 그녀를 본다. 그래서 그녀는 다윗의 아내이며 솔로몬의 모친으로 존재가 규정되어 있다. 야훼가 이 두 왕, 그리고 그 후손에게만 특별한 축복을 주었다는 왕정 신학의 맥락에서 밧세바는 신앙사적 의의를 갖는 존재로 묘사된다. 한데 우리는 바로 이런 유다 왕실 신학의 손길에서 그녀를 떼어 내려는 역사적 모험을 시도하려는 것이다. 다윗의 후궁이나 솔로몬 왕실의 대왕대비보다도 '우리야의 아내'로 그녀를 기억해 왔던 대중의 기억술 속에 담겼을

지 모르는 이야기의 숨겨진 마음을 추정해 보려 한다. 그리고 이러한 설화적 상상을 우리 시대 삶의 선택을 둘러싼 사람들의 이야기에서 추론해 볼 것이다. 앞에서 소개한 소설 『모순』은 우리가 밧세바의 텍스트를 읽는 상상력의 단서다.

• •

성서는 이 여인에 얽힌 두 개의 설화를 보존하고 있다. 하나는 그녀가 다윗의 후궁으로 입적하여 솔로몬을 출산한 경위에 관한 것이고(「사무엘기하」 11:1~12:25), 다른 하나는 솔로몬의 즉위 경위에 관한 것이다(「열왕기상」 1:1~2:25).

먼저 첫 번째 얘기를 보자. 「사무엘기하」 11장 1절에서 12장 25절까지의 이야기가 대체적인 역사적 정황을 담았다는 점을 가정하고 재현하면 이렇다. 당시는 다윗이 암몬을 정벌하려고 전쟁을 벌이던 시기였다. 그런데 「사무엘기하」 10장 6~19절에서 보듯이 시리아·다마스커스의 소바 왕국의 왕 하닷에셀이 다윗을 견제하려고 이 전쟁에 개입했다. 그리하여 전황이 만만치 않던 상황이었다. 10장과 11장 이야기의 선후 관계를 추정할 수는 없지만, 아무튼 다윗의 군대는 치열한 전투를 거듭한 끝에 시리아 용병을 격파했고, 암몬을 정복하는 데 성공했다.[1]

---

1 물론 이 이야기는 적어도 다윗 당시에는 있을 수 없는 일이다. 이제 막 원시 국가로 성립하던 유다 왕국이 정복 국가로 이스라엘 왕국 동편, 요단 강 건너 암몬 국을 정벌하러 갔다는 것도 불가능에 가까운데, 여기에 강국인 시리아의 소바 왕국이 전쟁에 개입했다는 건 더더욱 이해하기 어려운 일이다. 소바 국이 개입했다는 건 유다가

우리야는 헷 족속 출신의 용병 대장이다. 「에스겔서」 16장 3절을 염두에 둔다면, 우리야는 헷 족속의 땅인 소아시아 지역 출신이라기보다는 예루살렘으로 이주하여 정착한 헷족(히타이트족 Hittite)[2] 출신 용병이었던 것 같다. 그가 전장戰場에 있는 동안, 그의 아내 밧세바는 월경을 마치고 정결 의례를 치르고 있을 때 옥상을 거닐던 다윗의 눈에 띈다(「삼상」 11:2~4). 여기서 우리는 밧세바가 다윗의 눈에 들려고 모종의 의도된 행위를 벌였다는 직접적인 증거를 발견할 수는 없다. 오히려 본문이 묘사하는 이야기의 정황상 아마도 다윗의 즉흥적인 욕정을 불러일으킨 밧세바의 목욕 장면은 우연의 일치인 것처럼 보인다. 하지만 밧세바의 계획된 행동이 있었다는 가정을 전혀 배제할 수도 없다. 아무튼 그녀의 행위가 설사 의도된 것이라 하더라도, 전쟁에 보내진 부하의 아내를 불러다 통간한 것은 어떤 뜻으로도 정당화될 수 없다. 더구나 밧세바가 임신한 것을 은폐하려고 취한 그의 처신, 결국 충성을 다한 부하를 죽이는 음모를 꾸미는 데까지 이르는 왕의 모습은 졸렬한 치한을 넘어서 추악한 범죄자의 모습으로 드러

위협적인 나라였다는 뜻인데, 막 원시적인 국가를 구축하던 나라가 강국인 이스라엘을 제치고 이스라엘 동편의 나라까지 영역을 확대했다는 얘기는 상식 밖의 얘기로 보인다. 아마도 국제정치상으로 보면 다윗이 벌였던 훨씬 소소한 전쟁이 후대에 역사화되는 과정에서 과장되었는데, 이스라엘이 벌인 정복 전쟁의 이야기가 다윗의 전쟁으로 전용된 것이 아닐까 추정된다. 이스라엘 왕국과 시리아 족속들은 시리아 · 팔레스티나 지역을 놓고 끊임없이 전쟁을 벌였다.

2 「창세기」의 설화에 의하면, 노아의 아들 함의 네 명의 아들 가운데 하나가 가나안인데, 그에게서 헷 족속이 나왔다고 한다. 히타이트족이라고도 하는 헷족은 지금의 터키 지역에서 형성된 국가로, 앙카라 근처의 핫투사를 수도로 한때 메소포타미아(비옥한 초승달)와 이집트를 정복했던 대제국이었다.

날 뿐이다.

한편 밧세바는 다윗의 눈에 든 기회를 적극 활용한다. 사실 군인의 아내란 그리 행복한 운명을 선사받은 이가 아니다. 끊임없이 벌어지는 왕의 전쟁에 참전해야 하는 남편은 목숨을 언제나 주인의 손에 담보로 걸어 놓은 상태였다. 허구한 날 출병으로 빈집을 지켜야 했을 여인. 더구나 전쟁을 앞두고 부정을 탈까 하여 엄격히 몸을 절제하는 타고난 군인의 아내인 여인. 기껏해야 10대 후반 또는 20대 초반이었을 그녀의 이런 나날은 비록 배곯는 처지는 아니었을지라도 권태로운 나날의 연속이었을 것이다.

그녀가 이방인이자 군인의 아내가 되었다는 사실은, 그녀의 집안이 그리 여유로운 또는 품격 있는 삶을 영위할 처지가 아니었음을 암시한다. 어쩌면 결혼으로 그녀는 빚에 찌든 가문의 지긋지긋한 일상으로부터 탈출할 수 있었을지도 모른다. 아마도 그녀 집안의 어른은 그런 기대를 가지고 딸을 용병 대장에게 넘겼을 것이다. 아니면 타고난 미모 탓에 군인의 눈에 든 하층 여인인지도 모른다. 어쨌든 밧세바는 결혼을 '통해서 결핍된 많은 것을 채울 수 있었을 것이다.

그러나 그녀는 새로운 고통의 조건들이 기다릴 줄은 꿈에도 생각지 못했다. 죽음을 상상했을 수도 있다. 그만큼이나 답답한 하루하루가 그녀를 둘러싸고 있었다. 활짝 피어오른 육체의 감수성을 은폐하며 보내기엔 20대 안팎의 연륜은 너무 짧았다. 더구나 또래의 다른 여성에 비해 육체적으로 자랑할 것이 넘치는 여인에게, 그것도 정상적인 가정교육을 받지 못했을 여인에게, 긴긴 기다림의 나날을 몸단장하는 것 이외에 다른 소양을 연마하면서 보낸다는 건 별로 신통한 대안이 아니었을 것이다.

어느 날 왕이 그녀를 찾는다. 본능적으로 남성의 유혹을 직감한다. 왕의 요구를 거절할 수도 없었지만, 한편으론 호기심을 지울 수 없었겠다. 멀리서 곁눈질로 보기만 했던 왕, 그 앞에선 모든 장군들도 다 머리를 조아린다. 또 그는, 전쟁터에 나가는 게 아니라, 전쟁에 나가라고 명령하는 이가 아닌가. 날마다 만날 수 있고, 그가 원하는 한 언제나 함께 있을 수 있는 존재, 그런 이의 유혹을 받다니……

월경 직후여서인가 밧세바는 임신을 했고, 왕은 당황한다(「사무엘기상」 11:5). 자신의 품위가 손상될 것이 두려웠다. 필시 여러 참모들이 밧세바를 제거하라고 충고했을 것이다. 그러나 제거하기엔 그녀가 너무 아리따웠나 보다. 도리어 왕은 그녀의 남편인 우리야 장군을 제거하기로 선택했다(「사무엘기상」 11:15). 음모에 의해 그가 전사하자, 곡하는 일정 기간을 보내고 즉시 밧세바를 후궁으로 들인다(「사무엘기상」 11:27). 하지만 부하의 미망인을 후궁으로 들이는 게 무리가 되지 않을 리 만무다. 늘 군은 일을 도맡아 온 대장군 요압의 용의주도한 처리에도 불구하고, 소문은 널리 퍼져나갔고, 왕의 처신을 비난하는 목소리가 비등했다. 나단 예언자의 발언으로 극에 이른 비판적 여론에 다윗은 몹시 난처한 상황에 몰렸다.[3] 그러나 여기서도 밧세바는 살아남는다. 다윗과 밧세바의 간통죄를 대속한 것은 그들 사이에서 난 아기였다. 까마귀 날자 배 떨어진 걸까? 아무튼 아기의 죽음은 다윗과 밧세바의 정치적 위기를 해소시켜 준다(「사무엘기상」 11,15b~23). 그리고 이들 사이에서 두 번째 아기가 태어난다. 솔로몬이 바로

---

[3] 「사무엘기상」 12장 1~15절, 나단이 다윗에게 무례하다 싶을 만큼 강한 고언을 하는 이야기에서 우리는 이 사건으로 여론이 심히 악화되었을 것이라고 해석하였다. 물론 이것도 실제 사건이라기보다는 설화적 사건이다.

[표9] 아도니야와 솔로몬의 정파

아도니야 파	솔로몬 파
• 요압(군대의 대사령관. 이스라엘계 군대의 사령관) • 아비아달(사제. 이스라엘계)	• 브나야(외인부대와 벨렛 부대의 사령관, 비 이스라엘계 군대의 최고 지휘관) • 사독(사제. 비이스라엘계) • 나단(예언자)

그다. 다윗의 사랑을 한 몸에 받는 여인과 그 여인의 아들, 이것은 다윗 왕실의 화근거리임에 분명하다.

「열왕기상」에 묘사된 밧세바에 관한 두 번째 일화는 아들 솔로몬의 즉위에 관한 것이다. 다윗이 늙어 직무를 처리할 수 없는 지경에 이르렀다. 권력 암투로 죽은 윗대의 아들들(암논, 압살롬 등)을 빼면, 생존한 적장嫡長자는 아도니야다(앞 장의 [표7] 참조). 왕실이나 대다수 고관들의 후광을 등에 업은 그는 아마도 일부 정무를 담당하는, 일종의 공동 통치자가 되었던 모양이다. 요압 대장군과 대사제 아비아달(에비아달―공동번역) 등이 그의 집무를 도왔다. 바로 이들을 중심으로 하여 신주류가 형성되어 '포스트 다윗 시대'를 구상했다(「열왕기상」 1:5~7 참조).

집단이 어떤 이데올로기를 가졌는지는 어느 정도 예측 가능하다. 지파 동맹적 전통과 군주제적 대안을 절충하고자 했던 대표적 이론가인 아비아달이라는 인물에서 그것은 단적으로 드러난다. 요압 또한 유다 지파 출신이라는 점에서, 비록 그가 사상의 해석 과정에 참여했을 것 같지는 않지만, 다른 이들보다는 지파 동맹 전통에 좀 더 친숙한 존재였을 것이다. 이러한 신주류의 이데올로기는 아도니야가 왕의 후계자로 부상한 것과 더불어 정권에서 소외된 비주류의 면모를 보면 더욱 분명해진다. 사독 제사장은 아비아달과 경쟁 관계에 있는 인물인데, 그는 예루살렘 출신으로 다윗 정부 내에서 일찍부터 비이스라엘계의 통합을 담당했던 자였다.[4] 또 대장군 브나야는 항상 요압에 이어 군부의 제2인자였으나, 다윗의 가장 용맹한 부대인 '외인부대'를 장악했던 인물이었다. 그는 이방인 용병 출신이었고, 그것이 요압에게 밀리는 유일한 조건이라고 생각하였을 것이다. 여기에 오랫동안 다윗의 가장 측근에 있던 인물 나단이 있었다. 그는 예언자였는데, 그의 사상적 위상을 측정할 만한 정보가 전혀 없다. 단 다윗의 마음을 가장 잘 아는 이로서 그의 선택을 가장 효과적으로 변증해 주는 명망 있는 종교 지도자였으리라는 점만은 이론의 여지가 없다. 비주

---

[4] 「역대기」의 족보는 그가 아론에서부터 유래한 사제 가문 출신으로, 아히둡의 아들이라고 한다(흥미롭게도 「역대기」의 족보에는 엘리가 등장하지 않는다). 이것은 「사무엘기」에서도 나타난다. 그렇다면 아히둡이 사울의 사제였던 아히야의 아버지이며, 아비아달의 할아버지라는 점에서, 사독은 아비아달의 삼촌이 되는 셈이다. 하지만 그것은 많은 의심을 남긴다. 우선 아히야나 아히멜렉과 동급의 항렬이고 아비아달보다는 윗대임에도 그가 한참 뒤인 예루살렘 정복 이후에야 나타난다는 것이 의아하다. 게다가 「사무엘기상」 2장 27~36절과 「열왕기상」 2장 26~27절에서는 사독 가문이 엘리 계열을 대체하여 사제직을 맡은 것에 대한 일종의 알리바이 역할을 한다는 점에서, 사독이 엘리 가문 출신일 가능성은 많지 않다. 또한, 후에 다시 언급하겠지만, 솔로몬과 아도니야의 다윗 후계권 투쟁에서 주로 비이스라엘계 출신의 지지를 받던 솔로몬의 주요한 지지자로 등장한다는 점은 그가 비이스라엘계일 가능성을 시사한다. 흥미롭게도 '사독'이라는 단어의 어근은 제1성서(구약성서)에서 유일하게 예루살렘과 결부해 나타난다. 가령 「창세기」 14장 18~20절에 나오는 살렘왕 멜기 '세덱', 「여호수아기」 10장 1~5절의 예루살렘 왕 아도니 '세덱'이 그런 경우다. 그렇다면 그는 다윗에 정복되기 이전에 성읍 국가였던 예루살렘의 사제였던 것이 아닐까? 즉 그는 전통적인 야훼계 사제가 아니었다가 다윗에게 투항한 비이스라엘계 사제였을 것이다.

류로 밀린 이들 인물들의 면모(나단의 경우에는 불명확하지만)는 신주류의 이데올로기적 취향을 충분히 예측할 수 있게 한다.

다윗 이후를 준비하는 아도니야 블록의 활동에 대해 위기를 느낀 비주류 인사들이 솔로몬을 중심으로 뭉친다. 여기엔 나단과 밧세바가 다윗과 이들을 연계시키는 역할을 담당했던 것 같고(「열왕기상」 1:11~14), 사독과 브나야가 그렛 부대와 블레셋 부대 등, 다윗의 근위대 역할을 하는 용병 부대의 주력을 끌어들이는 데 중요한 역할을 했던 것 같다(「열왕기상」 1:38 참조). 늙어서 사리 판단이 흐려진 다윗의 칙령을 받아 내는 데 성공한 이들 솔로몬 일파는, 그것을 명분 삼아 대신들의 검증이나 지방 장로들의 추인도 거치지 않은 채 왕위 승계를 선포한다. 그리고 군부의 힘을 빌려 왕실 쿠데타를 일으킨다(「열왕기상」 1:15~40). 이로써 아도니야 일파의 기획은 일거에 무너져 버리고 만다. 전통주의자들이 한꺼번에 거세된 탓에, 이제 다윗 왕국은 전통의 견제를 덜 받으면서 보다 더 전제군주적 국가의 길을 갈 수 있었다. 「열왕기상」의 솔로몬 승계 설화는 역사를 그렇게 회고한다. 그것이 실재로 사실을 반영한다고 할 수는 없지만, 적어도 설화를 구성한 왕실 역사가들은 그렇게 역사를 구축한다.

이러한 승계 과정을 염두에 두고 우리는 또 다시 밧세바에 관한 상상을 시도해 본다. 오래전 다윗의 사랑을 한 몸에 받던 여인, 그러나 그녀도 세월이 선사하는 주름살을 숨길 순 없었고, 늙은 다윗 또한 더 이상 욕정을 유지하는 게 어려워졌다. 차차 밧세바는 규방에 갇힌 꼴이 됐고, 솔로몬만이 그녀의 꿈이요, 희망일 뿐이었다. 더욱이 다윗의 사랑을 독차지하던 기간, 그녀는 규방 여인네들에겐 증오의 대상이 됐다. 다윗의 다른 여인들은 그녀의 후궁 간택에 얽힌 약점을 두고두고 들먹이며 그녀를 괴롭혔고, 홀로일 뿐인 밧세바는 점차 술수에 능한 여인이 되어 갔다. 다윗의 사랑을 독차지하였기에 다윗을 가장 잘 아는 인물 나단과 가까워졌다는 점이 그녀에겐 유일한 배후였다.

만약 아도니야가 즉위한다면, 이제 그녀의 시대는 끝장나 버린다. 아니 아들 솔로몬도 어찌될지 알 수 없는 노릇이다. 「열왕기상」 1장 11절 이하를 보면 솔로몬을 옹립하는 궁중 쿠데타는 나단이 밧세바에게 귀띔해 줌으로써 시작한다.

> 나단이 솔로몬의 어머니 밧세바에게 물었다. '우리의 왕 다윗 임금님도 모르시는 사이에, 이미 학깃의 아들 아도니야가 왕이 되었다고 합니다. 혹시 듣지 못하셨습니까? 제가 이제 마님의 목숨과 마님의 아들 솔로몬의 목숨을 구할 수 있는 좋은 계획을 알려 드리겠습니다. 어서 다윗 임금님께 들어가서, 이렇게 말씀하십시오. '임금님, 임금님께서는 일찍이 이 종에게 이르시기를, 이 몸에서 난 아들 솔로몬이 반드시 임금님의 뒤를 이어서 왕이 될 것이며, 그가 임금님의 자리에 앉을 것이라고 맹세하시지 않으셨습니까? 그런데 어떻게 아도니야가 왕이 되었습니까?' 마님께서 이렇게 임금님과 함께 말씀을 나누고 계시면, 저도 마님의 뒤를 따라 들어가서, 마님께서 말씀하시는 것을 도와드리겠습니다.'
> ―「열왕기상」 1장 11~14절

이제 그녀는 생사의 기로에 놓인다. 다윗에게 아직도 자기에 대한 사랑이 남았을지 자신할 수 없다. 그런데도 그녀는 더 이상 사태를 방관할 수 없다. 그랬다간 아도니야가 왕이 될 것이 분명했기 때문이다. 그랬다면 자기와 솔로몬은 살아남을 수 없을 것이다. 하지만 나단의 충고대로 다윗에게 솔로몬의 왕위 승계를 간언하는 게 최선일지, 그건 확신할 수 없다. 그토록 오래 살았건만 남편의 속 꿍꿍이는 도무지 헤아릴 수 없었다. 오래전 압살롬을 견제하려고 암논을 이용했다는 시종의 얘기를, 궁중의 알 만한 사람들은 다 아는 사실이라는 얘기를 들은 적이 있었다. 압살롬이 부왕父王의 생각을 꿰뚫고 묘책을 발휘해서 암논을 죽이고도 살아남았다는 소문에 그녀는 소름이 돋는 느낌이었다. 다윗과 압살롬의 절묘한 경쟁을 보면서, 어린 아들(솔로몬)의 생명을 지켜 낸다는 게, 더구나 왕위를 승계하게 한다는 게 얼마나 어려운지를 실감했었다. 한데 압살롬이 죽은 지 한참 지난 이젠, 아도니야가 문제였다. 더구나 요압, 에비아달 등 최고 참모들이 아도니야를 비호하면서, 병들어 누운 아비를 제치고 왕처럼 행세하다니, 이를 어쩐단 말인가. 이미 대세가 결정되어 버렸다면 나단의 말을 섣불리 믿고 행하는 게 도리어 화를 자초할지 모른다는 불안감이 엄습했다.

하지만 결국 그녀는 나단의 충고를 따라 다윗을 찾아가서 밀고한다. 엄청난 음모를 도모했고, 결과적으로 왕모의 자리에 올랐으며, 별다른 위업을 이룬 것으로 기억되지 않는데도, 길이길이 자신의 이름을 남길 수 있었다.

● ● ●

밧세바의 다른 행적에 관하여 우리는 아는 게 없다. 또 그녀의 성품에 관해서도 아무것도 말할 게 없다. 그러나 위에서 보듯 그녀는 분명 보기 드물게 적극적인 삶을 산 여인이다. 더구나 왕실 규방 속에서 이런 여인을 발견하기란 여간 어려운 일이 아니다. 자신의 운명을 스스로 개척한 여인. 물론 그 모든 기회를 처음부터 홀로 만들어 낸 것은 아니다. 누구에게나 있을 법한 위기들을 그녀는 놀랍게도 자기가 비상하는 계기들로 창조해 냈다. 그 적극성에는 목적을 위해서는 수단 방법을 가리지 않는 치밀한 계산과 비정함이 포함된다. 이런 사람들은 통칭 '착한 사람들'로 평가되지는 않는다. 더구나 여성에게서 이런 속성은 전형적인 '요부' 또는 '팜파탈'의 기질로서 받아들여졌다. 다만 밧세바가 그러한 오명으로부터 비교적 자유로웠던 것은 그녀가 커다란 승리의 월계관을 쓸 수 있었기 때문이다. 하지만 그 놀라운 성취가 있었는데도, 전승은 그녀에 대해 다분히 냉소적 자취를 도처에서 풍기고 있다.

요컨대 남성 중심적 편견이 여기에도 작동한다. 여전히 여성은 헌신과 사랑과 희생의 화신이 되어야 한다는 요구를 물리칠 수 없다. 여전히 여성은 다소곳한 소극성을 품성으로 지녀야 한다는 계율 아래 묶인다. 순종의 미덕을 가진 여성이 아닌, 그러한 인습적 편견에 반기를 든 여성, 그녀의 성공은 심지어 여성 자신으로부터도 폄하의 대상이 되곤 한다. 만약 우리가 여성주의 시각으로 성서를 읽을 수 있다면, 바로 이러한 성서 자신의 곡해된 읽기를 해체할 수 있어야 할 것이다.

그런데 다른 한편, 우리는 밧세바가 보여 주는 모습에서 또 하나의 문제를 읽을 수 있다. 또다시 성공과 실패의 이분법에서 성공을 추구하는 여인/인간, 일반적으로 추구되는 성공/실패의 이분법을 그대로 받아들이면서, 순응하는 실패자로 남기보다는 적극적으로 성공을 이루어 내는 것,

그러한 삶의 자세가 밧세바에게서 여실히 드러난다. 성공/실패의 이분법을 넘어, 행복을 선택할 수 있는 다양한 가능성이 차단된, 그리하여 결국 지배적인 인습적 가치의 틀을 더욱 견고하게 할 뿐인 인생 여정, 바로 이 점을 우리는 비판적으로 읽어 낼 수 있다.

더욱이 소설 『모순』의 안진진처럼 밧세바의 선택은 항상 남성을 전제로 한 선택이다. 그녀의 성공과 실패는 어떤 남성을 선택했느냐에 좌우된다. 그러면 그 적극적 선택의 행위를 하는 존재는 도대체 적극적인 행위 주체인가 아니면 수동적으로 이끌리는 탈주체적 존재인가? 여전히 성의 이분법, 성을 둘러싼 이분법적 가치의 노예인 인간만이 보일 뿐이다.

영웅은 없다
민중의 예언자 엘리야

●

세례자 요한은 자신이 부활한 엘리야임을 보이고자 용의주도한 노력을 기울였다. 광야에서 활동하며, 낙타 털옷, 가죽 허리띠 같은 의복이나 메뚜기와 들 꿀 같은 음식을 먹는 모습은 영락없이 사람들의 기억 속 엘리야 바로 그였다. 「말라기서」의 다음 구절은 사람들의 이러한 기억과 바람의 흔적을 담고 있다.

> 너희는 율법, 곧 율례와 법도를 기억하여라. 그것은 내가 호렙 산 (시나이 산)에서 내 종 모세를 시켜서, 온 이스라엘이 지키도록 이른 것이다. 주의 크고 두려운 날이 이르기 전에, 내가 너희에게 엘리야 예언자를 보내겠다. 그가 아버지의 마음을 자녀에게로 돌이키고, 자녀의 마음을 아버지에게로 돌이킬 것이다. 돌이키지 아니하

면, 내가 가서 이 땅에 저주를 내리겠다.

　　─「말라기서」 4장 4~6절(공동번역성서는 3장 22~24절)

　이처럼 엘리야를 기다리는 대중의 기억은 '종말'과 '심판'에 대한 전통적 인식 코드와 결합되어 있다. 현재에 대한 강한 부정이 다시 도래할 엘리야에 대한 갈망 속에 녹아 있는 것이다.

　"때가 찼다. 하나님의 나라가 가까이 왔다. 회개하여라."(「마가복음」 1:15)라는 세례자 요한의 말은 현 체제에 대한 대중의 불만을 증폭시켜 종말에 대한 신앙과 연계시킨다. 그리고 이것은 예수가 요한의 운동을 계승했을 때, 대중의 기억 속에서 다시 부활한다.

　　예수의 이름이 널리 알려지니, 헤롯 왕이 그 소문을 들었다. 사람들은 말하기를 "세례자 요한이, 죽은 사람들 가운데서 살아났다. 그 때문에 그가 이런 놀라운 능력을 발휘하는 것이다" 하고, 또 더러는 말하기를 "그는 엘리야다" 하고, 또 더러는 "옛 예언자들 가운데 한 사람과 같은 예언자다" 하였다.

　　─「마가복음」 6장 14~15절

　곧 요한의 부활한 몸이 예수라는 대중적 인식은 '엘리야 = 요한'이라는 대중의 믿음과 연결되어, 예수에게서 엘리야를 떠올리는 연상 작용을 낳았던 것이다.

　십자가에 못 박혀 처절한 고통 속에 신음하던 그이는 "엘로이 엘로이 레마 사박다니"라고 절규 같은 고성을 지르며 임종한다. 사람들은 이 소리를 '엘리야'를 부르는 소리로 오인했다(「마가복음」 15:34~35). 필시 이러한 드라마적 상상력은, 예수와 엘리야를 동일시하려는 욕망이 예수의 십자가 처형 장면에 대한 기억에 영향을 미쳐 만들어진 가공의 산물일 것이다. 그만큼 예수는 부활한 엘리야로 인식됨으로써 사람들의 마음에 더욱 깊이 다가갔다. 예수의 실천은 유대 대중의 민중적 상징체계와 맞물림으로써 강력한 대중 전승의 일부를 이루었다. 여기서 예수와 동시대를 산 대중이 가진 문제 인식은, 엘리야라는 900년 전의 인물에 관한 기억과 대화하여 서로를 해석하는 시선이 된다. 엘리야와 예수, 예수와 엘리야. 그리고 민중신학에서 이것은 '예수—전태일'의 해석학적 상호 작용으로 이해되었다.

한편 제2성서(신약성서) 시대의 유대교 주류 담론들, 특히 랍비적 바리새주의Rabbinic Parisaism[1]의 문헌들은 엘리야를 거의 언급하지 않는다. 대중 담론에 대한 그들의 불신 탓이겠다. 예수 운동과 유대교 주류 담론 간의 갈등의 이면에는 바로 이러한, 대중적 희망과 엘리트주의적 희망 간의 상이한 전망이 깔렸다.

그런데도 위에서 인용한 「말라기서」처럼 종말에 관한 상상이 함축된 문서 텍스트 속에 엘리야가 들어올 수 있었던 것, 그리고 그리스도교 문서들 속에 예수와 엘리야가 내적인 연계를 이룬 것은 지식 계층 사이에도 대중적 희망의 체계가 어느 정도 스며들었다는 것을 뜻한다. 아마도 이와 비슷한 이유로, 이슬람교 문헌에서도 엘리야가 '의인'의 반열에

---

[1] 기원후 1세기 말, 2세기 초 이후의 유대교로, 문헌적 종교로 재조직된 유대교.

들어간 것이다.

• •

엘리야는 이스라엘 국 오므리 왕조의 아합 왕 시대에 활동한 예언자다. 오므리(재위: 기원전 885~873)와 아합 왕(재위: 기원전 873~851) 시대 이스라엘은 팔레스티나 역사에서 군주제적 국가를 최고조로 발전시킨 나라였던 것으로 보인다. 그만큼 막강한 국력을 자랑하던 시대였다. 영토만 보더라도, 요르단 동편의 암몬, 그 남부의 모압, 그리고 에돔과 유다를 속국화시켰고, 북으로 갈릴리 북부 지역 끝의 '단Dan'에 이르기까지, 심지어 다마스쿠스 왕국과의 국경인 시리아 남부 지역까지 영토를 확장하였다. 상부 갈릴리 북단의 단과 하솔, 하부 갈릴리의 므깃도와 이스르엘, 그리고 사마리아 지역의 성도 사마리아 등에서 오므리·아합 대에 건조된 거대한 왕궁 및 요새가 발굴되었는데, 그 규모나 세련미가 당대뿐 아니라 후대에까지도 견줄 수 없을 정도로 빼어나다. 특히 이 도시들에서 발굴된 지하 수로나 마구간의 규모는 이 왕조가 얼마가 강력한 위용을 가진 나라를 건립하였는지를 시사한다.

실제로 아시리아의 살만에셀 3세(Sharmaneser, 재위: 기원전 859~824)의 비문에는 아시리아의 서방 원정군에 맞서는 시리아·팔레스티나 연합군의 주축이 이스라엘의 아합 왕이며, 파견된 이스라엘의 군사력이 마전차 2000 승乘과 보병 1만 명에 이르렀다고 기록되어 있다. 그 숫자가 어느 정도 정확한 것인지는 알 수 없지만, 이 연합군에서 최대 규모라는 점만은 의문의 여지가 없다. 아마도 아합의 군대는 평지 전투에 관한 한 아시리아의

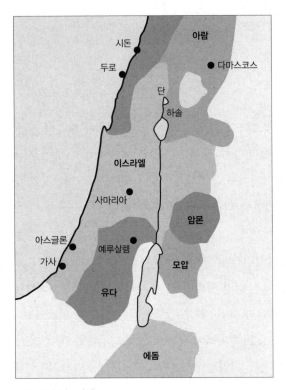

아합 시대 이스라엘

팽창주의를 막아내는 데 매우 효과적이었던 것으로 보인다.

왕궁의 고고학적 흔적에서 드러나듯 아마도 비교적 잘 짜인 관료제가 성립되었던 듯하다. 왕실에서 대규모의 예언자와 사제 집단을 양성했다는 「열왕기」의 묘사를 염두에 둔다면(「열왕기상」 18:19), 관료 조직은 군사 조직만이 아닌, 많은 이데올로그들의 양성 시스템도 포함했다는 것을 알 수 있다.

여기서 주목할 것은 페니키아의 왕녀인 이세벨이 아합의 부인이 되었다는 사실이다. 성서의 전승에는 이 여인에 대한 적개심이 가득하다.[2] 그만큼 이세벨의 상징적 이미지는 아합의 정책에서 중요하다. 「열왕기」는 그것을 바알과 아세라 신앙에 관련시킨다. 하지만 「열왕기」의 저작 집단인 신명기사가는 이 문제를 혼합주의로 다루는 경향이 있는데, 그것은 그렇게 간단한 문제가 아니다.

우선 오므리 왕조의 국가는 여전히 종족 연합체의 성격이 강하였다는 점을 주목해야 한다. 고대의 국가들은 이러한 종족들을 그리 효과적으로 통제하지는 못하였다. 군사적인 통제는 어느 정도 가능했지만, 종족들의 경험과 기억을 통제할 수단과 능력을 갖추지는 못하였다. 그나마 군사적 통합을 지방에 왕 직속의 관료제를 구축함으로써 실현한 것조차도 훨씬 후대에야 가능했다. 영토 곳곳에 설치된 몇몇 군사 요새 정도가 왕의 직속 부대가 배치된 곳이었고, 각 지방의 구체적인 행정과 일상은 지방 토호 세력들에 의해 통제되었다. 그러니 지방 권력과 중앙 권력 간의 비대칭적 동맹의 결과가 전근대 국가들의 실상이라고 할 수 있다.

오므리 왕조도 예외가 아니다. 오므리 왕조의 수도가 둘이라는 점은 이런 관점에서 중요한 사실을 보여 준다. 오므리는 사마리아를 돈으로 사들여서 수도로 삼았다(「열왕기상」 16:24). 반면 다른 수도인 이스르엘은, 나봇의 이야기에서 보듯, 토착민의 땅을 강탈하여 수도로 삼았다(「열왕기상」 21:23). 이는 사마리아 건설이 족속 간의 계약 전통에 의해 왕권이 행사되었다는 것을 보여 주는 반면, 이스르엘은 왕권에 의한 일방적인 강탈로

---

[2] 「열왕기상」 21장의 나봇의 포도원 설화에서 볼 수 있듯, 타인의 재산의 강탈을 망설이는 아합과 용의주도하게 기획하는 이세벨이 대조되고 있다.

구축된 도시였다는 것을 의미한다. 실제로 최근의 많은 고고학자들과 역사학자들은 두 성도를 두고, 한 편은 이스라엘적 전통이 더 강한 반면(사마리아), 다른 한 편은 더 비이스라엘적이라고 주장한다(이스르엘). 요컨대 오므리 왕조는 이중 수도를 통해 두 유형의 통치를 시행했다는 것이다. 하나는 야훼 신앙의 계약 군주적 전통이 그것이고, 다른 하나는 전제군주적 전통이다.

이와 관련해서 이스라엘 국의 왕들은 전통적으로 야훼계 예언자들[3]의 지지에 힘입어서 권력을 획득하곤 했다는 점도 이해할 만하다([표8] 참조). 각 씨족과 부족들과 계약을 맺는 일이 왕권 형성에 중요한 기반이었다. 군주제 시대에도 여전히 지파 동맹 시대의 전통이 여전히 강하게 남았던 것이다.

아마 오므리도 그러한 예언자적 지원을 기대했을 것이다. 「열왕기」에는 오므리를 지지하는 예언자에 관한 언급이 없다. 실제로 그를 지지하는 예언자가 아예 없었는지도 모른다. 하지만 만일 그렇다면 이는 이중 수도를 둠으로써 이스라엘 전통을 존중하고자 했던 그의 정치와 모순된다. 그래서 그에게도 야훼의 예언자들이 있었을 것으로 추정된다. 하지만 그들은

---

[3] 이 용어는 학계에서 정립된 가설에 기반을 둔 표현이 아니다. 그러나 다양한 신들의 예언자들이 존재했다는 것은 의문의 여지없는 사실이고, 지파 동맹 시대의 연합의 전통을 군주제하에서도 지속시키려는 예언 운동이 존재했다는 것 또한 의문의 여지가 없다. 나는 여기서 이들을 '야훼계 예언자'라고 부르고자 한다. 실로 지역 예언자들 존재에서 알 수 있듯이, 이들 전체가 그런 것은 아니더라도, 적어도 일부는 매우 잘 조직되고 매우 지속적인 예언자 집단이었다. 이들로부터 지속된 예언자 전통 속에는 성서의 수많은 설화들이 포함되어 있었을 것이다.

[표8] 이스라엘 왕조사와 왕을 지지한 예언자들

여로보암 1세	아히야 예언자
나답	
바아사	예후 바르 하나니
엘라	
시므리	
오므리	
아합	
아하시야	
여호람(요람)	
예후	엘리사

역사 속에서 잊혀졌다.

아마도 그것은 오므리 당대보다는 후대 사관들의 의도적인 삭제 탓일 가능성이 높다. 오므리나 아합 시대는 국가가 주도하는 제의가 대단히 성행했을 때다. 그러니 이 왕조는 실제보다 훨씬 과장해서 야훼의 예언자들이 자기를 지지했다는 것을 강조했을 가능성이 크다. 그런데 「열왕기」를 집필했던 신명기적 역사가들은 후대의 유다 왕국 사관들이었으니, 적대국이 최고조로 발전했을 때의 역사적 정당성을 의도적으로 훼손하는 노력을 기울였을 것이 분명하다. 그런 과정에서 오므리를 지지하는 야훼계 예언 운동은 없었고, 오히려 오므리 왕조 대 야훼 예언 운동 간의 대립으로 역사화되었을 것이다.

아무튼 오므리 왕은 이스라엘 전통의 관점에서 볼 때 정당성이 가장 낮은 통치자였다. 그는 이스라엘 족속 출신이 아니라 외국인 용병 출신 장군인데다 폭력적인 군부 세력을 등에 업은 지도자였으니 말이다. 쿠데타로 정권을 잡은 직후 디브니를 주축으로 한 세력과의 내란 상황에 빠진 것(「열왕기상」 16:21)은 약한 정당성과 관련이 있을 것이다.

그러나 내란을 극복한 뒤, 이러한 약한 정당성은 오므리 왕조의 강점이 될 수 있었다. 야훼 예언자적인 계약 전통에 의존하지 않는 정권이 탄생한 것이다. 왕조는 더 본격적으로 권력 집중적인 전제군주적 모델을 추구하였다. 오므리가 아들 아합을 페니키아 왕녀 이세벨과 결혼시킨 것도 바로 이런 맥락에서다. 아합은 더 적극적으로 이스르엘에 왕궁을 건립하고, 그곳을 전제적 통치의 기초로 삼았다. 요컨대 오므리·아합의 '혼합주의'적 통치는 한편으로는 이스라엘의 전통을 존중하면서도 다른 한편으로 그것을 넘어서 국가 체제를 견고히 하려는 의지의 소산인 것이다. 이것은 야훼 신앙과 바알·아세라 신앙을 결합한 국가 제의祭儀를 조직해 내는 것으로 나타났다.

그런데 여기서 문제가 된 것은 종교 혼합주의 자체가 아니다. 사실 이러한 혼합주의는 야훼 신앙이 팔레스티나에 등장하던 때부터 일상화된 신앙 형식이었다. 처음부터 고대 팔레스티나의 신들은 서로 화해하고 대화하면서 사람들과 관계했다.[4]

그런데도 오므리 왕조가 바알·아세라 신학을 도입한 것이 문제가 된 것은, 그것이 팔레스티나산產이 아니라 페니키아산이기 때문이다. 팔레스티나에서 바알·아세라 신앙 전통은 대중의 민간신앙에서 다양하게 형성되어 있었다. 그것은 이 지역에 잘 조직된 정치체제가 아직 등장하지 않은 상황과 맞물린다. 하지만 오래전부터 지중해 무역 시장 형성에 뛰어든 페니키아는 매우 발달된 정치조직을 갖췄고 특히 어느 지역보다 사적 소유 개념을 더욱 세밀하게 발전시켰다. 이와 관련해서 페니키아식 바알·아세라 신은 사적 소유의 신적 후견자로서 신학화되었다. 국가의 팽창주의와 왕의 사유재산의 팽창은 이렇게 신학적으로 정당화된 것이다.

오므리 왕조가 이룩한 '국가의 성공'은 국가 신학적 발전의 중요한 단서가 되었다. 대대적인 건조물은 모든 백성에게 그 위용을 드러냄으로써 국가주의적 성공 미학을 홍보한다. 또 국가적인 지원에 힘입은 대규모 제의는 그 화려한 전례 행사를 통해 성공주의를 찬양한다. 반면 국가주의적 신학에 도전하는 자들은 공공연한 억압을 받았다. 많은 이들이 지하로 숨어들었고, 그들의 주장 또한 침묵의 늪 속으로 빨려 들었다. 이제 전 사회

---

4 여기서 우리는 서구의 학자들이 무분별하게 사용해 온 '혼합주의'라는 표현에 대해 좀 더 생각할 필요가 있다. 우선 이 용어 자체가 '시대착오적'임을 지적하지 않을 수 없다. 역사적으로 혼합주의의 문제는 (아합 왕 시대인 기원전 9세기보다 한참 후대인) 기원전 5세기 이후 페르시아에서 귀환한 유대 공동체가 정체성을 형성해 간 몇 세기간의 내외적 이데올로기 투쟁의 산물이기 때문이다. '순수함'을 원리주의적으로 추구한 예루살렘 중심 유대 공동체의 정체성 이데올로기가 과거의 역사를 '혼합'과 '순수'라는 틀로 억지로 짜 맞춘 데서 성서의 혼합주의에 관한 논의들이 자리 잡고 있다.

그런데 '혼합적인 것'은 '순수한 것'을 오염시킨 것이라는 뜻을 내포한다. 하지만 순수함이 먼저 있었고 그것이 오염된 형태로서 혼합적인 것이 후대에 나타난 것이 아니라, 오히려 그 순서는 반대라는 것이 더 타당하다. 그런데도 후대의 발명품인 '순수'가 현실을 규정하면서, 지난 선대의 역사를 원래의 순수함을 오염시킨 혼합주의적 타락이라고 해석했다는 얘기다. 애초에는, 곧 '순수'라는 이데올로기가 자리 잡기 이전에는, 수많은 이질성들이 서로 경합하고 때로는 조합되고 혼재하기도 하는 과정에서 사람들이 살아갔다. 그런 점에서 '순수함'이란, 경험을 왜곡시키는 역사적 발명품에 다름이 아니다.

는 왕조의 찬란한 성공 신화에 온통 사로잡힌 듯했다. 사람들은 그렇게 생각하는 문화 속에서 태어났고 자랐으며, 그 속에서 문법화된 성공 지상주의에 몰두했다.

엘리야는 바로 이 시기에 활동한 비판적 예언자였다. 왕조의 성공 미학이 한참 활기를 띠던 바로 그때다. 어느 나라를 점령했다는 전령의 요란한 말발굽 소리가 연일 들리고, 그 나라에서 보내온 공납물의 행렬이 끊임없이 이어지는 도로 한복판을 거닐면서, 그는 그 화려한 성공에 '불편함'을 느낀다.

그에 관한 「열왕기」의 묘사는 문학 양식상 '전설'에 속한다고 할 수 있다. 고대의 극소수 엘리트인 서기관들의 지적인 매체를 통해 기억된 것이 아니라, 민간전승을 통해 입에서 입으로 오랫동안 간직되어 온 이야기인 것이다. 훗날 예수에 관한 설화처럼 말이다. 그만큼 이 이야기는 대중의 분노와 희망의 언어로 가득하다. 바로 여기에서 우리가 '역사의 엘리야 historical Elia'를 추정할 수 있는 단서를 발견한다.

「열왕기상」 17장의 시돈에 속하는 마을 사렙다의 과부 이야기를 보자. 여기에는 왜 그가 대중적 분노와 꿈의 이야기, 그 속의 메시아적 기억의 대상이 되었는지에 대한 그럴 법한 근거가 함축됐다. 여기서 그가 베푼 기적은 '작은 이'들의 일상적인 고통과 엮여 있다. 다른 예언자들이나 카리스마적 지도자들에 관한 텍스트들은 다분히 이데올로기적인 큰 메시지를 담은 데 반해, 엘리야의 활동은 이념보다는 고통을 당한 사람들의 생생한 역경과 기적적인 극복에 관한 이야기가 주축을 이룬다. 특히 이 본문에서 과부와 어린아이가 그의 기적의 수혜자로 나온다는 점은 대중적 고통의 극한에 가장 가까운 곳에서 그에 관한 애틋한 기억이 잉태되어 자랐다는 사실을 말해 준다. 더구나 그곳은 페니키아 지역이 아닌가. 그녀가 그곳으로 이주한 이스라엘 사람일 수도 있지만, 그렇다고 하더라도 이스라엘 영토 밖에서 예언자적 사역을 한 것은, 국가 이데올로기와의 대결 구도라는 틀로 그의 실천을 해석할 수 없다는 것을 뜻한다. 그의 관심은 국적이나 혈연 문제가 아니라 대중의 고통에 있었다. 요컨대 엘리야는 아합 왕조가 추진하던 강력한 전제군주제 정책이 대중의 희생을 동반하는 것에 대해 불편해하는 대중의 기억 속에서 보존된 것이다.

21장 나봇의 포도원 이야기에서 볼 수 있듯이 권력을 동원하여 왕이나 귀족들이 소농의 토지를 몰수하는 일이 숱하게 일어났다. 하루가 멀다 하고 전쟁이나 부역에 동원되어야 했던 대중으로선 땅을 지키는 일이 너무나 버거웠다. 이런 사회에서 과부나 고아는 무수히 양산되기 마련이고, 당연히 그들의 생존권은 보장될 수 없었다. 부의 극심한 편중 현상은 국가주의의 발전과 관련됐고, 페니키아식 바알 종교에 의해 미학화됐다는 사실은, 엘리야 같은 이들을 통해 대중에게 속속들이 들춰졌다.

갈멜 산은 페니키아와 이스라엘 접경지대에 있는 산이다. 또한 이스르엘 성읍에서 그리 멀지 않은 중요한 요새였다. 그리하여 이곳은 양국의 상이한 종교 전통 간 대립이 빈번한 지역이었고, 이 점에서 이 지역의 상징성은 장소의 점유 주체가 누구인가라는 단순한 문제를 넘어선다. 아합과 이세벨은 이곳에 신전을 세웠다. 아마도 아합의 제사장들과 예언자들은 이 신전이 야훼와 바알을 기리는 것이라고 주장했을 것이다.

그런데 엘리야는 대중을 선동하여 이들을 몰살한다(「열왕기상」 18장). 그것은 야훼의 신전이 아니라 페니키아의 신전, 곧 바알의 신전이며 동시에 반야훼의 신전이라고. 그래서 이 신전을 태워버리고 그 예언자들을 몰살해야 한다고…….

성서가 묘사하듯 1000명에 이르는 대대적인 학살극이었는지는 알 수 없다. 너무 과장된 얘기 같다. 이것이 실제 사실에 기반을 둔 것이라면, 분명 훨씬 소소한 사건이었을 것이다. 그런데도 그는 이 거사가 혁명으로 발전하기를 기대했는지 모른다. 하지만 그는 이세벨의 공권력에 추격당하는 신세가 되었고, 유다 남부 네겝 지역인 브엘세바로까지 도주해야 했다.

● ● ●

주님의 천사가 두 번째 와서, 그를 깨우면서 말하였다. "일어나서 먹어라. 갈 길이 아직도 많이 남았다."
—「열왕기상」 19장 7절

무언가 바라던 것을 얻었다고 생각하는 순간, 와르르 무너져 내린다. '도로 아미타불'이라던가. 그동안 그것을 위해 투자했던 그 열정, 그 고뇌, 그 고통…… 그것을 위해 얼마나 많은 자신의 삶을 소비했으며, 얼마나 많은 주위 사람에게 아픔을 줬던가? 이 모든 것을 계산할 틈도 없이 엄습해 오는 좌절감. 일어설 기운도 없다. 하지만 나자빠져 있을 여유조차 허락되지 않는다. 수습할 일이 태산이다. 아니 줄행랑이 최선일 듯.

기절할 지경이건만, 달음질하는 발걸음을 멈출 수 없다. 수백 번 기도했고, 수천 번 운명을 원망했다. 발바닥이 땅에 교차하며 닿을 때마다 간구와 욕지거리가 반복된다. 그러다 나자빠진다. 아마도 짙은 어둠이, 깊은 수풀이 위안이 됐나 보다.

흙더미에 처박은 얼굴로 땅의 숨결이 느껴진다. '이렇게 보드랍다니. 왜 그토록 달음질쳤지. 이렇게 포근한 땅이 기다리는데.'

잠이 들었다. 주검 같은 자세로 긴 잠에 빠졌다. 며칠이 지났는지 몇 년이 지났는지 몇 겁이 지났는지 모른다. 하지만 그에겐 이 모든 시간이 밤이었다. 누구도 깨울 수 없는 깊은 숲 속에서, 누구도 깨울 수 없는 그만의 밤을 꼼짝도 않고 보냈다. 스스로 깨어날 때까지.

눈을 떴다. 이곳이 극락인지 이승인지는 몰라도 어쨌든 깨어났다. 아무도 부르지 않았건만 저절로 깨어났다. 몸이 저려 온다. 마치 뼈다귀만 남은 몸뚱이에 살이 붙고 숨과 온기가 돋듯, 온몸이 저리게 아팠지만, 아마도 이것이 부활의 통증이려니 했다. 깨어난 세상이 어디든 간에, 상쾌하다. 고통의 우물 속에 상쾌함이 삼투하여 스며든다. 저것이 온통 퍼지면 온전한 부활의 몸이 되겠지.

잠들기 전의 기억이 되살아난다. 그 잔재처럼 달음질하다 부상당한 곳곳에서 통증의 신호가 보내진다. 허기진 뱃속에선 몸뚱이를 지탱할 만한 한 톨의 에너지조차도 바닥났음을 알린다. 하지만 부활한 몸뚱이엔 절망 대신 희망의 씨앗이 발아하고 있다. 일어났다. 그리고 걸었다. 달음질 대신 여유로운 맘으로 걸었다. 마치 목적지를 향해 가듯 단호한 발걸음으로 걸었다.

모세가 백성을 해방하려다, 이집트 군대에 쫓기고, 동족에게 내침당해서 쓰러질 듯 도망치다 닿은 곳. 그곳에서 모세는 백성을 이집트에서 해방하라고 부름을 받았다더라.

이집트에서 탈출하면 곧 바로 신세계가 펼쳐질 줄 알았다더라. 그러나 황량한 광야뿐. 절망과 원망이 가득했다더라. 황당한 심사로 무작정 걷다가 닿은 곳. 그곳에서 모세는 신세계를 향해 가는 비법을 받았다더라.

그는 '시나이 산'을 생각했다. 목적지다. 모세 이래 아무도 못 가 봤다는 곳, 야훼를 만날 수 있다는 곳, 하지만 살아서는 결코 볼 수 없다는 곳. 어딘진 몰라도 그곳을 향해 가고 있다. 남쪽이어도 좋고 북쪽이어도 좋다. 그곳이 어디든, 발길 닿는 곳은 '시나이'일 테니까.

비로소 깨달았다. 시나이가 동서남북 어느 편에도 없다는 것을. 그토록 많은 사람이 찾아 헤매어도 아무도 발견하지 못했던 것을. 만약 그곳이 북쪽 어느 곳에 있었더라면, 세겜처럼, 실로처럼 서로 제 것 삼겠다고 다투었으리라. 오므리가 은 두 달란트로 사마리아를 산 것처럼, 돈 있는 놈이, 권세 있는 놈이 차지하고는 저만을 위한 장소로 삼았으리라. 만약 그곳이 남쪽 어느 곳에 있었더라면, 다윗이, 솔로몬이 예루살렘에 성전을 짓고는 자기만을 축복하는 신이 계신 곳이라고 떠벌렸던 것처럼, 신도 독점했으리라. 하지만 야훼가 계신 곳, 야훼를 만날 수 있는 곳, 야훼와 이야기를 나눌 수 있는 곳, 시나이는 그 누구도 독차지하지 못하도록 그 어디에도 존재하지 않는 미지의 산이었다.

그러나 그는 또한 깨달았다. 바로 자신이 존재하지 않는 그곳으로 간다는 것을. 죽음처럼 깊이 잠자던 이가 깨어나는 곳, 절망에서 희망이 샘솟는 곳, 주검의 부활 사건이 일어나는 곳, 바로 그곳에서 머지않은 자리에 자신이 있다는 것을, 누구도 독차지 할 수 없는 그곳에 자신이 다다랐다는 것을, 야훼를 맞이했다는 것을…….

비로소 들을 수 있었다. 광풍 속에서, 대지진 속에서, 큰 불 속에서, 웅대한 대사건 속에서, 바알의 접신자(예언자)들을 몰살시켰던 '갈멜 산 사건' 속에서 도무지 들을 수 없었던 것을. 그것은 미지의 산 시나이에서 '미세함'으로 다가오는 소리였다.

야훼의 나라를 대망하는 사람, 저주 아래 있으리라.
얻으려 하면 할수록 아무것도 갖지 못할 것이기 때문이다.
야훼의 나라를 대망하는 사람, 축복 아래 있으리라.
아무것도 갖지 못함을 아는 순간, 모든 것을 얻을 것이기 때문이다.[5]

언젠가 들었던 소리다. 이미 온 세상을 향해 울려 퍼지고 있었던 게다. 온갖 말이 창궐한 세계에서 무수한 말을 지껄였고 무수한 말을 들었건만, 그리고 이와 같은 소리를 말하기도 했건만, 이 소리는 사실상 자신에겐 아무 의미도 없는 소리였다. 세상에서 가장 아름다운 것들을, 가장 고상한 진리를, 그리고 신의 위대함을 이야기하고 다녔어도 말이다. 그런데 아무것도 이야기 할 수 없는 지금, 그 소리가 들린다. 침묵 속에 떠오르는 소리인 게다. 바로 '시나이로 가는 길'에서만 들리는 소리였던 것이다.

---

[5] 「마태복음」 5장의 8복 선언을 염두에 두고 가공한 것이다. 하지만 엘리야에 관한 기억은 예수에 관한 기억과 유사한 형식을 띤다. 그것은 이 두 존재가 사관이 아니라 대중의 구술을 통해 전승된 메시아적 존재이기 때문이다. 실제로 예수는 다시 온 엘리야처럼 대중에게 기억되었다.

엘리야. 그는 칼을 든 예언자다. 혁명가다. 그러나 성공한 혁명가가 아니다. 그는 실패했다. 그리고 좌절하는 모습을 보여 줄 틈도 없이 역사의 무대에서 긴급히 사라져야 했다. 하지만 대중은 바로 그 실패 때문에 괄호 쳐진 후속의 이야기를 채워 넣어야 했다. 성서는 엘리야의 미완성 교향곡을 완성시킨 대중 기억술의 단초를 보여 준다. 그의 실패에도 불구하고, 아니 그 실패로 말미암아, 그는 대중에게 실패는 곧 더욱 온전한 성공의 흔적임을 알려 주었다. 대중은 엘리야로 말미암은 온전한 성공의 담론을 창조하는 주역으로, 곧 '민중'으로 탄생한 것이다.

그것은 하나의 거대한 사건을, 그 속에서 영웅이 탄생하고 그의 뒤를 추종함으로써 거대한 변화가 이루어지는 사건을 통해 단번에 확보되는 그런 성공의 파노라마가 아니다. 아니 오히려, 약간의 성공과 약간의 실패가 끝없이 교차하는 가운데 되는 듯 마는 듯 만들어지고, 끝없이 지양되면서 펼쳐지는 일상적 사건의 연쇄이다.

영웅은 없다. 메시아도 없다. 그러한 성공의 화신으로서 '영웅/메시아/신의 죽음'에 관한 예언자적 성찰이 있을 뿐.

규방 속에 갇힌 민족의 구원자

에스더

●

　성서 전문가들 사이에서, 「에스더기」(「에스델서」 공동번역)는 제1성서(구약성서) 가운데 가장 주목을 덜 받는 책의 하나일 것이다. 또 설교 본문으로도 가장 드물게 사용되는 텍스트의 하나가 바로 이 책이라 추정된다. 뿐만 아니라 교회의 수요 성경 공부 모임이나 대학생들의 'QTquiet time' 강독 본문으로도, 나아가 가족 예배 본문으로도 이 책은 매우 드물게만 사용될 뿐이다. 그런데도 오래된 그리스도교인들 가운데 아마 이 책의 줄거리를 모르는 사람은 없을 것이다. 적어도 에스더는 성서 전체에서 가장 많이 알려진 여성 가운데 한 명임이 분명하다. 교회에서 여신도회의 이름으로 가장 애용되는 것도 단연 에스더다.

　이러한 현상을 도대체 어떻게 설명해야 할까? 제1성서 가운데 「룻기」와 더불어 여자의 이름이 책 제목으로 된 또 한 권이 바로 「에스더기」라는 사실이 그 한 이유가 될 수도 있다. 하지만 무엇보다도 줄거리가 간명하면서도 구성이 치밀하고 흥미진진하게 전개되어, 대충 읽더라도 대번에 내용에 빠져 버릴 만큼 통속적 재미를 준다는 점이 이 책이 가진 인기의 가장 결정적인 비결일 것이다.

이러한 사정은 오래전 정전Canon이 형성되던 시절에도 마찬가지였던 것 같다. 유대교의 경우만 보더라도 그렇다. 현존하는 가장 오래된, 유대교 전통을 생생하게 보전하는 쿰란의 문서들(기원전 150년경~기원후 68년 사이)에는 「에스더기」가 정전에 포함되지 않았다. 또한 이 책이 널리 낭송되던 '부림절 축제'¹는 제1성서가 규정하는 유대의 주요 명절이 아니었다(오늘날 이스라엘에선 매우 중요한 명절에 속한다). 또 기원후 90년경의 얌니아 회의에서도 이 책을 정전에 포함시키지 않았던 것으로 보인다. 정전에 포함된 시기는 기원후 2세기 중반, 또는 3세기, 심지어 어떤 견해에 따르면, 4세기까지 늦춰진다.

그리스도교의 경우 사정은 더하다. 정전에 포함되는 문제에 대해 합의된 바가 없다고 하는 편이 나을 듯하다. 다만 서방 그리스도교에서는 이 책을 정전에 포함하려는 시도가 더 많았던 반면, 동방 교회 전통에서는 대체로 거부되는 경향이 강했다. 아마도 서방 교회 전통이 그리스도교의 다수자로 부상하는 과정에서 이 책의 정전성이 확증되었을 것이다.²

그러나 이러한 고대의 유대교나 그리스도교 엘리트들의 판정과는 달

---

1 아달 월(현대의 2~3월) 14~15일에 지키는 유대의 절기로, 페르시아 시대 때에 적들의 학살을 모면한 것을 기리는 축제다. 「마카베오서 하」 15장 36절에는 '모르드개의 날'이라고 언급됐다.

리, 이 책은 일찍부터(아무리 늦어도 기원전 2세기 중반 무렵) 대중 사이에서는 널리 사랑받는 텍스트였다. 부림절 축제가 전투적 민족주의가 기승을 부리던 마카베오 봉기 시대[3]에 대대적인 민족 절기로 활용되었다는 점을 감안한다면, 필시 이 책의 인기 비결 가운데 하나는 민족주의적으로 고조된 시대 정서와 깊은 관련이 있을 것이다. 하지만, 그렇다 하더라도, 유독 이 책이 다른 것보다 크게 인기가 있었던 것은, 역시 흥미진진한 내용과 통속적 구성 덕일 것이다.

　우리는 「에스더기」를 '통속소설'로 분류하고자 한다. 소설이란, 작가가 작중에 등장하는 타인의 눈을 통해 사건을 관찰할 뿐 아니라, 작중인물을 통해 사건의 해석을 추구하는 글쓰기의 특징을 갖는다. 이때 작가의 해석은 텍스트의 구성이나 문체에 스며져 있다. 독자는 종종 이러한 문체와 구성의 호소력에 이끌려 작중인물들에 스스로를 감정이입함으로써 저자의 해석에 연루된다. 이 경우 독자는 작중인물, 특히 주인공의 시선과 자신을 동일시한다. 곧 저자가 구성한 주인공의 시선에서 텍스트를 보는 것이다. 그런데 저자는 종종 이러한 동일시를 유도하려고 타당성이 없는 이야기를

---

2 한편, 기원전 2세기경~기원후 1세기경에 이 책이 헬라어로 번역되는데, 이 헬라어 번역본('칠십인역본 성서')에는 히브리어 본문에는 없는 많은 본문들이 포함됐다(히브리어 「에스더기」의 속편으로서가 아니라, 「에스더기」의 여기저기에 첨가된 부분으로). 4세기 제롬이 번역한 '라틴어 성서'(불가타역본)에는 제1성서 텍스트에 없는 라틴어 첨가구를 따로 모아, 「에스더기」 후미에 첨가 부분으로 붙여 놓았으며, 이후 종교 개혁가 마르틴 루터는 이를 위경으로 분류했고, 로마 가톨릭 교회는 1546년 트렌트 공의회에서 이것을 '제2정경'으로 공식 분류했다. 이 부분은 한글판 공동번역성서 외경 부분에 '에스델'(제2경전/외경)이라는 이름으로 수록됐다.

3 봉기가 발발한 기원전 166, 167년에서 하스몬 왕조가 성립한 기원전 142년 사이.

[표10] '(아르타)크세르크세스'들의 연대기

바빌로니아	느부갓네살	기원전 605~562년
페르시아	① 크세르크세스(Xerxés) 1세	기원전 486~465년
	② 아르타크세르크세스(Artaxerxes) 1세(아르닥사 싸(공동번역)/아닥사스다(새번역)	기원전 465~424년
	③ 크세르크세스 2세	기원전 424년
	④ 아르타크세르크세스 2세	기원전 405/4~359/8년
	⑤ 아르타크세르크세스 3세	기원전 359/8~338/7년

만들어 내기도 한다. 바로 여기에서 글은 '통속성'을 지닌다.

여기서 우리가 주목하려는 것은 「에스더기」 저자가 통속적 해석을 유도하려고 배치한 이야기의 구성 요소들 가운데 '성 sexuality'이 어떻게 다뤄지는지를 살펴보려는 데 있다. 그것은 우리가 이 텍스트의 전개에서 가장 중요한 요소가 바로 성의 문제라고 보기 때문이다.

● ●

「에스더기」 1장 1절에는 이야기가 아하수에로 왕 때의 일임이 명시됐다. 그리스 텍스트에 나오는 이름인 '아하수에로'를 라틴어 텍스트는 '크세르크세스'라고 표기한다.[4] 페르시아 제국의 왕 가운데 이런 이름을 가진 또는 유사형을 가진 통치자는 모두 다섯 명이나 된다.

---

[4] 아하수에로와 크세르크세스는 이 왕의 고대 페르시아어 명칭인 '크하샤야르샤 Khashayarsha'에서 유래하였다.

이 다섯 명 가운데 「에스더기」 1장 1절의 아하수에로가 어느 (아르타) 크세르크세스인지(=아닥사스다) 판정하는 것은 불가능하다. 이 소설에 나오는 어떤 인물도 시대를 추정할 만한 근거를 제공하지 않는다. 또한 에스더의 양부인 '모르드개'가 느부갓네살 왕 때 포로로 끌려온 유대인의 한 사람이라는 언급(2:6)에 따른다면, 가장 이른 크세르크세스인 '크세르크세스 1세'(Xerxes I. 재위: 기원전 486~465년)가 바로 그 인물이라고 보는 게 가장 타당성이 있다. 하지만 그렇게 본다고 해도 여전히 문제가 남는다. 유대인이 집단적으로 바빌로니아에 의해 강제 유배된 것이 최소한 세 번이고, 그중 가장 마지막 유배가 기원전 586년 유다 왕국이 멸망할 때의 유배인데, 모르드개가 이때 유배된 사람이라고 해도, 크세르크세스 1세 통치 원년에 그의 나이는 최소한 120살쯤 된다고 할 수 있다.[5] 이것은 작가가 세계사 속에 이야기를 맥락화시킬 때 그 역사성 자체를 중요하게 여기지는 않았다는 뜻이 될 것이다.

반면 위에서 본 것처럼, 이 소설은 '성性'을 중요한 소재로 끌어들인다. 그것은 '와스디Vashti' 왕후가 폐비된 경위에서 단적으로 드러난다. 거국적인 축제가 벌어지고, 수많은 관료들과 봉건 제후들이 속속 궁중으로 모여든다. 연일 계속되는 축제의 마지막 날, 거나하게 술이 취한 왕은 왕후를 호출한다. 그녀의 미모를 신하들에게 자랑하려는 것이다. 그러나 왕후는 이를 거절했고, 결국 그녀는 폐비당하는 신세가 되었다. 고대 로마

---

5 유대인이 바빌로니아에 유배된 최후의 시점이 대략 기원전 586년인데, 당시 모르드개의 나이가 20살이라고 하면, 그때부터 크세르크세스 1세의 통치 원년인 기원전 486년까지 계산하면 120세라는 계산이 나온다.

의 역사가 '헤로도토스'가 전하는 한 이야기에 따르면, '루디아' 국(소아시아의 서머나 동부 지역의 성읍 국가)의 군주 '칸타울레스'는 신하에게 왕후를 자랑하려고, 그녀를 벌거벗게 했다고 한다. 후대에 유대교의 한 랍비는 와스디가 호출된 상황은 왕이 그녀에게 관만 쓰고 벌거벗은 채 나오라고 명한 것이라고 해석하기도 했다.

하지만 본문 자체에선 그러한 해석의 근거는 전혀 없다. 헤로도토스가 비난조의 태도로 묘사하는 칸타울레스의 경우와 대조적으로, 이 소설의 작가는 잘못이 와스디에게 있다는 점을 암시한다. 요컨대 왕의 무리한 요구가 이 사태의 원인이 아니라, 왕의 당연한 요구를 왕후가 부당하게도 거절했다는 점이 문제였다는 것이다. 곧 여기서부터 이미 본문은 '여성다움'에 관한 강력한 메시지를 전달한다.

크게 노한 왕은 대신들을 불러 왕후에 대하여 의논한다. 여기서 그들은 궁중에서 일어난 한 에피소드를 제국 전체 여성들의 문제로 확대해석한다. 회의는 여성들이 지아비의 명을 거스르는 것을 금지시키는 법령을 반포하는 것으로 결론을 낸다. 여성이 지아비에 순종하는 방식만이 정당한 성적 정체성을 형성하는 길이라는 주장이 깔린 것이다.

와스디의 폐비 후, 왕후 간택을 위한 캠페인이 벌어지고, 제국 각처에서 선택된 여인들이 궁중으로 들여보내진다. 1년이라는 짧지 않은 기간 동안 여인들은 이곳에서 수련을 받는데, 아마도 여인다운 예절과 품성을 닦는 것이 수련의 주목적이었을 것이다. 이 '여성 만들기 프로젝트'에서 본문이 특히 강조하는 것은 '몸치장'이다.

양부養父인 모르드개의 언질에 따라 에스더가 자신의 혈족과 인척 관계를 숨길 수 있었다는 건, 독자들에게 왕후 간택의 절차에서 혈연적 유대가 아무런 영향도 미치지 못한다는 인상을 준다. 사실이든 아니든, 당시 대부분 사람들의 정체성 형성에 가장 결정적인 중요성을 지녔을 법한 가문의 문제가 여기서는 무시되는 것이다. 여성에게는 외모 이외에 아무것도 필요 없다는 뜻일까? 한편, 어쩌면 이러한 이야기 속에는 신데렐라 동화 같은, 가난한 여인네의 소박한 꿈을 짓누르지 않으려는 저자의 통속소설 작가다운 배려(?)가 있는지도 모른다. 아무튼 이 소설에서 여인의 성은 지아비인 남성을 위해 존재하는 것이고, 그것이 다른 어떤 것보다 중요하다는 사실이 강조된다.

에스더가 왕후가 되는 과정은 바로 이러한 왕후 간택 절차에서 그녀가 가장 눈에 띄는 여인이었다는 사실과 직결된다. 이미 그녀는 '여성 만들기 프로그램' 책임자의 눈에 들었다. 그는 그녀의 몸치장을 위해 시녀를 일곱이나 붙여 줬으며(2:9), 분명 이들 시녀들은 그런 치장의 최고급 전문가들이었을 것이다.

후보자들이 하나씩 왕 앞에 선을 뵐 때는 모든 몸치장의 문제가 그녀 자신에게 맡겨진다. 하지만 그녀가 누릴 수 있는 자율이란 기껏해야 자신의 몸을 왕에게 어떻게 잘 보이느냐에 국한된다. 왕과 하루라도 동침하면 소위 '팔자 피는' 세월이 오는 반면, 그렇지 않으면 나인으로서 남을 치장하는 일 또는 궁중의 허드렛일을 하는 것으로 평생을 보내야 한다. 에스더는 왕 앞에 나갈 때 지나친 치장을 삼간 채, 전문가의 조언에만 따랐다고 한다(2:15). 여기서도 에스더의 출중함보다는 여자 만들기 전문가의 능력이 중요하게 부각될 뿐이다. 요컨대 에스더가 왕후가 된 결정적 비결은 궁중에서 수련된 그녀의 성적 정체성과 연관된다.

이제 이야기는 본론에 본격적으로 돌입한다. 여기서 이야기의 갈등 구조는 여성과 남성 간의 성적 정체성에 관한 것에서 민족적인 문제로 옮겨간다. 한편엔 모르드개가 있고 다른 한편에는 하만이 있다. 전자는 유대인으로서 궁궐 문지기였던 같고, 후자는 페르시아인이고 제국의 2인자인 지엄한 관료였다. 처음부터 양자는 게임의 상대가 되지 못한다. 그러나 하만은 계속해서 모르드개를 의식하고 그를 견제하려고 제국 전체에 대한 인종차별 정책을 구상한다. 지극히 허구적이다. 그러나 유대인이 독자라면 이 이야기는 바로 그 허구성 때문에 더욱 흥미진진하다.

이야기의 전반부는 하만의 주도에 의해 전개된다. 와스디 폐비 사건이나 에스더를 왕후로 간택하는 데서 보듯 왕은 허수아비처럼 행동하고, 정해진 방식의 유혹의 선에 따라 일차원적으로 반응하는 존재일 뿐이다. 요컨대 왕은 지엄한 직위에 있으나 수동적인 행위의 주체로만 등장할 뿐이다. 그가 선정을 펴든 악정을 펴든 관건은 왕 자신의 지혜로움과는 무관하다. 전반부 악정의 주도권은 하만의 조정에 의해 이루어진다.

제위 12년 니산 월에 하만은 제비뽑기(불, pûr)를 통해서 유대인을 처형하는 때로 아달 월을 택했다. 거사일을 1년이나 뒤로 미룬다는 것 또한 허구적이다. 한 해의 처음에 시작된 음모를 그해 마지막에 실행한다는 것은 아마도 독자를 위한 배려일 것이다. 하지만 이미 독자들이 기대하듯이 모르드개에게는 양녀 에스더가 있다. 그가 왕후를 만난다면 어쩌면 이 위기가 해소될 수 있을지 모른다는 바람 속에서 독자는 소설의 전개에 주목한다.

저자는 대번에 둘을 만나게 해 이런 궁금증을 단숨에 해결하려고 하지는 않는다. 뜸을 들이는 여러 장치를 마련한다. 모르드개는 혼자 끙끙 앓으며 단식을 하면서 통곡하고, 궁녀들은 내왕하면서 에스더에게 이러한

[표11] 유대의 달력

	1월	2월	3월	4월	5월	6월
유다력	니산	이야르	시완	탐무스	아브	엘룰
현대의 태양력	3~4월	4~5월	5~6월	6~7월	7~8월	8~9월
	7월	8월	9월	10월	11월	12월
유다력	티쉬리	헤스완	기슬르	테벳	스밧	아달
현대의 태양력	9~10월	10~11월	11~12월	12~1월	1~2월	2~3월

사정을 일러 준다. 둘 사이에 교신은 직접적 대면을 통해서가 아니라, 감질나게도 '하닥'이라는 내시를 통해 이루어진다. 이렇게 어렵사리 연결된 간접 대면에서도 문제가 단순하게 풀리지 않는다. 양부를 돕고 싶어도 에스더가 왕 앞에 나가서 간청할 처지가 아니었던 것이다. 그렇다면 도입부에서 폐비를 당한 와스디와 다를 바 없는 셈이다. 결국 기대했던 에스더의 입장은 실제로 매우 난처한 상황이라는 게 독자들에게 인지된다. 하지만 4장 16절에서 에스더의 그 유명한 "죽으면 죽으렵니다."라는 말에서 독자들은 무언가 해결책이 있음을 암시받는다. 저자는 긴장을 극한으로 끌고 가면서도 해결책을 향한 암시를 잊지 않는다.

에스더는 왕의 시야에 들어오는 곳에 서 있음으로써 일단 왕과의 대면에 성공한다. 하지만 그녀는 모든 상황을 고하는 게 아니라, 왕과 하만을 자신의 잔치에 초청한다. 독자는 뭔가 이야기가 풀림을 직감하지만 그 방식이 궁금하다. 그러나 그 잔치에서 벌어진 건 여흥이 고조됐다는 것뿐이다. 그다음 날 잔치에 다시 초대하겠다는 에스더의 청에 이야기는 하루 더 지연된다. 그날 밤, 하만은 퇴궐하면서 모르드개의 방자함에 분이 터지고, 왕은 우연히 과거의 역사 기록을 보다 왕에 대한 암살 음모를 고발한 공적을 올린 모르드개를 기억한다. 모르드개를 죽일 생각에 50자짜리 기둥을 세운 하만을 향해 왕은 공신에게 어떤 보답을 할 것인가를 묻는다. 하만은 그 공신이 바로 자신이라는 생각에서 어의御衣와 말을 내려서 시내 광장을 돌게 하는 것이 좋겠다고 청한다. 거기에는 왕의 다음 지위임을 만천하에 공포한다는 뜻이 숨겨 있다. 그러나 뜻밖에도 모르드개가 그 장본인임을 알고 그는 당황해 어찌할 줄 몰라 한다.

다시 잔치 자리. 왕과 하만의 대화에서 상황이 역전되는 것을 짐작하는 독자에게, 도대체 어떤 방식의 결말이 있을까를 기대하는 독자에게, 이날 잔치는 진정으로 기대를 저버리지 않았다. 시청률을 높이려고 이야기를 질질 끄는 여느 드라마와는 달리, 결말 순간을 놓치지 않은 것이다. 에스더는 왕후 살해 음모를 왕에게 고발하고, 하만은 졸지에 왕후를 죽이려는 음모꾼이 된다. 그녀가 유대인 출신임을 꿈에도 눈치 채지 못한 하만은 왕후에게 다가가 하소연하는데, 왕은 이것이 왕후를 겁탈하려는 것으로 착각하고는 하만을 죽이기로 결정을 내린다. 하만의 최후는 공교롭게도 그가 모르드개를 죽이려고 세웠던 장대에 매달리는 것이었다.

여기서 에스더는 끝까지 자신의 여성적 매력을 통해서 문제를 해결하고, 하만의 처형 결정이 내려진 것도 하만이 에스더의 성적 매력을 탐닉하려 한다고 착각한 왕의 분노에 근거한다. 요컨대 본문에 의하면 에스더의 문제 해결 방식은 그녀가 자신의 성을 '지혜롭게' 잘 사용했다는 걸 강조한 것처럼 보인다.

저자는 노련하게도 이제 이야기 진행 속도를 매우 빠르게 전환시킨다. 모르드개는 하만의 벼슬과 재산을 접수했고, 유대인 말살 정책을 폐기했을 뿐 아니라, 도리어 유대인을 죽이려는 음모에 동참한 자를 무차별 살상하라는 칙령을 내리게 한다. 그리하여 거사 날, 곧 아달 월 13일에 유대인들을 죽이려 했던 사람들이 도리어 유대인들에 의해 닥치는 대로 살해된다. 전국에 걸쳐 무려 7만 5000명이 죽었고, 하만의 아들 열 명도 죽임을 당한다. 그리고 축제는 다음 날인 14일까지 계속되는데, 이 날을 유대인들은 부림절로 기렸다. 그리고 저자는 마지막에 반드시 포함되어야 하는 결말을 잊지 않는다. 모르드개는 왕의 위대한 대신이 되어 유대인들의 기억에 길이 남았다고.

이상에서 우리는 이 책의 본론이 집중적으로 강조하는 것이 다름 아닌 민족주의임을 본다. 이방의 여인으로 인해 야훼가 내민 구원의 손길이 몰락한 한 가문 위에 내렸다는 「룻기」와는 사뭇 대조적이다. 더욱이 그 민족주의의 내용이 엄청난 폭력도 마다하지 않는 전투적 성격을 지녔다는 점을 본다.

● ● ●

우리는 「에스더기」에서 표현되는 주체 형성의 요소가 두 가지로 압축됨을 본다. 하나는 성, 특히 '여성다움'의 문제이고, 다른 하나는 유대 민족주의, 곧 '유대인다움'의 문제이다. 소설을 읽는 독자라면 여기서 가장 중시되는 것은 민족주의임을 알 수 있다. 그 내용은, 앞서 말했듯이, 적에게 가혹함을 결코 아끼지 않는 과도한 배타적 민족주의이다. 물론, 필시 식민지 경험을 통해서 습득되었을, 국제적 관계의 긴밀함에 대한 인식이나, 우호적 이방국에 대한 이해심까지 배제하지는 않는다. 하지만 적성국에 대해서는 가차 없는 공격성을 드러내는 민족주의가 본문에서 미화되고 있다. 학자들은 부림 절기가 널리 준수되던 때가 반제국주의적인 마카베오 항쟁이 한창 벌어지던 때라는 사실(「마카베오서 하」 15:36)과 연관시키면서, 「에스더기」 저자의 시대적 배경을 이 당시로 보는 경향이 있다. 당시 마카베오 혁명군은 반제국주의 전쟁을 치루면서도 외교 관계를 적절하게 활용했다. 아무튼 「에스더기」의 민족주의는, 시대의 절실한 요청에 부응한 것이든, 그런 절실함이 식어 버린 시대를 아쉬워하며 그것의 새로운 부활을 꿈꾸는 것이든, 분명 민족주의라는 대강령 속에 모든 것이 희생될 수 있다는 점을 강조한다.

여기서 성에 대한 두 가지 규제 방식이 드러난다. 하나는 남성 중심적 가부장제 사회에 의해 조율되어야 한다는 것이고, 다른 하나는 민족을 위해서 봉사하는 성만이 의미가 있다는 규율이다. 소설은 교묘하게 둘이 모순되지 않고 합류함을 이야기한다. 실제에선 둘이 종종 모순될 수 있는데도 그것을 논쟁할 생각은 저자에겐 전혀 없는 것 같다. 곧 여자는 모름지기 여자다움을 통해서 민족을 위해 헌신하라는 주장 정도가 이 책의 주된 논조가 아닐까? 물론 여기에는 또 하나의 세계관이 숨어 있을 것이다. 남성은 남성다운 용맹과 지혜로써 민족을 위해 생명을 바치라고. 요컨대 '가부장제적 민족주의!'

지배 이데올로기는 각 사람들에게, 그들의 현실적 여건이 어떠하든 간에 현존하는 지배적 담론이 추구하는 프로그램이 정당하며, 그것이 자신들의 행복을 위한 최선 또는 차선의 선택이라는 일종의 '판단 마비 효과'를 야기한다. 바로 이러한 이데올로기적 호명 과정 속에서 주체들이 형성된다. 그래서 각각의 성적 주체들은 자신들이 가부장제의 대리인이라고 오인하며, 또 민족 구성원들은 민족의 대리인으로 스스로를 오인한다. 그래서 가부장제를 지키는 투사라는 자신의 정체성을 마다하지 않고, 또 기꺼이 광신적 민족주의자가 되는 것이다. 이러한 허구적 주체를 만들어 내는 장치 가운데, 이스라엘에서는 「에스더기」가 한 역할을 했음직하다.

4

열두째 마당 • 우리 안의 악마성에 대한 욕망과 투사_**가룟 유다**

열셋째 마당 • 자발적 마녀_**사마리아의, 남편 일곱인 여인**

열넷째 마당 • 성모라는 무거운 짐을 짊어진 여인_**인류의 대모(大母) 마리아**

열다섯째 마당 • 예수 없이 '예수'를 이루는 법_**거라사의 광인(狂人)**

우리 안의 악마성에 대한 욕망과 투사

가롯 유다

●

창문을 열자 저편에 유리 장수가 보인다. 째지는 듯한 그의 불협화음적 외침은 무겁고 더러운 파리의 분위기를 통해 나의 방을 덮친다.

순간 저 불쌍한 친구를 향한 이유 모를 증오심에 사로잡힌다.

"어이! 어이!" 그를 불렀다. 7층까지 비좁은 계단을 올라오려면 꽤나 고생하겠군. 모서리 벽에 부딪치고 긁히고, 저 친구 짊어진 등짐 곳곳에 기스가 나는 상상을 하자니, 쾌감이 솟구친다.

마침내 그가 올라왔다. 모든 유리 제품을 속속들이 살핀 뒤 그에게 물었다. "이게 뭐요. 색유리가 없단 말이요? 빨간 유리, 푸른 유리, 장밋빛 유리…… 저 마술 같은 유리, 천국의 유리, 하나도 없다고? 어처구니없군. 이 양반아, 이 가난한 동네에 색유리 하나 없이 돌아다닌다고? 구차스런 인생을 화려하게 바꿔 놓는 색유리도 없이 말이야?"

나는 그를 사정없이 밀쳐 버렸다. 비틀거리며 뒤로 밀린다. 입 모양을 보아, 그는 뭔가를 투덜거린다.

나는 발코니로 달려가 화분 하나를 들어 다시 문 앞으로 다가온 그를 향해, 그의 유리 상품 모서리 쪽으로 내던져 버렸다.

그가 나자빠졌다. 유리 제품들이 벽과 바닥에 부딪친다. 이 초라한 행상의 등짐이 산산조각이 나 버린 것이다. 와장창 깨지는 소리, 그것은 수정 궁전이 박살이 나는 소리였다.

나는 광기에 휩싸여 미친 듯이 소리쳤다.

"야아, 삶은 아름다워! 삶은 아름다워!"

이 미쳐 버린 익살의 대가로 나는 그 깨진 유리 값을 다 변상해야 했다.

하지만 잠깐이나마 말할 수 없는 쾌락을 누렸으니, 쾌락의 대가로 영원한 형벌쯤 어떻단 말인가?

— 보들레르, 「불쾌한 유리 장수Le Mauvais Vitrier」

악마적인 행태의 사람이다. 그는 이유 없이 자신의 분노를 다른 누군가에게 쏟아 붓는다. 느닷없이 당한 그이의 고초는 고려할 필요도 없었다. 그에겐 '신경질적 익살'일 뿐이지만, 유리 장수는 심각한 인격적 모독을 느꼈을지도 모르고, 그가 던진 화분에 머리통이 깨져 큰 화를 당할지도 모른다. 다행히 별로 다치지 않았다고 해도, 다 깨져 버린 유리에 대한 보상을 두둑이 받았다고 해도, 그렇게 얻은 하루 품삯에 어떤 행복이 있을까? 아마 그는 비굴하게 연명해야 하는 삶을 저주했을지 모른다. 또는 세계에 대한 적개심을 가슴속에 키웠을지도 모른다. 아니면 아무 이유 없이 아내나 자식을 향해 분풀이하는 자가 되어 버렸을지도 모른다. 그렇다면 그의 아내는? 또 자식들은? 끊임없이 더 약한 자에게 이어지는 폭력의 전가, 가해성의 확산.

너무 과장된 상상인지도 모른다. 하지만 아무렇지도 않게 행하는 일상화된 폭력성에서 우리는 결코 아름다운 세상을 볼 수 없다.

그런데 여기서 우리는 "삶은 아름다워!"라는 화자의 광적인 외침을 예사스럽지 않은 눈으로 본다. 왜냐하면 이 말이 결코 아름다움에 대한 예찬다워 보이지가 않기 때문이다. 더구나 두 번이나 반복함으로써 그 반어법적인 의미가 한층 강조되는 것이 아닌가. 그것은 차라리 아름다움에 대한 냉소며, 그 차가움이 강조됨으로써 마치 저주처럼 변조되어 우리의 귀를 때린다. 그는 유리가 깨지는 소리에서 수정궁이 폭발하는 소리를 듣는다.

이 시에서 아름다움에 상응할 만한 유일한 대상인 수정궁이 깨어지면서 그는 삶의 아름다움을 외친다. 역설적 아름다움을 말이다. 그렇다면 그 삶의 아름다움을, 그로 인한 지고의 행복을 주장하는 주체는 곧 수정궁이 된다. 만약 수정궁이 근대성으로 무장한 파리의 화려함, 거기에 묻어 있는 자본주의 이데올로기를 뜻한다면, 아름다움을 말하는 주체는 곧 부르주아지이며, 박살 난 수정궁은 그들의 세계가 잔해 더미로 바뀌어 버리는 전복적 상상력이 된다.

한데 이 괴팍한 친구는 수정궁을 폭발시킬 수 없다. 그것은, 그 자본주의 이데올로기가 바로 자기 자신의 삶의 기반이며 안식처이기 때문이다. 그 속에, 그 체제 속에, 그 아름다움과 화려함의 사회 문화적 메커니즘 속에 기생하고 살면서, 그 체제의 부패와 추함을 몸으로 겪고 살지만, 그 아름다움 속에 내포된 추함의 적나라함을 잘 알지만, 그런데도 그는 수정궁의 폭발을, 그 욕망을 실행에 옮기지 못한다.

그는 역설적이게도 폭발을 열망하는 그것과 삶을 나눈다. 그런데도 삶을 나누는 그것의 붕괴를 꿈꾼다. 그는 분열됐다. 그리고 그 분열의 다른 한 면, 그 파괴적 열망을 무의식으로 표출한다. 유리 장수는 폭발을 꿈꾸는 그의 한순간의 표적이다. 적어도 그 순간에 유리 장수는 체제가 가진 추악성의 상징이며, 악마의 현실태다. 단, 감히 공격해도 되는, 보복의 위험이 작은 만만한 악마, 테러리스트의 욕망을 비교적 안전하게 표출시켜도 되는 그런 대상 가운데 하나다.

그리하여 그에게 삶의 아름다움은 일시적으로 충족된다. 체제의 추함을 폭발시켰기에, 추함이 제거된 미의 체제만 남았다. 다시 그 수정궁 안으로 들어가면 깨져 버릴 한순간의 꿈이건만, 그 순간만은 아름답다. 세상은 조금도 바뀌지 않았지만, 이른바 희생양을 통해 대리 충족된 삶의 아름다움에 대한 탐닉은 충족되었다.

악마성은 그 반대편의 존재를 전제로 한다. 선이 전제됐기에 악이 있다. 무균질 세상이 있다는 유토피아주의가 공포公布되고 있기에, 그런 유토피아를 지금 여기에서 디스토피아로 재현시키는 존재가 필요한 것이다. 더욱이 그것은 주위를 감염시키는 강력한 힘을 가졌다. 그러니 악은 사람들에게 혐오스러운 것일 뿐 아니라 공포恐怖스럽기까지 하다. 그것이 사람들에게 더욱 혐오스럽고 공포스러운 것이 될수록, 마성의 존재는 더욱 필요하다.

그러므로 악, 악마, 악마성은 모든 구원 담론에서 불가피한 요소다. 악을 제거하는 것이 곧 구원이다. 한데 악은 강하다. 자기의 능력만으로는 어찌 할 도리가 없다. 그래서 그것을 넘어서려면 궁극의 존재가 필요하다. 또 궁극의 시간이 필요하다. 악이 지배하는 시간 너머에 있는 '탈시간의 시간'이다.

한데 여기서 간과해서는 안 되는 문제는, 그 악이 쉬이 제거할 만한 손쉬운 상대가 아니라는 사실에서 끝나지 않는다는 데 있다. 더욱 심각한 것은 악이 이미 나/우리 안에 있고, 나/우리는 그 악을 욕망한다는 점이다. 다시 말하면 증오하면서도 동시에 욕망하는 대상이 바로 악인 것이다. 괴물 영화 가운데 불후의 명작인 〈에이리언〉 시리즈를 보면 악(괴물)은 숙주인 인간을 필요로 하며, 더 나아가 3편으로 가면, 모든 관객이 동일시하기를 바라는 주인공 자신(시고니 위버)이 바로 그 악의 숙주인 것이다. 악은 타자가 아니라, 나/우리 자신이며, 나/우리로부터 그 놈을 제거하려면 자기 자신을 제거하는 것 외에는 다른 방법이 없다. 요컨대 어떤 논리적 방법으로도 악만 제거하는 '깨끗한 전쟁'은 없다. 자신이 죽는 것만이 유일한 방법이다. 그리하여 악을 넘어서고자 하는 갈망은 구원의 꿈으로만 남는다. 궁극의 존재에 의한 궁극의 승리가 지배하는 그 시간에 대한 꿈이다. 기다림 속에서만 존재하는 꿈 말이다.

기다림. 그것은 구원을 갈망하는 모든 이의 운명이다. 하지만 동시에 구원 담론은 '탈시간의 시간'을 현재 속에 선취하는 장치를 제공함으로써 운명의 비극성을 완충한다. 예배는 그러한 완충 장치의 하나다. 그런데 이런 완충 장치 가운데 가장 효과적인, 하지만 가장 퇴행적인 것이 있다. 그것이 바로 '악마 담론'이다. 외부의 초능력적인 악마가 아니라, 우리 내면의 악마다. 강력한 그(녀)가 아니라 만만한 그(녀)다.

가롯 유다. 우리는 이 인물에게서 초기 그리스도교의 그러한 퇴행적 악마화의 흔적을 읽고자 한다. 예수의 제자 가운데 핵심 제자 그룹인, '열둘', 그 속에 도사리고 있는 악마성, 그들 각각의 내면 한편을 차지하고 있는 악마성. 바로 그것을 색출하여 담론적 응징을 가한 것이 바로 성서 속 '가롯 유다' 텍스트라고 보는 것이다. 모두가 내면에 악마를 품었는데, 하나를 표적 삼아 응징함으로써 악마와의 전쟁을 심리적으로 해소하고자 발명해 낸 현실의 악마가 바로 가롯 유다가 아니냐는 얘기다.

여기서 우리는 초기 그리스도교의 위선적 욕망을 발견하고자 한다. 물론 이것은 전적으로 상상력의 소산이다. 텍스트 속에서 개연성을 추론해 냄으로써 이 상상이 가능하다는 것을 추론할 것이다. 그럼으로써 교회의 역사 속에 내재한 악마 담론의 위선을, 그 퇴행적 욕망을 드러내고자 한다. 그리스도교 신앙사 속에서 타자화되어 저주받은 자들의 진혼곡을 위하여……

●　●

'가롯 유다'라는 이름에서 우리는 얼른 배신자를 떠올린다. '예수를 적에게 넘겨준 자'다. 원래 그는 예수의 가장 측근에 있는 결사를 가리키는 '열둘'(도데카, δωδεκα)에 소속된 사람이었는데, 예루살렘에서 그이를 배반했다는 것이다. 어떤 이들은 그가 배신한 동기를 이렇게 설명한다.

그는 젤롯 당원[1]으로서 예수가 사회적, 정치적 혁명가이길 바랐는데, 그렇지 않다는 사실을 알고는 배신했다는 것이다. 한편 이와는 대조적으로 그는 제자단 내에서 돈을 관장하는 제자였는데, 그 돈을 간간이 빼돌려 사리사욕을 채웠던 인물로 기억되기도 한다. 그가 예수를 넘겨준 것도, 돈을 받고 팔아 치웠다는 것이다. 마지막으로 사람들은, 그가 예수를 배신한 것에 양심의 가책을 느낀 나머지 목매어 자살했다고 생각한다. 이러한 일반적 이미지들은 모두 성서에 나온 정보들에 기초한 것이고, 또 경우에 따라서는 본문에서 유추한 것도 있다.

'유다 젤롯 당원 가설'은 「마가복음」 14장 4~5절 그리고 병행 구절인 「마태복음」 26장 8~9절에 기초한 것이다. 그런데 이 가설은 예수 시대 팔레스티나에서 가난한 사람을 위해 저항을 선택한 이는 모두가 젤롯 당원이라는 식의 억지를 전제해야만 가능하다. 한편, 흔히 '물욕에 눈이 먼 사람'이라는 유다의 일반적 이미지는 「요한복음」 12장 6절에 기반을 둔 것이다. 거기에는 마르다의 누이 마리아가 예수의 발에 향유를 붓는 장면이 나오는데,[2] 이 행위를 문제시한 이를 유다 한 사람으로 고정시키는 것은 오직 가장 후대에 저작된 텍스트인 「요한복음」뿐이라는 점을 유념할 필요가 있다. 더 오래된 텍스트들은 그 인물의 신원에 관해 침묵한다는 것에 주목하자. 공관복음서 저자들이 유다가 배신자라는 것을 잘 알았는데도,

[1] 1세기 말 유대인 역사가인 요세푸스는 예수와 거의 비슷한 시대의 혁명적 당파를 '젤롯당'이라고 부른다. 많은 학자들은 이 집단이 예수 동시대에서 활동했다고 가정하면서 예수가 젤롯당과 반로마 운동의 대열에서 공조자이면서 라이벌인 것처럼 본다. 이러한 젤롯 가설은 최근의 문헌 연구들에서 기각되었지만, 적어도 66년 반로마 봉기의 핵심적 저항 집단이 젤롯인 것은 의문의 여지가 없다.

[2] 공관복음서(「마가」 14:3~5; 「마태」 26:6~9; 「누가」 7:36~39)에서는 마리아가 아니라 익명의 여인으로 나온다. 그리고 향유를 붓는 위치를 「마태」와 「마가」는 예수의 머리로 말하는 반면, 「누가」와 「요한」은 발이라고 말한다. 한편 향유 붓는 행위에 대해 「마태」와 「마가」는 제자들이 문제시하고 있고, 「누가」는 바리새에 속한 한 사람이 문제시한다. 그러나 「요한」에서는 가롯 유다가 문제시한 장본인으로 나온다.

이 텍스트에서 악역을 맡은 제자의 신원을 유다로 고정하지 않다는 것은, 이 설화 텍스트가 원래 유다에 관한 이야기와 결합되어 전승되지 않았다는 사실을 뜻한다. 더욱이 「요한복음」 저자는 「마가복음」과 「마태복음」에 묘사된 바, 여자의 행위를 공익과 사익의 갈등으로 해석하는 것을 수용하면서 그것을 전혀 다르게 해석한다. 곧 이백 데나리온 어치 향유를 한순간에 쏟아 버리느니 그것을 가난한 사람을 위해 쓰는 것이 옳다는 유다의 공익적 발상은 실상 자신이 착복할 돈에 대한 욕심 때문이었다고 재해석한다(12:6). 이는 말할 것도 없이 「요한복음」 저자의 가필이다.

이상에서 보듯 가룟 유다에 관한 우리의 상투적 이미지는 성서 텍스트의 일부분을 과장하거나 과도하게 해석한 결과들에 지나지 않는다. 따라서 우리는 성서 텍스트들을 다시 검토하여 그에 관한 역사적 해석을 재구성할 필요가 있다. 물론 엄밀히 말하면, 그것은 불가능한 작업이다. 그에 관한 정보가 대단히 희박할 뿐 아니라, 그 정보들마저도 원형을 알 수 없을 만큼 많이 가필된 것이기 때문이다. 요컨대 우리의 재구성은 '더 많은' 상상력을 동원해야만 가능하다. 한편, 우리는 유다라는 배신자의 이야기가 초기 그리스도교 담론에서 종종 등장한다는 사실에 주목할 것이다. 왜냐하면 텍스트들은 그에 관한 사실적 정보를 이야기하는 데는 거의 관심을 기울이지 않지만, 그런데도 그 인물을 필요로 하기 때문이다.

가룟 유다라는 인물이 예수의 제자단 가운데 존재했다는 점은 매우 사실성이 높아 보인다. 배신자가 제자단, 그것도 최측근 조직인 '열둘'의 일원이었다는 사실은 전승자들에게 껄끄러운 정보이기 때문이다. 전승자들은 그를 제자단에서 뺄 수만 있었다면 얼른 그렇게 했을 것이다. 하지만 아마도 그가 '열둘'의 일원이었다는 것은 초기 전승자들 누구에게나 자명한 것으로 받아들여졌던 것 같다. 더구나 점차 예수를 신적 존재로서 받아들이는 방향으로 예수 전승이 발전하는데, 그럴수록 그이의 부름을 받은 자 가운데 그런 이가 있다는 것은 심각한 딜레마가 아닐 수 없다. 그러므로 그를 모든 복음서가 일치하여 '열둘'의 일원으로 이야기한다는 사실은, 그가 제자단의 일원이었다는 점이 의심할 수 없는 사실임을 반영한다.

초기 그리스도 교회는 이러한 역설을 해소하는 방법을 고안해 냈다. 그것은 예수의 예정된 운명을 위해 악인이 필요했다고 해석하는 것이다. 그런 배역을 받은 이가 바로 유다였다. 그렇다면 유다가 저주받아야 할 이유는 무엇인가. 오히려 신의 괴벽스런 운명 장난의 희생자가 아닌가. 도대체 성서뿐 아니라, 수많은 초기 그리스도교 문헌들이 그를 저주해야 할 이유가 무엇인가? 세상만사 모든 것이 신의 기획된 결과라는 관점은 신의 전능자적 이미지를 전제하는데, 신이 죽기 위해 악인을 필요로 해야 할 필요성은 어디에서 나오는가? 왜 신은 '깨끗한' 구원 사건을 펼칠 수 없었는지, 왜 그렇게 '복잡한' 사건을 필요로 했는지 묻지 않을 수 없다. 게다가 선을 이루려고 악을 만들어야 한다면, 신은 선의 수호자인가 심술궂은 악동 같은 존재인가?[3]

「요한복음」은 유일하게 유다가 제자 가운데서 '돈 관리를 맡은 자'였다는 전승을 남긴다. 분명 떠돌이 예언자 집단이 장기간 활동을 했다면,

---

[3] 여기서 최근 공개된 「유다복음」을 주목할 필요가 있다. 정경에 속한 복음서와 거의 같은 시기인 1세기 후반까지 거슬러 올라갈 수 있는 이 텍스트(헬라어로 저술됨)의 콥틱어Coptic language 사본에 의하면, 가룟 유다는 예수의 제자들 가운데 가장 특출한 제자였고, 예수를 배신한 것조차 예수의 암시적 지시에 의한 것이다. 이러한 해석은 초기 그리스도교 주류의 해석과 기본적으로 동일한 관점에 기반을 두고 있다.

그런 역할의 제자가 필요했을 법하다. 누구든 말이다. 물론 그것이 딱히 '돈'이라고 단정하는 것은 곤란하다. 왜냐하면 예수 일행은 화폐를 상용하는 도시에서 활동한 것이 아니기 때문이다. 그러므로 「요한복음」은 도시 상황을 반영한다. 곧 돈 운운하는 얘기는 가필이라고 할 수 있지만, 식량이나 옷 등 필수품의 조달 문제를 위임받은 이가 존재했다고 보는 것은 있을 법한 일이다.

그런데 문제는 하필 그가 유다였다는 데 있다. 물론 이것은 역사적 개연성이 거의 없다. 본래 예수의 발에 향유를 부은 여인 이야기의 논점은 그 여인의 행위에 대한 평가를 여인 자체에 둘 것인가 아니면 그 여인의 행위에 수반된 요소의 사회적 가치에 둘 것인가에 있었다고 할 수 있다(공익과 사익의 갈등).

가령, 어떤 여자가 짝사랑하던 남자에게 프러포즈를 위해서 편지를 썼다고 하자. 그녀는 문구점에서 아름답게 만들어진 종이를 샀다. 조금은 비쌌지만 그녀에겐 그럴 만한 충분한 이유가 있었다. 그 종이 위에 그녀는 자신의 심정을 적으려고 안간힘을 썼다. 그것을 완성하는 과정에서 수십 장의 파지가 생겼고, 또 완성한 것을 나중에 읽다가 내버린 것만도 몇 장이나 되었다. 하지만 그럴 수만은 없었다. 기어이 용기를 내서 완성된 편지를 남자에게 전해 주었다. 그때 남자는 이렇게 말했다. "너는 이렇게 사치스러운 여자니? 시험지에다 용건만 간단히 쓰면 되지 왜 이렇게 값비싼 종이를 낭비하니? 그 돈 있으면 기부를 해." 만약 당신이 예수를 주님이라고 받아들인다면, 당신은 그이가 이런 남자와 같기를 바라는가? 이 이야기에서 제자들은 그녀가 깨뜨린 향유의 사회적 가치에 관심을 두었던 반면, 예수는 그런 행동을 해야 했던 여인 자신에 관심을 두고 있었다.

한편 이 전승을 최초로 기술한 「마가복음」에서 이것은 종말에 관한 예고로 활용된다. 즉 예수는 곧 돌아가실 것이고, 이 여자는 예수의 그러한 사건을 예시하는 행위를 한 것이다. 「마태복음」은 이러한 시각을 거의 그대로 수용했고, 「누가복음」은 상당히 많이 변조시켰다. 하지만 이 세 텍스트에서 핵심은 여인이 아니라 '제자(또는 「누가복음」에 의하면 바리새 파) 대 예수'라는 논쟁 당사자의 관점에 있었다. 한편 「요한복음」은 이 설화를 마르다, 마리아, 나사로 남매 이야기와 결합시켰고, 부수적으로 제자 가운데 한 사람인 유다의 탐욕스러움을 가미시켰다. 그런데 여기서 초점은 예수와 유다가 아니다. 오히려 본문에서 강조되는 것은 이 세 남매에 있다. 「요한복음」에서 이런 경우는 언제나 마리아가 중요한 역할을 한다. 결론적으로 유다가 맡은 역할은 문맥적 개연성과는 아무런 상관이 없다. 유다의 탐욕스러움에 관한 묘사가 본문의 스토리 라인에서 꼭 필요한 장면이 아니라면, 이런 묘사는 그에 대한 일반적 편견과 증오심에서 기인한 것이다.

유다의 역할이 집중적으로 나타나는 곳은 예루살렘에서 마지막 만찬을 전후로 한 일련의 사건에서다. 이 부분에 관한 한 「마가복음」은 상당히 사실적인 역사적 정보를 주는데, 여기서는 그것을 바탕으로 해서 역사를 재구성해 보기로 하겠다.

예루살렘 성전에 당도한 예수는 해방절 절기의 클라이맥스에 가까이 이르자 모종의 계획을 수행한다. [표12]의 「마가복음」 14장의 구성에서 보듯, 마지막 만찬은 그런 모의의 한가운데에 있다. 하지만 그곳에서 무슨 일이 있었는지 우리는 알 수는 없다. 다만 그 일을 전후로 분위기가 급속하게 바뀌었다는 것만은 분명하다. 이 만찬 전의 분위기는 산헤드린(예루살렘 원로원) 의회의 결의에서 단적으로 나타난다. 의회는 "명절에 예수를

[표12] 「마가복음」 14장의 구조

		절 내용	
A		1~2절 산헤드린의 결의('체포하지 말자.')	성 안
	B	10~11절 유다의 배신	
	C	12~16절 유월절 식사 준비	
	D	22~25절 유월절 식사	
	c	26절 올리브산으로 돌아감(죽음의 준비)	성 밖
	b	32~33절 겟세마네 동산에서 세 제자만을 데리고 감. 제자들의 졸음	
a		43~52절 대사제의 사병들에게 체포됨	

체포하는 것은 소요를 일으킬지 모르니 자제하자."(14:1~2)고 결의했다. 그러나 예수 일행이 마지막 만찬을 나누고 은신처로 돌아간 이후, 산헤드린의 의장인 대사제는 무슨 일인지 부랴부랴 자신의 사병을 파견해서 예수를 체포했다.

예수가 체포되는 상황에 유다는 어떻게 관여됐을까? 위에서 보았듯이 객관적 상황이 바뀐 것은 없다. 여전히 명절 절기 중이었고, 대중의 소요 가능성은 상존했다. 그런데도 예수를 체포하는 긴급한 일이 벌어진 것이다. 그런데 그 사이에 제자의 배신이 있었다. 여기서 그는 분명 제보자의 역할을 맡고 있다. 곧, 그는 예수가 어디에 은거하는지, 그리고 그 무리 가운데 누가 주동자 예수인지를 제보할 수 있다. 그러나 그것은 체포 유보 결의를 긴급히 번복시킬 이유로는 충분치 않다.

그렇다면 그날 있었던 회식의 의미가 심히 불온하고 긴급한 것임을 제보하였던 것은 아닐까? 피를 함께 나누어 마시는 의식이 포함된 것이라면, 어쩌면 그날 식사는 거사를 최후로 결의하는 만찬이었는지도 모른다.

이런 긴급한 제보가 아니었다면, 그날 밤 서둘러 체포를 감행했던 사실이 설명되지 않는다.

한데 예수 추종자들의 관점에서 배신자가 유다였다는 것을 어떻게 알았을까? 복음서 묘사에 따르면 기도하는 예수에게 유다가 다가가 키스를 하자 그를 따라온 병사들이 예수를 체포하였고, 제자들은 혼비백산해 달아났다. 이 묘사가 사실 그대로라면 유다가 배신자임이 명약관화하다. 하지만 제1성서(구약성서)에서 가장 오래된 문서인 바울 서신에 따르면, 바울은 유다가 배신자라는 사실을 알지 못한 것처럼 보인다. 그렇다면 바울 서신이 저술되던 50년대에는 알려지지 않았던 사실이 복음서가 저술된 70년 어간 이후에 명료하게 알려졌다는 얘기가 된다. 그렇다면 유다는 후대에(예수 당대가 아니라) 배신자로 지목되었을 가능성이 크다.

어쩌면 체포 상황에서 배신자가 있었다는 것을 예수 일행은 몰랐던 것이 아닐까. 어떻게 그이가 은신하는 곳을 저들이 알았는지 도무지 알 수 없었다. 그토록 조심하지 않았던가? 혹 그 밤에 미행자가 있었던 것일까? 하지만 마지막 만찬 직후에 체포되었다면 그날 함께 있던 자 가운데 누군가가 밀고한 것이 아닌가? 결국 내부의 배신자가 있었다는 의혹이 자라나는 것은 자연스런 귀결이다. 하지만 적어도 처음에는, 이런 의혹에도 불구하고, 그 배신자가 바로 유다라고 자명하게 알려졌던 것은 아니었다.

유다 배신자설이 알려진 것은 아마도 아람어[4]를 사용하는 팔레스티나

---

[4] 시리아 토착어로, 아시리아와 바빌로니아 제국 이후 유프라테스강 서부 지역 일대에서 대중의 일반적인 공용어로 사용되었다. 물론 예수도 일상에서 아람어를 사용했던 것으로 보인다. 반면 히브리어는 성전 사제들에 의한 특수어로서만 보존될 수 있었다.

계열의 공동체 사이에서였다. 말했듯이 현존하는 가장 오래된 텍스트를 저술한, 그리스 계열의 선교사 바울은 배신자에 대해서 그다지 확신한 것 같지 않고, 그가 가룟 유다인지에 대해서도 명시하지 않았다. 만약 배신자가 문제시됐더라면, "열두 제자에게 부활한 예수가 나타났다."느니 하는 말은 쓰지 않았을 것이다. 유다 배신자설이 모든 사람에게 명약관화한 사실로 인정되기까지는 아마도 한 세대 이상의 시간이 필요했다.[5]

아마도 실존 인물 유다의 어떤 행태에 관한 동시대인들의 인상이 그러한 소문의 원인이었을 수 있다. 그렇지만, 예수를 팔아넘긴 자가 존재했고, 그가 누구였는지는 역사적 사실에 기반을 둔 것이 아니다.

그런데 위의 본문에서 우리는 한 가지 흥미로운 점을 발견한다. 「마가복음」은 유다의 배신과 제자의 동요를 대조시킨다. 분명 여기서 유다의 배신은 제자들의 나약한 태도를 강조하는 용법으로 사용된다. 마지막 만찬 중에 예수는 "누군가가 나를 배신할 것이다."라고 말한다. 그러자 제자들은 제각기 되묻는다. "제가요?" 강한 부정의 뉘앙스다. 그러나 독자는 이미 유다가 배신했다는 걸 안다. 곧 독자는 제자들 가운데 적어도 한 사람이, 강한 부정에도 불구하고, 배신자라는 사실을 염두에 두면서 본문을 읽는다. 그런데 저자는 그런 평범한 인식을 위해서 이런 대사를 넣은 것이 아니었다. 그것은 곧 드러나는데, 겟세마네 동산에서 눈물에 피가

주로 주후 50년대에 저술된 바울의 서신들이나, 그 비슷한 시기로 추정되는 어록의 가장 오래된 판본에는 배신자의 신원에 관한 언급이 없다. 그러나 복음서 가운데 가장 오래된 텍스트인 「마가복음」은 배신자가 유다였음을 명시한다. 이 텍스트의 저술 시기는 대략 주후 70년 어간이다.

되도록 기도하는 예수와 아무 생각 없이 잠에 떨어진 제자의 모습이 바로 그것이다.

　그날 밤 예수는 체포됐고, 심문을 받던 대사제의 저택 마당에서 제자 중의 제자인 베드로는 예수를 세 번이나 부인한다. 배신자는 유다뿐 아니라, 모두였던 것이다. 유다의 얼굴과 제자들의 얼굴이 겹쳐진다. 동시에 예수를 따른다고 하면서도 유혹에 종종 넘어가는 모든 이의 얼굴이 겹쳐진다.

● ● ●

　「마태복음」에 따르면 유다는 잘못을 뉘우치고 목매어 자살한다(27:3~10). 돈을 받고 팔아넘겼으나, 그 돈을 쓰지도 못하고 자책감에 빠져 죽은 것이다. 그는 악마였으나, 얼치기 악마였다. 악마가 될 수 없는 악마다. 그래서 그는 더욱 우리 자신의 얼굴을 하고 있다.

　예수를 믿는 자, 그는 모든 것에서 자유를 얻은 자다. 그는 신의 자녀가 되었다. 신의 동족이라면 그 자신이 곧 신이라는 것이다. 요컨대 종교는 나르시시즘적 유혹의 연못이다. 종교적 신념은 그로 하여금 모든 것을 가진 자처럼 생각하게 만든다. 얼마 있으면 도래할 신의 유토피아를 기다리는 그는 타인과 자신을 구별을 짓기 시작한다. 자신은 선택받은 자라는 것이다. 그는 외치기 시작한다. 삶은 아름다워, 삶은 아름다워!, 라고. 그는 수정궁을 그리며 살고, 수정궁에 안주할 모든 논리를 구축한다.

　그런데 수정궁의 아름다움은 추악함을 동반한다. 그것을 사람들은 곧 깨닫지 않을 수 없다. 아름다움이 농염할수록 그 속에 밝힌 자가 있고 추방탕한 자가 있다. 그리고 잔인한 경쟁에서 살아남으려는 우리 자신의 추잡한 협력이 있다. 그런데 그 아름다움이 더할수록 그 이면의 고통은 더 은폐된다. 결국 아름다움이 더한 곳에 고통이 더하며, 그 고통에 대한 사람들의 감수성은 더 둔감해진다. 그리하여 수정궁의 삶은 결코 아름답기만 한 것은 아니다.

이때 '악'이 필요하다. 자기 자신 같은 얼치기 악이 아닌, 제대로 된 악이 필요하다. 그리고 그 제대로 된 악을 상징하는 '표상된 악'이 필요하다. 그런데 이때 표상된 악은 그를 증오하는 우리 자신의 이면이기도 하다. 그런 점에서 그 또한 얼치기 악이다. 우리의 내면과 유사하지만, 동시에 다른 존재. 충격적이게도 그 악마성의 표상이 바로 나/우리 자신의 모습이다.

자발적 마녀
사마리아의, 남편 일곱인 여인

●

    영화 〈프랙티컬 매직〉(1998)에 나오는 마녀 자매인 샐리(산드라 불록)와 질리언(니콜 키드먼)은, 그녀들이 사랑하는 사람들은 반드시 죽는다는 저주에 걸려 있다. 우리나라의 판소리 〈변강쇠전〉에도 마찬가지로, 사랑하는 남자마다 죽어야만 하는 기구한 운명의 여인 '옹녀'가 등장한다. 그래서 그녀들은 마녀답다. 그이들이 쾌락을 추구하면 할수록 주위 사람들을 파멸로 몰아넣는 악마적 속성이 더욱 힘을 발휘하니 말이다. 결국 그 기구한 팔자에도 불구하고, 보호의 대상이 아니라 공포의 대상이 된다.

    이러한 대중적 공포감 속에 이 여인네들은 기나긴 시간을 떠돌면서 '색녀'의 낙인이 찍힌 채 야담野談 사이를 누비고 다닌다. 그런 점에서 대중적 야담은 복수의 텍스트다. 마녀든 색녀든 재앙을 불러오는 야담 속 그녀들에겐 욕망을 쫓는 집착과 쾌락에 오염된 웃음이 늘 따라다닌다. 다소

곧함이나 순종의 미덕이 있어야 할 곳에 파괴의 본능이 자리 잡고 있다. 이렇게 모두가 두려워하고 배척하는 가운데 기성의 규범과 가치가 지정해 준 위치를 일탈한 적극적인 삶의 개척자들이 탄생한다. 세계가 화형시켜 버린 것이 아니라, 그러한 위협 아래서 스스로를 불사른 반항자적 존재의 탄생인 것이다.

전경린은 그러한 마녀적 삶의 적극성을 자신의 소설 속에 부활시켰다. 복수의 텍스트로서가 아니라, 그녀들의 삶의 보고서로서 말이다. 그녀의 등단작 「사막의 달」(1995)의 주인공 '해연'은, 집안 하솔下率이던 장 씨 일가의 막내아들인 두 살 연하 휘승과 사랑에 빠진다. 그런데 그녀의 사랑은, 몰락한 주인집을 위해 도움을 아끼진 않던 장 씨 집안과의 우의를 산산조각 내버렸다. 부모의 강압에 못 이겨 시집간 해연의 결혼 생활은 불행했다. 시어머니의 지나친 심술과, 마마보이이자 바람둥이인 남편의 무능함은, 여전히 휘승을 잊지 못한 채 남편과 시집 식구들을 대하는 그녀의 이중성과 어우러지면서, 그녀를 삶의 시궁창으로 몰아붙였다. 어느 날 밤 그녀는 아이를 버리는 매정한 모성의 실천을 감행한다. 그리고 자그마한 옷 가게의 주인이 되서, 가끔씩 들르는 휘승과의 금지된 사랑을 계속한다.

그러나 어떤 행위가 금지된 장난인 것은, 그것이 현실의 질서 속에선 결코 용납될 수 없는 관계의 뒤틀림으로 규정된 것이기 때문이다. 그 얽힘을 푸는 길은 꼬인 실타래를 끊는 수밖에 없다. 그렇지 않다면 결코 헤어 나올 수 없는 수렁에 빠져 함께 익사하는 길뿐.

휘승이 자신과 사촌지간이었다는 걸 아는 순간, 할아버지가 만들어 놓은 저주에 그녀 자신이 걸려 버린 것임을 깨닫는 순간, 그녀는 스스로를

'화형'시킴으로써, 저주의 운명을 초월한 마녀의 영원한 삶을 희구한다. 현실의 공간에서 추방당한 여인, 그녀가 그곳으로 회귀할 길은 자신을 부정하고 회심하는 것뿐이다. 그러면 마녀로서의 처형은 면할지도 모른다. 세상은 그녀를 그렇게 회유한다. 다들 그렇게 한다고. 그러나 해연은 금지된 사랑을 부정할 수 없다. 차라리 추방당하여 영원히 회귀할 수 없는 사막을 배회하는 존재로 처형당하길 택한다.

한데 전경린이 소설 속에서 부활시킨 마녀의 족보에 성서의 한 여인이, 아니 꽤 여러 명이 포함됐다는 것을 사람들은 종종 간과한다. 바로 그중 한 여인에 관한 이야기가 이 글의 주제다.

• •

「요한복음」에 의하면 예수 일행은 유다 지방의 예루살렘으로 적어도 네 번 상경한다. 첫 번째는 가나의 혼인 잔치에서 첫째 표징(標徵, 세메이온)[1]이후, 해방 절기를 맞아 올라간 것(2장)인데, 거기에서 성전 숙정 사건을 일으키고, 니고데모를 만나며, 광야에서 요한처럼 세례를 베푼다. 두 번째 상경기는 '축제' 때 올라간 이야기다(5장). 여기서는 안식일에 베드자다 Bethzatha[2]라는 연못에서 38년간 병자이던 이를 고쳐 주는 이야기가 포함

---

[1] 「요한복음」은 기적(뒤나미스)을 표징(세메이온)으로 쓴다. '뒤나미스'는 신적 능력을 강조하는 용어이고, '세메이온'은 사건의 의미, 곧 그이가 하느님의 사람임을 강조하는 표현이다.
[2] 흔히는 개역성서가 표기하고 있는 '베데스다'로 알려진 연못이다.

됐다. 세 번째 상경기는 초막절 축제 기간 중에 예루살렘에 나타난 이야기다(7장/ 티쉬리 월(9~10월)). 그 후 두 달 뒤인 성전 봉헌절 축제 때(기슬르 월/ 11~12월) 결정적인 논쟁을 성전에서 벌인 후(10장), 광야 지역에서 운둔하면서 활동을 펼친다. 마지막 상경기는 해방절 직전에 예루살렘에 올라와서 체포되고 처형당하며 부활한 이야기다.

그중 사마리아의 한 성읍인 수가에서 만난 한 여인의 이야기(「요한복음」 4:1~42)는 첫 번째 상경 이후 갈릴리로 되돌아오는 도중에 나온다. 예수 일행이 사마리아를 지나간 이야기는 다른 복음서에서는 찾아볼 수 없고, 오직 「요한복음」에만 나온다. 따라서 이 전승이 역사적 사실에 기초한 것인지를 묻는 것은 불가능하다. 그런데도 역사적으로 있음직한 사실들에 기초해서 본문의 이야기가 전개된다. 비록 본문의 인물이나 스토리가 하나의 상징으로서 기술되지만, 독자들은 여기서 손쉽게 역사적 상상력을 발동할 수 있다. 그리고 이러한 역사적 상상력의 결과, 이 여인에 관한 하나의 이미지가 구축되었다. 일반적으로 그녀는 욕망을 추구하는 데 몰두한 여인의 대명사처럼 인식된다. 설사 본문에서 그녀가 예수를 사마리아에 처음 전한 선교자인 것처럼 기술된다 하더라도, 독자들의 뇌리에 남아 있는 그녀의 이미지는 헛된 것에 몰입한 여자, 특히 음탕한 여자일 뿐이다. 또한 그녀는 대화 속에서 계속 예수의 말을 곡해하지만, 그 모습은 제자들의 모습과 별반 다르지 않다. 그런데도 독자들은 이 여자에게서 우둔함만을 발견하려 한다.

적어도 「요한복음」은 이러한 편견에 직접적인 책임이 없는 것 같다. 그보다는 독자들의 종족적, 성적 편견이 그 의미의 뒤틀림에 개입됐다. 사마리아인에 대한 부정적인 시각과 남편을 여섯 번이나 갈아치웠다는 여인에

수가 성읍

대한 비하적 시각이 서로 얽히면서, 그녀를 마녀로 배제시킨 것이겠다. 독자들의 마음속에는 애초부터 그녀가 귀향할 집은 없었다. 이제 전경린의 소설이 보여 준 것처럼, 우리가 통상적으로 보는 편견의 텍스트가 아니라, 「요한복음」이 담은 이 여인의 텍스트를 살펴보자. 여기에는 마녀의 계보를 찾는 하나의 역사적 상상력이 동원될 것이다.

우선 우리가 주목하는 것은 그녀가 남편이 여섯 명이나 된다는 사실이다. 도대체 당시 사회에서 남편을 이렇게 자주 바꿀 수 있는 여인이란 누굴까? 그렇게 여러 번 '선택할' 가능성은 그녀가 왕족일 경우이겠다. 그러나 그렇게 볼 가능성은 전혀 없다. 그녀는 직접 물동이를 이고 물을 길으러 와야 한다. 더구나 그녀는 뙤약볕이 한창인 낮 12시에 우물가에 나왔다. 사람들과의 접촉을 꺼리는 것이겠다. 필시 그녀는 사람들이 경원시하던 이였을 것이다. 이것이 여러 차례 남편을 갈아 치웠다는 경력과 관련이 있으리라는 것은 짐작하고도 남는다.

어떤 사연이 있었을까? 소박맞은 것일까? 어쩌면 여섯 명 가운데 일부는 요절했을 수도 있다. 또 어쩌면 그녀의 시댁 가운데 일부가 모종의 이유로 몰락했을지 모른다. 가능성은 적지만, 그 몰락 이유가 그녀 때문일 가능성이 없는 것은 아니다. 가령, 그녀의 재색을 탐하던 누군가가 그녀의 시댁을 쳐들어가 식솔을 살해하고 그녀를 차지했을 수도 있다. 또는 고귀한 가문 출신인데, 금지된 사랑의 대가로 쫓겨났고, 이러저러한 기구한 운명을 타고 여섯 번이나 남자를 전전하며 살아야 하는 여인일 수도 있다. 그 밖에 다른 상상이 얼마든지 가능하다.

어찌됐든 그녀는 이제 남자를 선택할 위치에 있지 않다. 오히려 누군가에 의해 선택되어야만 생존할 수 있는, 그렇게 되려고 모든 꿈을 포기해야 하는 기구한 여인이다. 웬만한 사람이라면 한두 번 경험할 그것을 여섯 번이나 겪었으니 말이다.

사람들은 그녀를 두려워한다. 엮이면 재앙이 닥친다고 말이다. 아이가 있었을지도 모르지만, 당연히 그녀는 아이를 만나서도 안 된다. 온통 그녀에겐 금지된 것뿐이다. 보통 사람들에게 허용되는 일상의 많은 것들이 그녀에겐 불가능하다. 그런 금지들이 그녀를 속박한다. 그녀는 헤어날 수 없는 운명의 거미줄에 걸린 채 서서히 썩어 간다.

어쩌면 이런 마녀에게나 내릴 저주 속에서 그녀는 스스로 마녀가 되기로 작정했는지도 모른다. "지금 같이 살고 있는 남자도 네 남편이 아니다."(4:18)라는 말이 그녀가 정실부인이나 첩이 아니라, '유부남의 비합법적인 정부'라는 뜻이라면, 그녀는 자신의 일탈적 삶의 방식의 선택에 적극적으로 개입했다는 뜻이겠다. 정상성의 주변에서 비정상적인 존재로서 스스로를 저주하며 살기보다는, 적극적으로 그 저주받은 '꽃뱀'의 운명을 선택한 것이라는 말이다. 그렇다면 정상적 사회규범과 종교에서 그녀는 더 이상 구원받을 수 없는 존재다. 현실에선 결코 불가능하지만 내세에서라도 구원받고자 현재의 저주를 수동적으로 감내하라는 계율에 거슬러서, 발칙하게도 일탈을 스스로 선택한 여인에게 규범과 종교는 더 이상 관용을 베풀지 않는다. 그녀는 집에서 추방당한 채, 사막을 헤매도록 운명이 부과된 존재다. 그래서 사회는 그녀의 가는 길 도처에 폭력을 매복시켜 놓았다. 무수한 폭력의 위협 아래서 살아야 하고, 그녀를 보호해 줄 것은 오직 자기 자신뿐이다. 성직자도 종교 제도도, 심지어 신도 그녀를 외면한다.

어느 날 예수 일행이 그곳을 지난다. 본문의 상황 설정에 따르면, 제자들은 마을로 들어가고, 예수와 그녀 둘만이 우물가에서 만난다. 예수는 그녀에게 말한다. "물 좀 주소." 여인이 반문한다. "유대인인 당신이 사마리아 여자에게 말을 해도 되나요?" 여기에는 두 가지 긴장이 도사린다. 유대인 대 사마리아인이라는 종족적 갈등, 그리고 남자 대 여자라는 성적 갈등. 그냥 모른 채 하고 물을 건네줘도 될 법한데, 여인은 이 낯선 남자에게 순순히 응답하지 않는다. 아마도 오랜 세월 동안 몸에 체득된 경계심의 발로일 것이다. 마주해서는 안 되는 사람이 너무도 많았기에.

그녀는 분명 대인 관계에 걸림돌이 있다. 그러한 걸림을 그녀는 일상적 갈등을 동원해서 표현한다, 종족적 갈등과 성적 갈등으로……. 하지만, 그러한 걸림의 원인은 일상적 긴장이 아니다. 왜냐하면, 아무도 없는 둘만의 대화에서, 모른 체하고 건네주면 될, 대수롭지 않은 일을 그녀는 쉽게 하지 못하기 때문이다. 그런데도 자신의 특수한 사정이 표현되지 않는 것은 그녀가 자신의 문제를 읽어 낼 능력이 없기 때문이다. 그냥 세상을 살아가야 하는 이에게, 세상의 이데올로기와 그 속에서 배태된 자신의 억눌림의 근원을 찾아내는 일이란 거의 불가능한 것이 아닌가? 그렇기에 정신분석학이 필요하고, 이데올로기 분석이 필요하며, 담론 연구가 요청되는 것 아닌가?

예수는 그녀에게 물을 구하면서 '생수'를 선물한다. 그의 표현으로는 '영원히 목마르지 않는 물'이다(13~14절). 여기서 예수는 사이비 교주를 닮았다. 그는 그녀의 집에 우물을 파 주어서 땡볕에 물을 긷고자 마을 밖으로 나오는 수고를 덜어 준 것도 아니고, 그녀를 배척하는 폭력적 제도를 해체해 준 것도 아니다. 아무것도 변한 것이 없다. 아무것도 변화시켜 줄 능력도 없다. 아니 그럴 생각으로 한 말도 아니다.

이런 대화 가운데에 끼어든 것이 남편 얘기다. 남편이 여섯이나 된다는 것을 알아차린 이. 누구라도 놀라지 않을 수 없는 일이다. 그러나 그것만으로 그녀의 생이 바뀌었다고 하는 것은 과장이다. 어쩌다 맞출 수도 있는 것 아닌가? 다른 능력도 시험해 봐야 하는 것 아닌가? 더구나 산전수전에 공중전까지 다 겪은, 온갖 남자의 감언이설을 모조리 접해 보았음직한 여자가 이 정도로 태도가 급변하다니.

그런데도 그녀는 갑작스럽게 변화했다고 한다. 하지만 본문에서 그녀의 변화 과정 자체는 관심거리가 아니다. 본문이 관심을 갖는 것은, 예루살렘도 아니고 그리심 산도 아닌 구원과 관련된 제3의 장소가 있다는 암시를 주는 데 있다(21절). 그것이 교회를 말하려는 것인지 아니면 다른 무엇을 가리키는지 알 수 없지만, 아무튼 구원의 전통적 장소를 기각시키는 데 이 텍스트는 주목한다. 또한 그러한 기각은 예수로부터 발원한다는, 곧 예수가 진정한 메시아라는 말과 관련이 있다.

그런데 본문이 관심을 기울이지는 않지만, 우리는 여기서 또 하나의 암시를 읽어 낼 수 있다. 특히 이 여인의 변화와 관련해서 말이다.

여인은 남편이 여섯이나 되었으나 현재의 남편도 그녀의 남자가 아니다. 곧 그녀의 후견인이 될 수 없다. 고대사회에서 남편이나 아들의 존재는 복지권과도 같다. 여인에게 남편이 있다는 것은 최소의 생존을 위한 권한을 확보한 것이라는 의미를 담았다. 더구나 이 여인은 절대적으로 후견인이 필요한 사람이 아닌가. 그것은 그녀에겐 곧 생존의 문제였다. 그러나 남의 정실이나 첩은 될 수 없었고, 다만 가끔씩이라도 방문해서 한 푼씩 쥐어 주는 것에 의존해야 하는 처지였다.

하지만 그 남자는 그녀의 남편이 아니라는 것을, 그녀의 후견인이 못 된다는 것을 그녀 자신도 잘 알았다. 예수는 그녀에게 이것을 말하고 있다. 그녀도 잘 아는 그것을 예수는 다시금 상기시켜 준다. 안주할 수 없는 존재의 흔적을 되새기게 해 준 것이다. 그러면서 예수가 말한 것이 바로 생수, 목마르지 않는 물이다. 요컨대 그녀는 이 낯선 남자에게서 채워지지 않는 욕망을 충족하게 하는 선물을 받은 게 아니라, 충족되지 않는데도 죽은 듯 숨겼던 욕망이 되살아나도록 부추김 받고 있다.

그러면서 나온 얘기가 바로 메시아에 관한 얘기다. 예루살렘도 아니고 그리심 산도 아닌, '제3의' 장소에서 예배드릴 때가 도래한다는. 그리고 그것은 바로 메시아인 자신과 더불어 오는 것이라고……

텍스트는 여기서 비약이 있다. 그녀가 메시아의 선포자가 되었다는 것이다. 이 비약을 채우는 상상에 더 이상 지면을 사용하지는 않겠다. 이후 그녀는 그간 꺼렸던 사람들을 만나 메시아를 전한다. 말해서는 안 되는 여자가 마구잡이로 사람을 만나 이야기를 한다는 것은 여간 어려운 일이 아닐 것이다. 그런데도 사람들 가운데 일부가 그녀의 말에 솔깃해한다. 그리고 이내 예수를 맞아들여 그이의 이야기를 듣는다. 이제 사람들은 그녀의 말 때문이라기보다는, 예수의 말을 들음으로써 구원의 소식에 동화된다.

● ● ●

이렇게 마감되는 일화 속에서 사마리아의 한 여인은 예수의 추종자가 됐다. 그것은 평온한 일상으로의 복귀가 아니다. 삶을 옥죄었던 저주받은 운명의 실타래를 벗겨 내고, 꿈꾸었던 유복한 여인네로 살아갈 수 있게 된 것도 아니다. 그것은 사막을 헤매는 유랑자적 삶의 선택이다. 억제된 욕망의 제도 속에서 숨이 막히면서도 자그마한 도발에 만족해야 했던 자가, 세계 아니 우주의 변혁에 뛰어든 것이다. 그렇다면 이 이야기는 '한 여성의 성장기'다. 스스로 마녀가 됨으로써 자기 초월에 이르는 성장담 말이다.

이후 그녀의 운명은 어떠했을까? 사마리아 사람들은 그녀를 받아 주었을까? 유대인 예언자를 만나 변화된 이를, 그것도 여자를 받아 줄 사마리아인은 얼마나 되었을까? 또는 그녀가 예수가 나온 유대 사회 속으로 들어갔다면, 유대인은 그녀를 받아 주었을까? 말할 것도 없이 그녀는 내쳐 졌겠다.

그녀가 예수를 따라 떠도는 유랑자 집단의 일원이 된 것으로 보이지도 않는다. 적어도 「요한복음」은 그렇게 생각할 여지를 조금도 주지 않는다. 아마도 그곳에 남아 있었던 것처럼 묘사한다. 그렇다면 그녀는 어떻게 되었을까? 스스로 마녀가 된 여자에게 주어질 운명은 하나뿐이다. 마녀의 운명을 받아들이는 것뿐.

성모라는 무거운 짐을 짊어진 여인

인류의 대모大母 마리아

●

　박완서의 연작소설 『그 많던 싱아는 누가 다 먹었을까』(1992)와 『그 산이 정말 거기에 있었을까』(1995)는 자전적 성장소설이라 할 수 있다. 전자에는 고향 황해도 박적골에서 보낸 어린 시절과, 여덟 살 때 아버지가 급성 맹장염으로 돌아가신 후 서울로 이주하여 한국전쟁이 발발할 때까지, 그러니까 1931년에서 1950년까지의 저자('나')의 삶이 한 편의 개인사적 기록처럼 담겨 있다. 김윤식은 이 작품을 저자의 데뷔작이라 할 수 있는 『나목』(1970)에 수록된 연작 단편소설 「엄마의 말뚝 1」과 「엄마의 말뚝 2」로 이어지는 자전소설로 분류하여, 세 번째 '엄마의 말뚝' 이라고 보면서, 이 작품들 전체를 꿰뚫는 문학적 기조를 '모녀간의 대결 의식' 에서 발견한다.

　마찬가지로 연작소설의 후속편인 『그 산이 정말 거기에 있었을까』 또한 동일한 갈등 구조에 기초하고 있다. 이 책은 저자가 스무 살 되던 해인 1951년 1·4 후퇴 때부터 휴전이 선포되던 해 그녀가 결혼할 때까지의 역정을 담았다. 전편과 달리 여기서 두드러진 변화는 가족에서 '남성 부재'가 스토리의 흐름을 주도한다는 것이다. 이제 박적골의 할아버지나 아버지, 그리고 서울 돈암동으로 이주한 후 이들을 대체한 남성이자, '나'(저자 자신)의 우상인 오빠는, 비록 가족과 함께 있지만 사실상 부재한다. 인민군에 끌려갔다가 총상을 입은 채 도망쳐 온 오빠의 초라하게 변모한 모습에서 후편은 시작한다. 더 이상 오빠는 휴머니스트이자 로맨티시스트 Romanticist가 아니었다. 극한 이데올로기 갈등에 두 손 두 발 다 들어 버린 비굴한 이기주의자에 불과했다. 한 번도 오빠는 전쟁 한가운데 내던져진 위기의 가족을 구출할 가부장적 해결사로 나서지 못한다. 그러나 다른 한편 오빠는 가족 운영의 주체인 어머니와 올케, 그리고 '나'라는 세 여인의 관계의 중심에 자리 잡고 있다.

이들은 오빠와의 관계에서 자신의 주체를 형성한다. 소설의 기본 틀을 이루는 갈등 구조는 바로 가부장 부재의 가족에 대한 이들 세 여성의 상이한 존재 이해가 자리한다. 이때 이해의 차이는 역할의 문제이기도 하지만(고부간, 모녀간, 올케/시누이 간), 올케와 '나'는 소설 내내 견고한 동지적 결속을 이룬다는 점에서 주로 세대의 문제로 나타난다.

어머니는 오빠의 존재에서 자신의 자아를 완성하는 이다. 그래서 오빠의 욕망을 자신에게 투사하여, 오빠와의 완전한 합체를 추구한다. 물론 투사된 것은 오빠 자신이 아니라 어머니에 의한 오빠의 '재현'이다. 그런 점에서 그녀는 분명 오빠의 분신이 아니다. 하지만 그녀의 존재는 항상 오빠를 경유해야만 의미를 획득한다. 그런데 소설에서 오빠는 부재한다.

바로 그렇기 때문에 그녀의 욕망 실현은 '죽음 너머'로 유예된다. 반면 '나'는 오빠를 동경하면서도 '오빠/어머니'의 관계에 의해 소외된다. '나'와 오빠의 동일화는 언제나 어머니에 의해 부정되기 때문이다. 어머니가 '나'에게 요구하는 것은, 오빠를 재현한 어머니 자신의 욕망의 반영으로서 '내'가 되는 것이다. 한편 어머니는 자신의 실현되지 않은 욕망도 딸인 '나'에게 투사하려 든다. 그래서 오빠가 아닌 다른 남성을 만나는 데 자신에 대한 혐오의 경험을 투사하려 든다. 그런데 '나'는 (이 소설 처음부터) 더 이상 오빠를 동경하지 않으므로 오빠와의 동일화를 포기한다. 그 후 가족의 부양을 위해 가족의 경계 밖으로 경험 영역을 확장시켜야 했고, 그렇게 확대된 여정 속에서 여러 여성과 남성, 그리고 미성년을 만나며, 그들과의 관계 속에서 주체를 형성해 간다. 그리고 한 남자와 새로운 가족을 형성하기 향한 출발점에 선다.

이 소설은, 말했듯이, 한 여성(저자 자신)의 성장소설이다. 오빠/가부장에 '의존적인 여성적 존재'이면서 오빠를 통하지 않고서는 극한 이데올로기 갈등 속에서 속물화된 사회와 정상적인 조화를 이룰 수 없는 여성 자아가 그 한편에 있다면, 다른 한편엔 스스로 그 갈등의 속물적 공간 속에서 그것을 초월하고자 하는 '자존적인 여성 주체'가 있다.

그런데 여기서 주목되는 것은 '어머니'다. 그녀는 가족 관계에서 항상 갈등의 핵으로 등장한다. 그리고 그 갈등은 항상 남편이나 아들로 이어지는 부재한(무력한) 가부장을 향한 그녀의 굴절된 욕망의 투사에 그 원인이 있다. 역사의 파행적 이행 과정에서 가족해체의 숱한 위기를 헤쳐 나간 억척스러움을 자신의 신체 속에 체현해 낸 빛나는 모성이 그녀에게 훈장처럼 달렸으나, 그것은 사랑과 희생만으로 점철된 헌신적 모성이 결코 아니다. 뒤틀린 욕망이 때로는 히스테리로, 때로는 편집증적 성적 편애와 혐오스런 욕망의 전이로 적나라하게 드러나는 소설의 양상은 분명 성스런 어머니상에 은폐된 모성의 리얼리티이다.

사회는 이러한 모성을 미화하는 이데올로기를 통해 가부장제적인 성 억압적 질서를 은폐해 왔다. 그런데 그리스도교도 이 점에서 예외가 아니다. 아니 놀랍게도 그리스도교는 모든 어머니들의 원형적 어머니인 '큰 어머니상image of big-mother'을 창안해 냄으로써, 사람들의 경험으로는 결코 반증될 수 없는 숭고성을 모성에 결합시킴으로써, 모성 이데올로기를 극대화한다. 오늘 우리는 이러한 이데올로기의 소재로 신학화된 예수의 어머니를, 그 엄청난 후광으로부터 분리하고자 한다. 문제는 '성모' 이데올로기의 근거가 빈약한 만큼이나, 그녀를 역사의 무대 위에 등장시키는 데 필요한 문헌학적 정보의 빈약함이라는 한계를 역사학 자체 안에서는 극복할 수 없다는 점이다. 이에 우리는 박완서의 놀라운 기억이 담긴 자전소설과 대중 기억술의 흔적인 예수의 어머니 마리아에 관한 성서 전승을 상호 교차시킴으로써, 성서의 예수 어머니를 재해석하고자 하며, 여기에서 오늘날의 성모론 또는 모성론에 비판적으로 개입할 신앙적 지점을 찾아내고자 한다.

● ●

'성모 마리아'. 이 단어는 가톨릭교회와 개신교회 간 갈등의 한 화두였다. 이 논쟁의 초점은 성모가 '중보자'(仲保者, Mediator)의 지위를 갖느냐의 문제였다. 물론 가톨릭교회의 마리아론은 성서에 대한 왜곡에 가까운 해석을 필요로 한다. 그런데도 마리아론은 세계 각 지역에서, 특히 사회적 소외 현상이 심화된 곳에서 강력한 신앙 형태로서 존속한다. 세계 각 지역에서 마리아 상만큼 토착 신앙과 정교하게 결합된 그리스도교의 신앙적 표상을 찾아볼 수 없다는 사실은 바로 이것을 입증한다. 예수 그리스도는 신앙의 대상이 되기에는 너무 숭고한 존재가 되었고, 따라서 삶에서 해방이 필요한 이들에게 예수는 너무 먼 곳에 있었다. 그래서 사람들은 자기들의 기도를 귀담아들어 줄 다른 존재가 필요했다. 기왕에 모성적 존재로 신성화된 성모 마리아는 바로 그 모성성이 담은 '따스함'의 이미지 때문에, 대중의 갈급한 요청과 결합되기에 안성맞춤의 대상이었다.

한편 개신교회는 이러한 '중보자 마리아'론에 강력히 반발한다. 그러나 마리아가 동정녀로 그리스도를 낳았다는 성서의 신화를 문자적으로 수용하고자 하는 개신교적 신앙 역시 마리아에 관한 신성화에 암묵적으로 가담하는 셈이다. 그리하여 마리아를 중보자로서 고백하는 신앙을 반대하였지만, 명시적인 고백의 공간 밖에서 성모는 그 이데올로기적 효과를 충분히 발휘했다.

결국 개신교든 가톨릭이든 성모 마리아 이데올로기에 동참한다. 고통의 현실 속에서 영웅에 투사하기에는 너무 무력한 자신에 대한 절망감이 작동되는 곳에서 마리아론은 널리 수용된다. 하지만 무력한 이들에게 이 신앙이 마냥 좋은 것은 아니다. 누군가의 보살핌을 의식하면서, 무력한 자신을 내맡기는 유아적 퇴행 심리가 마리아론을 통해서 부추겨지고 있으며, 그 속에서 수동적 인간상이 자라나고 있다. 특히 약한 남성은 어머니의 품속에 안겨 위안을 받는 퇴행적 행동을 하도록 부추겨진다. 한편 성적 배제의 체제 속에서 좌절한 여성은 마리아적 모성성과의 동일화를 통해서 좌절된 공격성을 자기희생으로 승화시키도록 훈육된다. 요컨대 약자들은 자신의 욕망의 좌절과 무력감을 마리아를 통해서 퇴행 또는 승화시킨다. 이 글은 바로 이 부정적 측면에 주목한다.

교회는 마리아론의 이데올로기적 효과를 홍보하는 정치적 공간이었다. 왜냐하면 이 퇴행적/수동적 미학은 단지 신앙의 공간 속에 안주하기보다는 삶 전체에 걸쳐 작동되기 때문이다. 이 위로의 체계 속에 자신을 위탁한 사람들은 자신들을 배제시킨 사회체제를 수동적으로 대면한다.

그런데 이러한 교회의 마리아론에서 주목할 것은, 성모가 동정녀였다는 점이다. 남성적 성에 정복당하지 않은 육체로 아들을 낳았다는 얘기다. 이것은 그녀가 더 이상 자폐적인 성적 욕망의 굴레에 놓이지 않았다는 암시를 담는다. 그리하여 남편에게 욕망을 투사할 필요가 없듯이 아들에게 욕망을 투사할 필요도 없다. 동시에 그녀는 자신의 좌절된 욕망을 딸에게 퍼붓지도 않는다. 요컨대 그녀는 갈등 없는 존재, 단지 사랑과 포용만으로 가득한 존재다. 그 사랑과 포용은 가족을 넘어 온 세상을 향한다. 그러므로 여성은 이러한 동정녀적 동일화를 통한 자기 초월을 마리아로부터 요청받는다.

이 놀라운 자기암시는 분명 현존하는 모성적 가치를 극대화한 숭고한 이타주의를 담았다. 그런데 문제는 이것이 모성적 여성에게만 요청된다는 것이다. 어머니가 아닌 여성은 그러한 이상적 여성이 아니다. 나아가 여남 이분법으로 다 설명할 수 없는 성, 호모섹슈얼리티(동성애), 트랜스젠더(성전환자) 등도 물론 아니다. 오직 '어머니'로만 해석될 수 있는 여성만이 숭고한 성이다.

성모론의 문제는 여기에 있다. 여남 이분법적 성의 경계를 더 가로지를 수 없도록 규정짓고, 가부장제적인 모성적 여성만을 규범화한다. 결국 '모성이 없는 여성'은 숭고한 신적 이타성은커녕, 결핍 또는 죄성 아래 매인 존재일 뿐이다. 바로 이런 문제의식에서 우리는 성서로 돌아가서, 예수의 어머니 마리아가 짊어진 성모라는 짐을 벗겨 내고 보통 여자 마리아를 찾아보고자 한다.

• • •

제2성서(신약성서)에서 예수의 어머니에 관한 정보는 복음서들에서만 나타난다.[1] 그런데 네 복음서는 각기 상이한 용법으로 어머니 마리아를 다룬다. [표13]은 네 복음서의 마리아에 관한 언급들이다.

예수의 어머니에 관한 가장 오래된 자료인 「갈라디아서」 4장 4절과 「마가복음」의 몇몇 구절들에는 '동정녀'의 이미지가 전혀 등장하지 않는다(이 점에서는 후대의 텍스트인 「요한복음」도 마찬가지다). 더욱이 「마가복음」에서 그녀와 가족들은 예수의 활동에 대해 부정적 태도를 가지고 있다. 아마도 위험스런 활동을 하고 다닌다는 아들을 단순히 포용하는 어머니는 없을 것이다. 여기서 그녀의 심정에 관해 추정할 만한 자료는 그녀의 가족에 관한 묘사다. 가족 묘사에서 특징적인 것은 남편 없이 그 가족이 거명된다

---

[1] 바울의 서신들에는 직접적인 언급은 없고 오직 「갈라디아서」 4장 4절에서 간접적으로만 언급되어 있다. 곧 그분은 "한 여인에게서 태어나 율법 아래 놓이게 되었다."는 것이다. 여기에는 성모론에 관한 암시는 전혀 없고, 오히려 마리아를 경유했다는 것이 육화embodiment의 증거로 활용된다.

[표13] 네 복음서에 나오는 예수의 어머니 마리아

마가복음	3:20~35 [참고: 6:1~6]
마태복음	1:18~25 [참고: 1:16; 2:1~12, 2:13~15, 2:19~23; 12:46~50; 13:53~58]
누가복음	1:26~38; 1:39~56 [참고: 2:1~52; 4:16~30; 8:19~21; 11:27~28]
요한복음	1~12; 19:25~27

는 점과, 예수 외에 다른 형제와 누이들이 언급됐다는 점이다. 우선 남편 이름이 빠졌다는 것은 그가 죽었거나 장기 부재자, 곧 행불자임을 의미한 다. 예수가 동정녀에게서 태어났다는 전설의 바탕에는 어쩌면 그이가 유 복자였다는 것이 와전된 것인지도 모른다. 흥미롭게도 마리아의 잉태를 동정녀에 의한 탄생으로 보는 「마태복음」의 본문은 이사야 예언(「이사」 7:14)의 성취로 언급되는데, 이때 인용된 성서는 '칠십인역본 성서'다. 그 런데 이 헬라어 번역본은 제1성서(구약성서)의 '젊은 여자'를 뜻하는 '알 마almah'를 '처녀'(파르테노스, παρθενος)로 의역하였다.

　여기서 우리는 「마태복음」과 「누가복음」을 연결시켜 보는 것이 필요하 다. 곧 「마태복음」은 예수의 탄생을 주전 4년 헤롯이 죽기 직전으로 보는 반면, 「누가복음」은 주후 6년 안티파스가 세포리스를 수도로 건립하는 시 기로 본다. 또한 두 복음서는 공히 예수가 어린 시절을 보낸 시기를 나사 렛으로 설정한다. 여기서 나사렛은 세포리스에서 불과 6km 떨어진 촌읍 인데, 세포리스는 주전 4년과 주후 6년의 중요한 역사적 사건과 연루됐 다. 주전 4년 히스기야의 아들(또는 손자) 유다에 의한 저항의 본거지였으 며, 로마에 의해 잿더미로 변한 파괴의 현장이기도 했다. 한편 10년 후인 주후 6년에는 헤롯의 아들로 갈릴리와 베레아의 분봉왕이던 안티파스가 이곳을 자신의 수도로 건립하려고 대대적인 노역 동원이 있었다. 만약 그렇다면 그녀의 남편 요셉은 반란 기간 중에 사망 또는 행불된 사람이거나, 목수로 도시 건설에 동원되었다 역사에서 사라진 존재였을 수 있다. 만일 더 상상력을 발동하면 예수는 전쟁의 와중에서 강간당한 여인의 태에서 태어난 것인지도 모른다. 아무튼 「마태복음」과 「누가복음」이 전승하는 탄생 이야기에 의하면 여기에는 팔레스티나, 특히 나사렛 대중의 처절한 비극적 운명의 한복판에서, 그이가 태어났다는 대중의 집단적 기억이 형성됐다고 추정된다.

한편 예수가 유복자라는 사실은 그이의 형제와 누이가 최소한 여섯이나 된다는 「마가복음」 6장 3절의 전승과 모순되는 듯이 보인다. 하지만 예수가 장자였다는 가정, 곧 처녀의 첫 출산이라는 가정만 배제하면 문제는 쉽게 해결된다. 아니면 마리아가 재가해서 나은 자식들이 그 형제와 누이라고 할 수도 있다. 또는 「마가복음」 3장 20~21절에 암시된 것처럼, 그들이 예수의 직계 형제가 아니라 사촌 형제였다고 가정하면 아무런 문제가 생기지 않는다.

아무튼 예수의 가족과 고향의 친척들은 분명 예수의 활동을, 적어도 초기에는, 잘 이해할 수 없었던 듯하다. 그녀는 남편을 잃은 것처럼 아들을 잃고 싶지는 않았을 것이다. 유다 사회가 남성 중심적인 가부장제적 사회라면, 그리고 그녀가 그 사회의 딸로 태어나 일탈자나 혁명가가 아니라 '정상적인' 촌읍의 부녀자로 살아왔다면, 그녀는 아들에게 자신의 욕망을 투사하고, 아들의 행복에서 자신의 해방을 체험하는 보통의 여인들 가운데 하나였을 것이다. 그런데 그녀는 전쟁과 무자비한 학살을 그 한복판에서 체험하였고, 전후의 처절한 복구 현장에서 연명했던 여인이었다.

열이 펄펄 끓는 아기 예수를 등에 업고 안절부절못하면서 노동에 지친 몸으로 밤을 꼬박 지새운 날, 놀다 크게 다쳐서 철철 피를 흘리다 염증이 나 죽을 뻔한 아들을 부여잡고 밤새 기도로 울부짖었던 날, 연일 보리죽도 없어서 자기는 물만 먹고 아들에게 나뭇가지와 흙을 섞어 죽을 끓여 먹인 절망적인 시절, 그런 시기를 단지 아들에 대한 희망으로 견디어 냈을 것이다. 그런데 그 아들이 다시 사지를 향해 길을 가는데 그걸 어떻게 받아들인다는 것인가.

아마도 그녀는 장성한 뒤 집을 떠난 아들을 기다리며 매일 매일 기도했을 것이다. 돌아오지 않는 아들, 이상하고 불길한 소문의 주인공으로만 찾아오는 아들, 그리하여 날아가 버린 욕망에 그녀의 심장은 갈가리 찢어졌다. 다른 자식이 있다면 그들의 과거 기억 하나하나를 아들을 사라지게 한 원인으로 원망했을지도 모른다. 어느 날 아들이 모처에 있다는 소문을 듣자 즉시 그곳을 향해 먼 길을 마다하지 않고 떠났다. 아들의 집회장, 그립던 소리가 들린다. 두근두근 설레는 마음으로 아들을 만나러 가는 그녀에게, 그러나 저 안에서 들리는 소리는 서릿발보다 매몰차다. "내 어머니, 내 형제, 내 누이가 누구입니까? 바로 당신들입니다." 다분히 감정이 섞인 말투다. 볼 때마다 옥신각신했던 아들이, 신경질적으로 소리 지르는 것이다. 적어도 그녀는 그렇게 들었다. 깊은 상처를 받고 되돌아와야 했다. 하소연도 해보고, 옥박질러 보기도 했겠지. 그러나 아들은 자신의 길을 결코 포기하지 않았다.

얼마 후 그녀는 차라리 아들을 따르기로 했을 것이다. 아들의 운명에 자신의 운명을 포개려면, 그 길밖에 없다고 생각했는지 모른다. 어쩌면 사촌 조카들 가운데, 또는 예수의 형제 가운데 그녀와 함께 길을 나선 사람들이 있었는지도 모른다.

그리고 골고다 언덕에서 십자가에 매달린 아들을 바라보는 여인. 괴로워하는 숨소리가 이따금 들렸다. 아니 필시 제자들의 억지 만류로 형장에 가질 못했을 것이다. 그랬다간 이 한 많은 여인이 무슨 발작을 일으켰을지도 모르기 때문이다. 하지만 그녀는 고문을 받아 처참한 몰골로 변해버린 아들이 소리 지를 힘도 없어 그냥 신음 소리만 내는 그 장면을 생생하게 떠올렸다. 그때마다 비수가 급소를 찌르는 아픔이 그녀를 자지러지게 했다.

죽은 아들이 부활했단다. 막달라 마리아가 흥분해서 이야기한다. 하지만 평소 그녀는 이 처자가 몹시 못마땅했다. 그녀가 아들 가까이에 있는 게 얼마나 부아가 나는지 모른다. 혹시 아들이 저따위 막돼먹은 여자와 가까워진다면…… 생각하기도 싫었다. 여자가 나서지 말라고 수차례 면박을 주었다. 하지만 그런 것에 기죽을 여자가 아니었다. 베드로보다도 더 조리 있게 자신의 주장을 펼 땐, 속에서 감탄이 절로 나면서도 괜히 그녀가 밉다.[2] 그런데 지금 이 여편네의 호들갑에 솔깃해진다. 이윽고 베드로가 달려와서 같은 소리를 한다. 순간 그녀는 와락 눈물이 솟는다. 정말 아들이 되살아났구나.

모친은 묻는다. 아들이 어디 있느냐고. 그런데 베드로와 막달라 마리아

---

[2] 「도마복음」에 따르면 막달라 마리아는 예수 추종자 집단에서 베드로를 능가하는 인물이었다. 하지만 그녀는 주류 그리스도교에서는 배척을 당했다. 반면 주류 그리스도교는 예루살렘의 예수 공동체에서 중요 인물이 된 예수의 모친 마리아를 모든 그리스도인의 어머니로 받아들였다.

가 논쟁을 벌인다. 하나는 갈릴리에 가 있다는 천사의 소리를 들었다고 한다. 다른 하나는 주가 나타날 곳은 예루살렘임에 틀림없다고 한다. 그러면서 각자 예수가 살아 있을 때 한 말들을 얘기하면서 자기주장의 정당성을 강변한다. 사실 되살아났다고 하면서도, 그것을 그토록 쉽게 받아들이면서도, 그들 가운데 누구도 예수를 보지 못했다. 모친은 혼란스러웠다. 마리아가 미덥지는 않지만 가장 먼저 빈 무덤을 발견한 여자가 아닌가? 모친은 아들(또는 조카)인 야고보에게 묻는다. 가만히 논쟁을 지켜보던 야고보는 특유의 예리한 분석력과 세련된 침착한 말투로 어머니(또는 이모)에게 얘기한다. "형님은 분명, 예루살렘에서 나타나실 거예요."[3]

논쟁은 치열하게 며칠간 계속되었고, 막달라 마리아를 포함한 몇몇 여자들과 다른 사람들은 그곳을 떠나 갈릴리로 향했다. 그리고 베드로를 비롯한 많은 사람들과 '주의 형제 야고보', 주의 모친 마리아 등은 예루살렘에 남았다. 하지만 그 싸움에 상처를 받은 적지 않은 사람들이 각처로 흩어지기도 했다.

● ● ● ●

너무 많은 상상을 하였다. 하지만 이상의 해석은 역사 비평학적 연구성과를 이야기 형태로 옮기면서 살을 채워 넣은 것이다. 아무튼 「마가복

---

[3] 「사도행전」과 「갈라디아서」에 의하면 야고보는 예루살렘 교회의 가장 중요한 지도자였다. 그리고 이 예수 추종자 그룹은 예수가 예루살렘에서 부활하였다고 믿었다. 반면 소수파인 마가공동체는 예수가 갈릴리에서 부활하였다고 주장했다.

음」은 예수의 어머니에 관한 기억조차 다소 부정적으로 다룰 뿐이며, 성모론의 발전 흔적을 의도적으로 삭제했다. 시리아 지역 공동체의 텍스트인 「마태복음」에서는 「마가복음」보다는 다소 성모의 중요성이 부각되긴 하지만, 그녀의 역할보다는 그녀와 관계된 남성(남편 요셉과 아들 예수)이 부각된다.

성모론은 예루살렘에서 발원했음이 분명하다. 예루살렘적 그리스도교에서 발전한 주류 그리스도교 신학의 계보를 단순화해서 발전사를 기술한 「누가복음」에는 예수의 어머니에 관한 상대적으로 많은 기억이 담겼으며, 또한 그 역할이 적극적이다. 그리고 후대 마리아론의 발전은 주로 누가의 텍스트를 과도하게 발전시킨 것이다. 한편 주류 그리스도교에 반발한 소공동체인 요한계 공동체는 마리아상을 격하시킨다. 바울에게서 마리아에 의한 예수의 탄생이 육화의 증거로, 성과 속의 지상적 합류의 증거로 활용되었던 반면, 그보다 거의 반세기 후인 요한 시대의 '동정녀' 잉태론은 이미 탈지상성의 증거로 주장되었다. '거룩'의 육화를, 성과 속의 지상적 결합을 특별히 강조하는 요한에게 이것은 수용할 수 없는 견해였다.

오늘 우리는 종교적인 성적 장치sexual apparatus인 성모 마리아 신앙을 발견한다. 그것은 분명 예수와 예수 운동에 관한 성서의 기억에 기초한 신앙이 아니다. 오히려 교회로 발전하는 과정에서 개발된 것이다. 성서 자체에서 추정되는 마리아는 결코 포근한 '대모大母'의 이미지가 아니다. 모든 여성의 모범형이자 약한 남성에게 어린아이 젖 먹이듯 퇴행적 안식을 제공하는 갈등 없는 어머니도 아니다. 그녀는 성적 이데올로기의 희생자였으며, 그래서 남성에 의해 자신의 욕망이 좌절되면서도, 다시 남성에게 그 욕망을 투사하는 존재다. 그녀는 스스로의 욕망을 찾지 못했고, 그렇게 할 수도 없었다. 아마도 성모라는, 예루살렘 교회가 제공한 무거운 금관을 쓴 이상, 그녀는 더욱 성적 억압을 벗어날 수 없었으리라. 또 그녀는 모든 여성에게 사랑과 봉사를 가르치는 영원한 귀감이 될 수는 있으나, 또 많은 남성에게 포근한 안식을 제공해 줄 수는 있었으나, 그 여성과 남성에게 그들을 얽어매는 성적 장치에서 벗어날 해방의 복음을 전해 주지는 못했다. 더 나아가 그녀는, 비록 그녀 자신의 잘못은 아니라 하더라도, 교회의 가부장제적 음모의 상징적 핵심이 되어, 세세손손 반反 그리스도의 교리를 대표하는 장본인이 되고 말았다.

예수 없이 '예수'를 이루는 법

거라사의 광인狂人

●

19세기 미국 작가 마크 트웨인Mark Twain의 소설 『허클베리 핀의 모험』 (The Adventures of Huckleberry Finn, 1884)에는 최소한 세 종류의 편견이 문제로 제기된다. 하나는 인디언에 대한 백인의 편견이고, 다른 하나는 흑인에 대한 편견이다. 그리고 마지막 하나는 허클베리와 그 아버지에 대한, 곧 사회적 일탈자에 대한 일반인의 편견이 그것이다. 여기서 흥미로운 것은 흑인이나 허클베리에 대한 사람들의 편견은 비하의 감정을 담은 반면, 인디언에 대한 이미지는 공포로 나타난다는 것이다. 그들은 어떤 주술적 힘을 가져서, 그들에게 폭력을 가하면 어떤 신비한 힘에 의해 응징을 당할 것이라는 두려움이 그것이다.

쉽게 마주칠 수 없는 이들을 타자화한다는 것은 종종 이렇게 심한 두려움으로 나타난다. 한편 그것은 동시에 강렬한 희망으로 나타나기도 한다.

일제 치하 조선에서 한 일본인이 '소학교 6년생과 중학교 2년생'을 대상으로 "일본인 가운데 가장 위대한 사람을 말하라."는 설문을 무기명으로 했더니, 67%가 김일성을 써냈다고 한다.[1] 백두산 자락을 흰 수염을 날리며 백마를 타고 달리는 장군인 그가 나타나면 일본군은 혼비백산해 달아났다는 이야기가 사람들 사이에서 폭넓게 회자되었다는 것을 반영한 것으로 보인다. 이러한 신화화는, 신문에서 짤막하게 언급되곤 하던 기사가 민족해방에 대한 갈망과 결합해 구성된 상상의 산물일 것이다. 혹한기엔 영하 40도까지 내려가는 백두산 자락. 추위와 굶주림에 시달리면서, 산속으로 끝없이 움직여야 하는 혹독한 상황에서 백발노인이 저항군 지도자였다는 건, 더구나 길이 나 있는 곳이 아니라 바위를 이리저리 타고 다녀야 하는 이가 말을 타고 다녔다는 건 거의 있을 수 없는 허구다. 하지만, 그 허구가 분명 사람들 사이에 유의미한 희망의 전조로서 기능했다. 그것은 역사적으로 유의미한 사건이었다. 역사학은 어떤 것이 허구라는 걸 밝혀내기보다는 이러한 담론 현상이 사람들의 삶에 끼어들어 일으키는 사회역사적 효과를 추적하는 데 더 큰 관심이 있다. 아무튼 이러한 김일성 담론은, 대면할 수 없는 그에 대한 정보가 사람들의 반反일본 정서와 결합되면서, 창조적 상상력이 발동하여 만들어 낸 희망의 서사라고 할 수 있다.

---

[1] 어떤 증언에 의하면, 당시에 쇼까이 세끼(송미령)에 관한 전설도 어린아이들 사이에서 널리 회자되었다고 한다. 그녀가 천리안을 가졌으며, 하늘을 날아다니며 일본군들을 골탕 먹인다는 것이다. 여기에는 언젠가는 그녀가 조선의 인민들을 해방시켜 줄 것이라는 희망이 바탕에 깔려 있다. 하지만 실제로 송미령이 조선의 해방에 관심을 기울였을 리 없다. 요컨대 송미령 신화는 송미령 자신에 관한 것이라기보다는 그녀를 매개로 해서 희망의 이야기를 만들어 내는 사람들의 희망의 산물인 것이다.

이처럼 누군가를 대상으로 하는 공포감이나 희망은, 메시아가 그렇듯이, 그이가 타자화된 존재일 때 한층 커진다. 요컨대 그이가 현실적 존재가 아니라 부재하는 존재일 때, 현실과의 거리가 명백할 때, 그렇게 사람들이 여길 때, 그는 기대나 공포를 일으키는 더욱 강렬한 힘을 갖는다. 그러므로 부재는 역사에 개입하는 강한 에너지를 갖는다. 문제는 '부재의 에너지'가 무엇을 위해 소비되느냐에 있다. 어떤 경우는 두려움을 위해 사용되었고, 어떤 경우는 희망을 위해 사용되었다. 양자는 굉장히 다른 것처럼 보인다. '저기 호랑이 온다.'고 하면 우는 아이가 움찔 멈추는 것처럼, 타자(적 존재)에 대한 두려움은 사회적 규율 장치로 작동하곤 한다. 반면, 타자에 대한 희망은 고통스런 현재를 감내하는 힘을 선사해 준다는 점에서 현재를 넘어서게 하는 힘을 가졌다. 그러나 동시에 이것은 현실을 수동적으로 감내하게 하는 효과이기도 하다. 요컨대 두 유형의 부재와 대면하는 것이 내포하는 사회 역사적 효과는 사람들을 현실의 일상 속에 그대로 묶어 둔다. 그들이 이제까지 익숙하게 품었던 사고를, 편견까지도, 그대로 계속 유지하는 데 비일상이 기여한다.

요컨대 부재는 종종 현재를 넘어서는 힘을 가졌지만, 결국 사람들로 하여금 현재에 머무르게 하는 기제가 된다. 이러한 부재의 힘, 부재의 권력은 그 부재를 탈신화화할 때 무력해진다. 허클베리 핀과 톰 소여는 인디언을 탈신화화하는 순간 그들에 대한 공포감으로부터 벗어났으며, 이것은 동시에 독자가 품었던 인디언에 대한 편견을 무력화시키는 효력이 있다. 주인공들과 독자는 이렇게 자기 초월을 체험한다. 마찬가지로, 김일성이 백발노인 담론으로만 남아 있는 한, 그에 대한 담론을 소비하는 사람들은 역사적 체제를 만드는 주역이 될 수 없다. 그래서 김일성임을 자

임하는 여러 항일 무장투쟁 지도자들이 등장했다고 한다. 그이들은 전설
상의 존재 김일성의 상징을 덧입고자 했음이 분명하다. 부재는 현재화함
으로써 현실을 초월하는 실제적인 동력이 될 수 있다.

그런데도 현재화된 힘은 끝내 현재를 초월하지 못한다. 그것은 극복해
야 할 현실의 장애물을 넘어서는 힘이지만, 동시에 또 다른 극복해야할
대상이 되곤 한다. 이때 부재는 다시 영향력을 발휘한다.

현재화하는 것과 부재하는 것, 이 둘 간의 상호성은 그러므로 현재를
초월하는 진정한 힘을 내포한다. 이러한 상호성이 자기 초월의 동력으로
활용될 때, 우리는 그것의 역사적 운동에 '성찰적'이라는 수식어를 붙일
수 있다.

예수 운동은 과연 성찰적인가? 우리는 「마가복음」 5장 1~20절의 한 흥
미로운 텍스트를 읽으면서 이 물음에 대해 이야기해 보려고 한다.

●　●

「마가복음」에 의하면, 예수 일행은 회당 안에서 바리새 파와 갈등을 일
으킨 후 더 이상 그 안에서 활동할 수 없자, (마을 밖 외딴 공터인) 호숫가
를 중심으로 해서 활동을 펼쳤다. 이 일 직후 팔레스티나와 그 인근의 지
역에서 많은 사람들이 예수가 이끄는 집회를 찾아왔다고 한다(3:8).

당시는 유랑민이 많았던 시절이다. 정착지에서 밀려난 이들이 이리저
리 떠돌면서 임시 노동자가 되기도 했고 때로 도적질을 하기도 했고 비렁
뱅이가 되기도 했다. 예수 일행이 마을에 들어가지 못한 이후, 바로 이 마
을 저 마을을 떠도는 사람들을 청중으로 하는 집회가 마을 밖 호숫가 공

터에서 열렸다.

이후 제자단의 조직 정비에 관한 언급(3:13~19)과 일가친척과의 갈등 사건(3:20~35)이 이어진다. 이 두 일화는 예수 운동이 한결 위험해졌다는 것을 암시한다. 그것에 이어서 회당 대신 새로운 공간인 호숫가에서 펼친 일련의 말씀들이 열거된다(4:1~33). 이 이야기들의 공통된 소재는 '씨'와 '그 열매'인데, 그것은 대중들과의 만남이 당장은 소규모이고 어려운 여건이지만, 그것이 언젠가는 커다란 결실을 맺는다는 주장과 연결됐다. 역시 현재의 어려움이 시사된다.

그리고는 예수 일행은 갈릴리 호수를 건너 데가볼리(데카폴리스)[2] 지역으로 간다. 이것은 분위기 전환의 뉘앙스를 준다. 본문은 호수를 건너가는 장면에서 풍랑이 일고 제자들은 두려움에 휩싸였음을 보여 주고 있다. 그러나 다시 되돌아오는 길은 사뭇 다르다. 예수 주위에 많은 무리들이 몰려들고, 회당장 한 사람이 사람을 보내 예수를 집을 초대한다. 회당으로부터 축출된 그를 회당 안으로 불러들이지는 못할지라도, 집으로 불러들였다는 것은, 그의 축출이 부당한 것이었음을 암시한다. 또한 동시에 이것은 그가 추방을 당했는데도, 그의 메시아적 지위는 더욱 상승했음을 시사한다.

바로 이러한 맥락 가운데 분위기가 극적으로 전환되는 계기에 거라사 Gerasa[3] 사건이 끼어 있다. 그렇다면 이곳에서 일어난 일이 과연 무엇일

---

2 '데카'는 10이라는 뜻이고, '폴리스'는 도시라는 단어다. 데카폴리스는 요르단 동부 열 개의 도시(그중 하나는 강 서편에 있다.)들이 정치적으로 네크워크화된 연방제적 결사체다. 이 도시들은 기원전 4세기 후반 알렉산드로스가 이 지역을 점령했을 때 건설 또는 재건한 헬라화된 도시들이다.

까? 우리는 광인을 중심으로 해서 이 이야기의 역사성을 재현해 보기로 하겠다.

우선 「마가복음」의 이야기는 처음부터 허구적 분위기를 자아낸다. 호수를 건너자마자 거라사 지역에 당도했다는 것은 사실적 개연성이 없다. 이 도시는 호수에서 멀리 떨어진 내륙 한가운데 위치했기 때문이다. 물론 본문은 도시 내에서 일어난 일이 아니라 도시 외곽의 시골을 배경으로 하지만, 그렇다 하더라도 도시는 너무 먼 곳에 있었다. 그래서 「마태복음」은 거라사 대신 데가볼리에 속한 다른 도시, 특히 거라사와 이름이 그나마 비슷한 도시 가다라를 거명한다. 그러나 본문에서 중요한 것은 그 일이 일어난 곳이 거라사나 가다라가 아니라, '대도시 주위'라는 점이다. 더구나 이곳은 데가볼리의 하나라는 점에서, 헬라 사회적 색채가 뚜렷하며, 또한 정치적으로 로마와 깊이 유착된 지역이라는 점이 중요하다. 곧, 설화자나 전승자는 이곳을 거라사로 이야기할 때, 그 지리적 위치를 공간 좌표의 위상학으로 느끼는 게 아니라 그 지역을 문화적이고 정치적인 뉘앙스로 떠올린다는 것이다.

그곳에 한 광인이 있었다. 그는 물론 도시나 마을 안에 사는 사람이 아니다. 그는 무덤 지역에 기거한다. 시신을 유기하는 곳이다. 그래서 그곳에는 썩어 가는 시신이 즐비했고, 야생동물이나 새들이 먹이를 찾아 이리저리 어슬렁거렸다. 그는 그곳에서 잤고 그곳에서 살았다. 그런데 그가

---

3 거라사는 데카폴리스에 속하는 한 도시로, 다른 데가볼리뿐 아니라 팔레스티나 지역 전체에서도 가장 번영한 도시에 속했다. 당시 인구도 거의 2만 명에 육박했고, 도시의 크기도 대단히 광역이었다.

○는 데가볼리

무덤가를 소리치며 뛰어다닌다고 사람들은 생각한다. 또한 돌로 제 몸을 짓찧는다고 생각한다. 소름 끼치는 장면이다. 어쩌면 시신을 안장하려고 사람들이 다가오는 것을 보고, 두려움에 휩싸여 자신의 평온한 일상을 깨뜨린 자들을 향해 위협을 주는 장면인지도 모른다. 하지만 사람들도 놀랐고, 그 두려움은 마을 사람들에게 그대로, 아니 굉장히 과장되어 전파되었으리라.

그의 과거는 어땠을까? 그도 분명 아이였을 적엔 평범한 동네 사람들의 일원이었을 것이다. 그도 용맹한 장군이 되어 위풍당당하게 군대를 이끌고 가는 꿈을 꾸었을 것이고, 분명 부자가 되어 하인을 거느리고 이리저리 향락을 즐기는 꿈을 꾸었을 것이다. 그도 분명 아리따운 여인을 아내로 삼아 많은 자식들과 유복한 일생을 살아가고 싶었을 것이다. 그런데 어쩐 일인지 그의 인생은 어긋나만 갔다. 그리고 세월이 흐른 뒤 그는 모든 사람들이 경원시하는 사람이 되었다. 사람들은 그에게 쇠고랑을 채웠다. 그는 발버둥 치며 반항했다. 손과 발이 까져 피가 흘렀고, 손의 관절을 탈골시켜 겨우 빠져나갔다. 얼마 후 도망친 그는 다시 붙잡혔고, 다시 쇠고랑이 채워졌다. 하지만 이제 그것을 풀 수 있는 노하우를 갖춘 뒤였다. 그때마다 번번이 사람들은 더 견고하게 그를 묶어 놓았고, 도망할 수 없도록 죽기 직전일 정도로 두들겨 팼다. 하지만 그는 기어이 그것을 풀고 도망칠 수 있었다.

그는 왜 그렇게 사람들에 의해 묶이고 두들겨 맞았을까? 왜 사람들은 그를 경원시했을까? 모든 사람이 그렇듯이, 첫 사건은 사소한 원인 때문에 발생한 것인지도 모른다. 아무튼 그 사건의 파장은 매우 컸다. 사람들은 무슨 일이 있을 때마다 그를 지목했고, 때로 그는 아무런 상관도 없는 일로 사람들에게 붙잡혔다. 평소에도 사람들은 그와 마주치는 걸 꺼렸고, 혹 그와 만나면 불길한 것을 본 것처럼 얼굴을 붉히거나 두려워하며 도망쳤다. 점점 그는 사람들로부터 먼 곳, 외진 곳으로 물러갔다. 그러나 사건이 벌어질 때마다 사람들은 그를 잘도 찾아냈다. 사람들이 그를 경원하는 만큼 그도 사람들을 경원하지 않을 수 없었다. 그리하여 그는 결국 무덤가, 죽은 사람들만이 온다는 이곳으로 온 것이다.

무덤은 그에겐 안식처였다. 무덤에 있는 무수한 시신들은 그의 친구였고, 억울하게 죽어간 원혼들과 더불어 그는 새 마을을 이루고 살았다. 간혹 사람들이 시신을 안장하려고 왔다. 그때는 그의 평온이 깨졌다. 사람들이 저렇게 올 때마다 그의 삶은 말할 수 없이 뒤틀려 버렸기 때문이다. 그는 본능적으로 사람들을 두려워했고, 본능적으로 그들을 향해 사나운 표정과 괴성을 질러 댔다. 무덤가를 사납게 뛰어다니며, 돌로 자기 몸을 자해했다. 한데 사실은 자기가 두려워서 그런 행동을 한 것이다.

피투성이가 된 몸뚱이는 마치 저승사자처럼 보였다. 사람들은 두려워하며 도망쳤고, 그에 관한 소문은 괴담이 되어 번져 갔다. 흡혈귀에 물린 사람이 흡혈귀로 다시 태어나는 것처럼, 귀신의 능력이 그에게 붙어서 그를 만나는 사람은 그 자처럼 된다는 얘기도 있었다. 이렇게 해서 적어도 무덤가만은 그에게 평온을 주었다.

어느 날 평온한 무덤가로 또 일단의 무리가 나타났다. 이번에는 마을 쪽에서 온 것이 아니었지만, 그렇다고 무덤가의 사람에게 달리 느껴질 것은 아니었다. 그러나 어쩐 일인가? 얼마 후 그는 그 외지 사람 앞에 무릎을 꿇고 있다. 어쩌면 위협 때문에 그를 이길 수 없다는 것을 뜻하는 행위인지도 모른다. 예컨대 개가 낯선 사람을 보고 사납게 으르렁거리다 끝내 눈싸움에서 패하면 꼬리를 접고 바닥에 배를 깔고 엎드려 항복을 표하는 모습인지도 모른다.

본문에는 그와 예수 사이에서 있었을 법한 이야기들이 거의 생략됐다. 하지만 필시 그들 사이에는 많은 말이 오갔겠다. 그의 입을 열려면, 수년 또는 십수 년 이상 되었을 법한 기나긴 한이 풀어질 새로운 관계의 과정이 필요했을 테니 말이다.

예수는 근자에 그에게 말을 건넨 유일한 사람이었을 것이다. 그를 '미친 놈', '귀신 붙은 놈'이라고 경원하는 대신 그이는 그의 이름을 물었다. 그를 두려워하는 대신 그의 손을 잡고 그를 가슴에 안았다. 그이는 그를 피하기는커녕 그의 '아버지'/후견자가 되었다.[4]

어느 날 무덤가의 사람이 마을 사람들 앞에 나타났다. 놀라운 일이다. 그의 옷차림새나 모습은 완전히 다른 사람처럼 보였다. 처음엔 돌을 던져 위협을 하기도 했고, 붙잡아 가두기도 했다. 하지만 점차 그가 제정신이 돌아온 것임을 깨닫는다. 그제서야 그의 음성이 들리기 시작했다. 아마 그의 가족이나 친족들이 가장 먼저 그의 얘기에 귀 기울였을지도 모른다. 아무튼 그의 말을 듣자하니, 그를 고쳐 준 이가 있었다는 것이다. 그 예수라는 이는 갈릴리에서 기적을 베풀고 해방을 선포했다는 것이다. 누군가가 얼마 전 베레아에 있었던 요한을 떠올렸다. 또 누군가가 그 요한이 부활해서 갈릴리에서 활동을 하고 다닌다는 얘기를 했다. 이런저런 얘기들이 오가면서 광인을 고쳐 주었다는 예수의 얘기가 만들어졌다.

필시 그 얘기의 줄거리는 그 광인이던 사람의 후속 활동과 연관되었을 것이다. 그는 하느님 나라를 선포하고 다녔고, 그 나라의 도래를 가져올 예수를 선포했다. 그분은 병든 자를 고치고, 가난한 자에게 구원을 선포했다고 말이다. 또 그분은 부자를 야단치고, 사람들에게 횡포를 일삼는 관리들과 병사들에게 호령했고, 심지어 로마인들의 도시를 저주하며, 그

---

[4] 후견인 체제는 지중해 지역 일반에서 나타나는 관습이다. 마치 영화 〈대부〉에서처럼, 무능력한 사람은 능력 있는 이에게 자신을 위탁함으로써 생존을 위한 기본적 조건을 회복할 수 있었다. 이때 후원자란 곧 그의 '아버지'가 된다.

들에게 심판을 선포했다고도 했다.

사람들은 쉽사리 그를 받아들이지는 않았음이 분명하다. 왜냐하면 그의 이름은 익명으로 남았기 때문이다. 하지만 그 사람에 얽힌 일화는 사람들의 가슴을 크게 동요시켰고, 적지 않은 파란을 일으킨 것이 분명하다. 그리하여 데가볼리 지역을 중심으로 하는 한 편의 일화가 만들어졌다.

그 광인의 몸속에는 귀신들이 떼거지로 들어 있었다. 그래서 그 귀신은 자기들을 '레기온'이라고 불렀다. 왜 하필 레기온일까? 흥미롭게도 그것은 로마의 군대 단위다. 한 레기온은, 아우구스투스 시대에는, 약 6000명쯤 되었던 대부대다. 그렇다면 그 사람으로 하여금 무덤가를 뛰어다니며 제 몸을 짓찧게 할 만큼 고통스러움을 체현하게 하던 귀신들은 로마 군대와 관련이 있다는 것이 아닐까? 어쩌면 사람들은 여기서 로마로 인한 원혼을 연상하는지도 모른다.

귀신들이 그 사람을 붙잡아 괴롭혔다. 그러나 그들이 이제 그에게서 나와 돼지 떼로 갔다. 돼지는 유대인에게는 전통적으로 터부인 짐승이다. 먹어서도 안 되고 키워서도 안 되는 그런 짐승이다. 그런데 그것이 예수 당시에 대대적으로 사육됐다. 그것은 헬라적 도시의 소비 때문이다. 또 그곳에 주둔하던 로마 병사들의 주식이기도 했기 때문이다.

마치 로버트 단턴Robert Danton의 책 『고양이 대학살』을 연상시킨다. 그것은 18세기 프랑스 인쇄공들 사이에도 유포된 민담이다. 그들은 주인에게 혹사당하고, 주인마님의 비인격적 모욕을 받아야 했다. 그런데 주인마님은 고양이를 애지중지했고, 그래서 고양이는 큰 호강을 누렸다. 어느 날 인쇄공 가운데 몇이 꾀를 부려 주인 침실 근처에서 밤마다 고양이 울음을 흉내 냈다. 여러 날을 수면 부족에 괴로워했던 주인마님은 인쇄공들에게 고양이를 죽이라는 명령을 내렸다. 이에 인쇄공들은 신이 나서 주인 마님 고양이를 포함해서 고양이란 고양이는 닥치는 대로 학살했다.

이후 이 사건을 기리는 축제가 생겼고, 민중은 이 축제를 통해서 자신들의 한을 풀었고, 해방을 향한 염원을 간직했다. 그리고 20년이 지난 뒤 한 인쇄공이 이 이야기를 기록으로 남겼다. 이 민중 해방의 담화는 축제를 통해서 기억되었고 전수되어, 프랑스혁명을 맞이하면서 민중의 해방 운동으로 역사 속에 발현했다는 것이다.

『고양이 대학살』의 고양이처럼, 거라사 광인 이야기에도 '돼지'를 학살하는 이야기가 결합되었다. 「마가복음」은 그 수가 2000마리나 되었다고 한다. 물론 그것은 허구다. 그렇게 대대적인 학살을 했다면, 아마 더 많은 사람들이 로마 군대에 의해 학살당했을 것이다. 하지만 어쩌면 목동 가운데 또는 거라사 당국으로부터 착취당하고 문화적으로 모욕당하던 시골 사람들 가운데 몇이 돼지 몇 마리를 죽였을지도 모른다. 또 어쩌면 이 거라사 광인이 주동이 되는 돼지 학살 사건이 있었을지도 모른다. 아무튼 그 이야기가 2000마리 돼지 학살 사건으로 허구화되었다.

여기서 우리는 로마 군대와 헬라 문화에 의해 대중이 얼마나 육체적으로 정신적으로 주눅이 들어 있었는지를 알 수 있다. 여기에는 인종적 · 문화적 · 계급적 착취 관계가 개재되어 있다. 대중은 자신들이 타자화시킨 이 무덤가 광인에게 뭔지 모를 증오를 쏟아 부었다. 그러나 광인의 일화로 인하여 증오는 로마와 도시로 옮겨 갔다. 이러한 반反로마, 반反도시에 대한 적개심은 훗날 봉기가 일어날 때, 로마군을 향하여 표현되었다. 곧 광인 이야기를 통해 대중은 자신들의 증오심이 발현해야 할 대상을 바로 찾아낼 수 있었다.

거라사 무덤가의 이 광인은 예수를 따르겠다고 고백한다. 그런데 예수는 그에게 '가라'고 한다. 「마가복음」에서 예수가 말한 '가라'는 말은 단순히 가다는 말의 명령형이 아니다. 이 말은 '따르다'라는 말과 대응하는 제자들의 다른 유형을 가리킬 때 사용된다. 곧 떠돌이 예언자가 아니라, '재지在地 예언자' 또는 재지 협력자 정도를 가리키는 용어로 이 단어가 쓰인다.

그것은 이 사람이 예수를 선포하고 다녔다는 이야기에서 입증된다. 이 사람의 구체적 활동에 대해서 우리는 알 길이 없다. 하지만 분명한 것은 그가, 사람들에게 부재한 존재였던 그가, 예수의 '가라'는 명령과 더불어 사람들 앞에 다시 나타난 사건은, 그 사건에 관한 이야기를 탄생시키는 계기가 되었다. 그것은 광인에 대한 사람의 증오가 로마에 대한 증오로 바뀌는 계기이기도 했다. 어쩌면 주후 66년 대대적인 봉기로 팔레스티나 인근 지역에서 로마인에 대한 보복전이 벌어질 때, 이러한 증오는 그들을 향해 실제적인 사건으로 폭발했을 것이다.

그런데 본문에서 예수는 그들을 떠났다. 곧 여전히 이 이야기에서 예수는 그들에게 부재한 존재다. 만약 예수가 그들과 직접 관계해서 복음을 선포했다는 식으로 설화의 내용이 만들어졌다면, 그 설화가 담은 증오의 발상법은 절대화되었을 것이다. 그러나 그들에게 선포된 것은 예수의 말이 아니라, 광인의 말이며, 광인의 역할 또는 이미지라는 프리즘을 거쳐 표출된 예수의 말이다. 따라서 그것은 물신화될 수 없는 제한성을 가진다. 예수는 다른 데서, '적'은 단순히 타자화된 분노의 대상에게만 있는 게 아니라는 것을 수차례 이야기했다. 그것은 자기 내부에도 있다는 것이다. 그것은 계급 적대를 넘어서며, 민족 적대를 넘어서고, 일체의 자기중심주의를 넘어선다. 곧 예수의 부재는 성찰을 향한 도전으로 남아 있다

5

열여섯째 마당 • 예수를 만나려면 예수를 죽여라_**바울이라는 사울과 바예수**

열일곱째 마당 • 잃어버린 언어_**빌립보의 '악령' 들린 노예 소녀**

열여덟째 마당 • 바울은 노예해방론자인가?_**빌레몬과 오네시모**

열아홉째 마당 • 예언자와 미혹자_**'자칭 유대인', 니골라 당, 이세벨 당**

예수를 만나려면 예수를 죽여라

바울이라고 하는 사울과 바예수

●

텍스트가 존재하기 이전에는 저자(잠재적 저자)만이 실재한다. 그(녀)가 글을 씀으로써 비로소 텍스트는 이 세상에 탄생한다. 곧 저자는 텍스트의 내용과 형식을 창조한 존재다. 그런 점에서 저자와 텍스트 간의 관계는 창조주와 인간 사이의 관계에 비유될 수 있다. 그러나 구조주의 비평 이론가인 롤랑 바르트Roland Barthes는 '저자의 죽음'을 선포한다. 그것은 무엇보다도 저자만이 텍스트의 의미를 만들어 내는 유일한 존재라는 관점에 대한 항의라 할 수 있다. 곧 저자가 의도한 것이 텍스트가 나타내는 유일무이한 의미(소위 '진리'라는 것)인 것은 아니라는 말이다. 아무리 저자가 정교하게 스토리를 구성한다고 해도, 텍스트의 등장인물이나 다른 것들(동식물, 사물 등)은 저자의 의도와는 아무런 상관도 없는 새로운 의미 가능성을 향해 열려 있다(텍스트의 다성성). 나아가 독자 또한 거기에 개입한다.

그리하여 텍스트의 의미는 끝없이 열린 의미의 공간 속에서 그때그때마다 특정한 좌표 지점에 정박함으로써 형성될 뿐이다.

「누가복음」과 「사도행전」의 공통 저자는 이 연작물을 쓰면서 나름의 스토리를 구성했다. 거기에는 베드로와 바울이라는 주요 등장인물이 있고, 그 밖에 여러 보조 인물도 있다. 물론 이들 대다수는 실존 인물이었을 것이다. 하지만 저자의 창조적 손길에 의해서 텍스트 속에 재현된 그들은 저자가 구성하려는 스토리 라인 속에 배치된 존재로서 실재할 뿐이다. 그렇지만 등장인물들이 단순히 수동적으로 저자의 기획에 순응하는 것만은 아니다. 그들은 텍스트 속에서 저자의 의도와는 일정하게 독립되어 적극적 주체로 살아 움직인다. 곧 그들은 저자의 의도에서 완전히 자유롭지 못하지만 동시에 각기 자기 나름의 소리를 어떤 형태로든 발설함으로써 텍스트의 의미 형성에 개입한다. 나아가 그들은 일관된 의식을 가진, 이른바 '동일자'로서 모순 없이 발설하고 행위를 하는 존재가 아니라, 때로 모순되는 말과 행위를 하는 '분열된 존재'다.

이 글에서 우리는 「사도행전」에 나오는 한 텍스트 속에서 저자의 소리에 환원되지 않는 소리(들)에 주목할 것이다. 그리하여 그 속에서 이루어지는 저자와 등장인물 간 대화의 구조를 찾아내고, 이 대화에 의한 텍스트의 의미를, 의미의 다성 多聲적 가능성을 물을 것이다. 물론 이러한 의미에 대한 해석은 (무한히) 다양한 의미의 가능성 가운데 단지 하나일 뿐이다.

●●

「사도행전」에 의하면 바울의 선교 여정은 크게 두 단계로 나뉜다. 첫 번

[표14] 「사도행전」에서 바울의 이방 선교 도정

제1차 전도 활동	예루살렘 회의	제2차 전도 활동	제3차 전도 활동
13:1	15:1	15:36	18:23
주로 소아시아 남동부		주로 마케도니아와 헬라	주로 소아시아 서부

째는, 다마스쿠스 사건 이후 예수에게 전향한 그가 그곳을 중심으로 '유대교회당'을 돌면서 예수가 진정한 하느님의 아들이자 메시아라는 주장을 설파하던 단계다(9:19~31). 여기서 그의 활동은 실패하여 예루살렘으로 피신하였으나, 다시 쫓겨 다소(타르수스)로 도망쳐야 했다. 두 번째 단계는, 안디옥(안티오키아)을 중심으로 하는 '이방인 선교' 단계다. 교회 지도자의 한 사람인 바나바가 다소에 있던 그를 이곳으로 데려왔고(11:25), 바나바와 함께 이방 지역 선교사로 파송되었다.

「사도행전」은 두 번째 단계 선교의 성공 과정을 묘사하는 것으로 바울 사역의 의의를 기술하며, 그것은 복음이 예루살렘에서 로마제국 전역으로 어떻게 성공적으로 확산되어 갔는지를 논증하는 맥락 위에 있다.[1] 바울의 이방 선교 도정은 다시 세 단계로 나뉘는데, 그 활동 범위는 [표14]와 같다.

「사도행전」 13장 1~12절은 바울의 두 번째 선교 활동의 출발점이자 '바울다운' 선교의 실질적인 시점에 위치한다. 여기서 우리가 주목할 것

---

[1] 이러한 「사도행전」의 선교 역사는 바울과 베드로의 활동사로 이루어졌다.

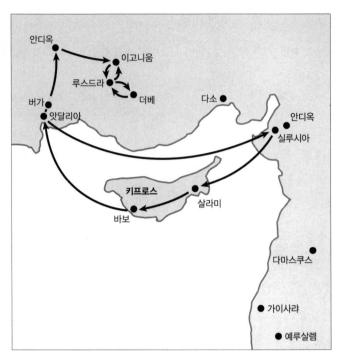

바나바 · 사울 일행의 키프로스 선교

은 안디옥 교회가 파송할 때 바울의 이름은 유대계 이름인 '사울'이고 거
명 순서가 바나바 다음에 위치한다는 점이다. 그의 이름이 유대인 전통
이름의 하나였다는 것은 이방인 선교사에 걸맞아 보이지 않는다. 여기서
주지할 것은 바울 자신은 자기 이름이 사울이었다는 것에 대해 한 번도
말한 적이 없다는 점이다. 그가 다소 출신의 디아스포라 유대인이라는 점
을 감안하면, 그의 원래 이름이 사울이었을 가능성은 별로 없어 보인다.
아마도 그가 베냐민 지파 출신이라는 사실(「빌립보서」 3:5)을 감안하면, 같은
지파 출신이자 전설상의 불명예스런 왕의 이름이 (「사도행전」 저자에 의

해) 그의 본명으로 둔갑했을 것이다. 이 명예롭지 못한 이름은 박해자 또는 전향 후 다마스쿠스에서 선교에 실패한 이력에 걸맞다. 그러므로 이것은 「사도행전」 저자의 가필일 것이다. 한편, 바나바 다음에 거명되는 점은 그가 이방 선교 초기에 바나바의 보조자였다는 것을 시사한다.

바나바 · 사울 일행이 처음 당도한 곳은 키프로스 섬이었다(13:4). 이 섬에서 첫 선교지는 '살라미'이지만, 이곳에서 그들은 회당을 돌아다니며 활동했기 때문에 아직 진정한 의미의 이방 선교는 시작되지 않은 셈이다. 본격적인 선교는 바보(파포스)에서 시작된다(13:6). 이곳에는 '서기오 바울 Sergius Paulus'이라는 총독이 있었다(13:7). 본문은 그가 "총명한 사람"이라고 말한다(13:7). 이는 총독이 바나바 일행을 불러 하느님의 말씀을 경청하려 했다는 묘사와 상응한다. 이와 같이 고위층의 인사를 품격 있는 사람으로 묘사하는 것은 '누가'[2] 특유의 어투에 속한다.

그런데 총독 휘하에는 '바예수'라는 묘한 이름의 예언자가 있었다 (13:6). 8절에는 그가 '엘루마'라는 이름으로 불리기도 한다. 어쩌면 '예수의 아들'이라는 뜻의 바예수라는 이름을 저자로선 쓰기가 불편해서 다른 이름을 또 거명하는지도 모르겠다. 아무튼 그는 점술사로, 총독의 참모 역할을 하던 유대인 예언자였다. 그는 분명 바나바 · 사울 일행의 적대자로, 총독의 개종을 방해하는 자로 등장한다.

그런 점에서 본문은, 바울과 그가 유대 사상에 있어서 서로 상반된 관점에 있었다는 것을 시사한다. 그렇다면 바예수는, '예수야말로 메시아다.'

---

2 「누가복음」과 「사도행전」은 동일한 저자가 쓴 연작 저술인데, 여기서는 그 익명의 저자를 편의상 '누가'라고 부르겠다.

라는 바울의 선포에 문제를 느꼈던 유대인이라는 뜻이 된다. 이에 분개한 사울은 그가 '눈이 멀' 것이라고 저주를 퍼부었고, 그것이 실현되었다고 한다(13:11). 그리고 이 일로 총독 서기오는 개종했다고 한다. 하느님은 예수를 반대한 바예수 대신, 예수를 선포한 바울(사울)을 지지했던 것이다.

이러한 줄거리는 실제 있었던 얘기는 아닌 것 같다. 그와 같은 높은 직책의 인물이 개종했다면 훨씬 커다란 반향을 일으켰을 것인데도, 바울 자신이나 동시대의 다른 문헌들은 이것에 대해 침묵한다. 서기오 같은 상류층 인사가 개종했다는 것은 '누가'적 필법에 속한다. 그러므로 이것은 '누가'의 가필이라고 하는 것이 자연스럽다. 이렇게 묘사함으로써 그는 이방인 선교가 처음부터 얼마나 성공적이었는지를 매우 인상적으로 이야기한다.

그런데 이 사건 이후, 이방인 선교가 본격화되었다는 사실 외에, 다른 두 가지 중요한 변화가 있다. 하나는 사울이 '바울'로 거명된다는 것이다. 9절에서 "바울이라고 '도' 하는 사울은"이라는 표현이 느닷없이 나오는데, 이것은 '바울'이 이미 그의 이름으로 불렸다는 인상을 준다. 하지만 「사도행전」은 아직까지 그를 이렇게 부르지는 않았는데 여기서 슬쩍 언급하더니, 이 텍스트의 다음 단락부터는 아무런 언급 없이 아예 당연하다는 듯 '바울'이라고 호명한다. 그것은 바보에서의 이 사건이 개명의 계기가 되었음을 암시한다. 한편 다른 하나의 변화는 바나바의 이름보다 바울이 먼저 나오거나, 또는 바나바를 뺀 채 '바울 일행'이라고 부른다는 것이다 (13:13). 이는 바울이 이방 선교의 주도권을 장악했음을 뜻한다. 역시 바보에서의 사건이 그 계기였음을 알 수 있다.

그런데 우리는 한 가지 흥미로운 사실을 발견한다. 사울이 바울이 되는 계기적 사건이 총독의 개종인데, 그의 이름이 또한 바울(서기오 바울)이었다는 점이다. 더욱 심상치 않은 것은 총독 개종을 위해 혼신을 다하는 바울 일행의 강력한 반대자의 이름이 '바예수'였다는 사실이다. 바울이 전하는 예수의 적대자 이름이 '예수의 아들'이라는 것이다. 묘한 일이다. '누가'라면 예수의 적대자가 '바예수'였다고 말했을 것 같지 않은데 말이다.

만약 바예수가 반그리스도교적 유대인을 상징하는 게 아니라, 친예수적 유대인을 상징한다면 이는 바예수와 매우 어울리는 이름이다. 곧 예수의 적자임을 주장하는 사람(들)이 바울의 방해자로 등장한다. 그러나 이것은 '누가'의 필법일 수는 없다. 왜냐하면, '누가'는 바울 자신의 묘사보다 훨씬 예수 집단들 사이의 협조적 관계를 강조하기 때문이다. 그렇다면 우리는 여기서 저자의 필법과는 별개로 드러나는 등장인물의 소리를 감지할 수 있다.

우리는 흥미로운 사실 또 하나를 이야기할 수 있다. 바울과 더불어 「사도행전」의 주인공인 베드로도 이방인 선교에 핵심적 역할을 수행하는데, 그 출발 지점이 사마리아 선교다. 물론 이곳은 빌립이 먼저 선교한 곳이지만, 진정한 선교는 베드로에 의해서 이루어지는 것처럼 묘사된다(8:4~25). 그런데 이때 베드로가 행한 선교의 주된 방해자가 '시몬'이라는 점술사다(8:9). 독자라면 시몬이 베드로의 이름이기도 하다는 것은 누구나 다 아는 것일 텐데, 베드로의 이방 선교의 중요한 적대자가 시몬으로 나오는 것이다. 이때도 시몬은 베드로의 아람식 이름, 그러니까 고향에서 불리던 이름이라는 점을 유의하라.

바울은, 아니 아람식 이름의 선교사 사울은 바예수와 싸운다. '예수의 아들'이라고 하는 묘한 이름의 사나이는 예언자요 점술사다. 물론 사울이 선포하던 예수도 유대인이요 예언자였다. 그리고 이 적대자와의 싸움에서 승리함으로써 바울이라는 이름(서기오 바울)의 총독을 개종시켰는데, 그로 인해 사울은 바울이 되었다. 요컨대 유대인 예언자 예수를 이김으로써 사울이 바울로 개명, 아니 전환되었다는 것이다.

그렇다면 여기서 바울은 자기 자신과의 싸움을 벌이는 것이 아닌가. 그는 모종의 내적 투쟁에서 승리함으로써 실패한 유대인 왕 사울이 아니라 현명한 헬라인 바울이 된 것이라고 할 수 있는 것 아닌가? 그럼으로써 그는 이방인을 향한 복음의 진정한 선교사다운 존재가 된 것이 아닌가? 갈릴리 출신 유대 사람 베드로가 자기 자신을 이김으로써 진정한 이방인 선교 역사가 펼쳐지게 된 것처럼, 바울도 바예수, 아니 유대인 예수를 이김으로써 이방인을 향한 진정한 예수의 선교사가 되었다는 것 아닌가? 바예수는 예수의 적자임을 주장하는 어떤 사람(들)이라기보다는 바울 아니 사울 자신의 선교사로서 정체성을 규정하던 신앙적 상징을 보여 주는 것이 아니었을까? 그렇다면 바예수는 바울에게 이방인에 대한 유대주의적 선교를 추구하게 했던 사울 자신의 종교적 신념을 시사한다. 그러므로 베드로가 진정한 이방인 선교사가 되고자 시몬을 넘어서야 했던 것처럼, 사울도 자기 자신을 넘어섬으로써 바울이 되었고, 바나바의 조력자가 아닌 선교의 주역으로 등장했던 것이 아닐까.

● ● ●

'누가'의 텍스트는 이방 선교의 성공적인 한 스토리를 구성하려 했다. 그것은 타자에게 그리스도 이야기가 복음이 되었던 바울과 베드로의 성공담으로 구성되었다. 그런데, '누가'의 필법과는 별개로, 바울과 베드로의 선교 역사 속에는 종족 중심주의를 벗어던지려 안간힘을 썼던 그들의 자기 자신과의 투쟁 이야기가 내재됐다. 타자에게 예수가 진정한 구원자임을 전파하려면, 자기중심으로 구성된 내면의 예수를 버려야 했다는 이야기다. 이것을 자기 초월의 사건이라고 한다면, 바로 이런 자기 초월을 통해서 복음이 타자의 얼굴을 할 때 그것은 생명력을 갖는다는 것이다. '누가'의 텍스트에서 저자와는 별개로 발설된 소리에 기초하여 재구성한 이러한 의미는 '누가'적 선교의 역사를 단순한 종교 담론 팽창의 이야기가 아닌, 복음의 전파 과정으로 다시 읽을 수 있는 지점을 우리에게 가르쳐 준다.

선승 임제臨濟가 말한 바, 불가에서는 부처를 만나면 부처를 죽이라는 가르침이 있다. 마찬가지로 예수를 죽이지 않으면 우리는 예수의 복음을 전유할 수 없으며, 또한 그것을 전할 수 없다. 그것은 마치 신이 자신을 죽임으로써 구원자가 되었던 것과 같다.

잃어버린 언어
빌립보의 '악령' 들린 노예 소녀

●

영화 〈식스 센스〉(The Sixth Sense, 1999)에서는 한 소년이 혼령과 대화를 한다. 소년이 공포에 휩싸인 것은 당연한 일이겠다. 그러나 결국 두려움 없이 혼령과 소통한다. 그런 점에서 이 영화는 공포영화다운 어법에서 벗어나 '성장담'의 형태를 띠었다. 나아가 그 소통을 통해 인간의 사회적 행위에 혼령의 언어가 개입한다. 그리하여 폭력적 현실을 정화하는 중개자의 역할을 그 아이가 담보한다는 점에서 이 영화는 '메시아적 구원담'의 성격도 지닌다. 여기에서 우리는 언어의 확장된 지평을 본다. 언어는 삶과 죽음이라는 고전적 이분법을 넘어선다.

정찬의 소설 「별들의 냄새」에는 또 다른 차원의 소통에 관한 이야기가 있다. 강문규라는 이는 은행원이었는데, 어느 날 교통사고를 당한다. 다행히 큰 사고는 아니어서, 얼마 되지 않아 그의 외상은 다 치료된다. 한데 사고 이후 그의 후각이 갑자기 예민해졌다. 다른 사람이 감지할 수 없는 냄새를 느끼는 것이다. 사람들의 외양 속에 감추어진 냄새가 그의 예민한 후각으로 인지되었다. 아내만의 고유한 내음을 맡을 수 있었고, 또 기분에 따라 달라지는 사람들의 냄새를 느낄 수 있었다. 그뿐이 아니다. 꽃나무, 하늘, 밤낮, 계절 등 삼라만상의 향기가 그를 사로잡았다. 또한 인간의 가공물이 만들어 내는 악취, 문명의 역겨운 냄새가 자연의 향기로움을 얼마나 착취하는지를 느낀다. 한갓 인간의 도구로 전락해 버린 세상 만물의 고통스런 울부짖음을 안 것이다. 그래서 그는 '환각'에 빠진다. 문명이라는 환각에 빠진 인간과는 다른 종류의 환각이다. 닫힌 문명의 세계를 향한 초문명의 샤먼(자연/우주와 인간을 중개하는)이 된다. 별의 내음을 이야기하는 샤먼이다. 구원을 갈구하면서 말이다. 그리하여 이 소설은 언어의 지평을 자연, 우주로 확장시킨다. 소통의 당사자는 인간만이 아닌 것이다.

그런데 강문규는 직장을 잃고 정신병원에 들어가야 했다. 아내로부터 버림받아야 했다. 세상은 그를 받아들일 수 없었다. 세상의 질서에 충실한 일원인 '나'(화자)도 그를 이해하지 못했다. 강문규의 후각, 세상 만물의 고통을 냄새 맡는, 그래서 세상의 위기를 말하는 그의 감수성은 세상의 눈엔 미친 예언자의 몸부림에 지나지 않았다. 오늘의 지배적 세계 담론이 은폐한 세계를 발설한 탓일까? 적어도 오늘의 시대에 그것은 천기天機였던 것일까?

「사도행전」 16장 11~40절에는 흥미로운 일화 하나가 포함됐다. 바울이 '악령' 들린 한 소녀를 치유한 이야기다. 한데 그 소녀는 점쟁이다. 남의 운명을 감지하는 존재다. 그는 무언가 남들이 갖지 못한 언어를 가졌고, 남들이 모르는 세계를 이야기한다. 비록 이 일화가 그녀를 주인공으로 하지도 않고, 심지어 단지 바울 영웅담을 위한 대상화된 몰주체적 존재로만 취급하는데도, 이 속에는 당시의 사회와 「사도행전」 저자가 꿈꾸는 소통 상황에 대한 하나의 암시가 들어 있다. 거기에는 폭력이, 착취가 자리 잡고 있다. 우리는 여기에서 이 소녀를 둘러싼, 이 은폐된 소통 상황에 대한 이야기를 탐구하려 한다.

● ●

> 그래서 그들은 무시아를 지나서 드로아에 이르렀다. 여기서 밤에 바울에게 환상이 나타났는데, 마케도니아 사람 하나가 바울 앞에 서서 "마케도니아로 건너와서, 우리를 도와주십시오" 하고 간청하였다. 그 환상을 바울이 본 뒤에, 우리는 곧 마케도니아로 건너가려고 하였다. 우리는, 마케도니아 사람들에게 복음을 전하기 위하여, 하나님께서 우리를 부르신 것이라고 확신하였기 때문이다.
> ─「사도행전」 16장 8~10절

바울은 예루살렘 사도회의에 참석한 뒤에 바나바와 불화하여 갈라진 후, 소아시아 지역을 두루 다니며 선교하던 가운데 꿈에 마케도니아인의 환상을 본 것을 계기로 그곳을 새로운 선교 개척지로 삼기로 한다. 그리하여 본문이 묘사하는 대로, 소아시아의 드로아(트로아스)를 출발하여 사모드라게Samothrace 섬을 거쳐, 네압볼리(네아폴리스)에 당도한 후 빌립보Philippi에 이르렀다. 이곳은 그리스 이북 지역인 마케도니아의 항구도시로, 주전 356년, 알렉산드로스 대왕의 아버지인 필립포스 2세가 (자신의

바울의 제2차 전도 여행과 빌립보

이름을 따서) 건설함으로써 도시로 역사의 무대에 등장한 이래, 소아시아
와 가까이 있다는 점에서 전략적으로(군사적, 상업적) 중요한 곳으로 크게 번
성하였다.

　주전 168년 로마가 마케도니아를 정복하여 이곳을 네 지역으로 분할하
여 원로원의 속주로 삼았는데, 빌립보는 동부 마케도니아의 속주 수도가
되었다. 후에 아우구스투스(Augustus, 옥타비아누스, 기원전 63~기원후 14)가 악티
움 해전 이후 투항한 안토니우스의 추종자들을 이 도시에 이주시켜 정착
하게 함으로써, 많은 유력한 로마인들이 거주해 도시의 정치적 위상은 더
욱 격상되었다. 곧 이 도시는 고대 지중해 문명의 핵심을 간직했을 뿐 아
니라, 특히 로마적 도시의 전형성을 띠었다고 할 수 있다.

　바울 일행은 이곳에서 유대인들의 모임을 찾았는데, 성 밖 외딴 곳에 유대인의 기도처(프로슈케, προσευχη)가 있었다. 이는 유대인 결사체가 상대적으로 약한 상태임을 말해 준다. 이곳에서 바울은 여러 신실한 여인들을 만났는데, 그중 루디아는 초기 바울 선교에서 매우 유력한 활동가의 한 사람으로 알려진 인물이다. 그녀는 비유대인 출신의 부유한 상인(고급 의류)이었는데, '하느님을 공경하는 사람', 곧 유대교 개종자의 한 사람(「사도행전」16:14)으로 공동체에서 중요한 위치에 있었던 사람으로 보인다. 그런 이가 바울의 가르침에 동화되어 열렬한 추종자가 되었고, 자기 집에 그를 위한 거처를 마련해 주었다(15절).

어느 날 기도처로 가는 길에, '점치는 귀신'(프뉴마 퓌토나, πνευμα πυθωνα)이 붙은 소녀를 만난다. 그리스어로 퓌톤(πυθων)은 '점쟁이 영'을 뜻하고, 퓌토네스(πυθωνες)는 '복화술사'를 뜻한다. 아마도 점치는 귀신이 붙은 소녀는 복화술사처럼 거의 입을 움직이지 않은 모습으로 사람들의 감추어진 면들을 이야기하는 부류의 점쟁이였던 것 같다. 이것은 고대인들에게 그녀가 말하는 것이 아닌, 그녀 속의 영이 말하는 것으로 비추어졌다. 그러므로 이런 행태는 신뢰받는 점쟁이의 전형적 모습(의 하나)이라고 할 수 있다. 그런데 그 소녀는 '주인들'에 의해 고용됐다. 주인이 복수로 나온 것은, 해석하기 매우 어려운 부분이다. 아마도 점쟁이의 상행위에 이러저러하게 얽힌 복잡한 이권 집단을 가리키는 것이 아닐까.

고대인에게 '점'은 원래 신탁의 개인적 차원을 가리킨다. 그렇기 때문에 점술사는 치부를 목적으로 점술을 사용해서는 안 된다. 다만 점술의 대가로 일정량의 보답을 받을 수는 있다. 한데 도시화의 진척, 그리고 도시화와 (그 부수적 현상이라 할 수 있는) 전쟁 등으로 인한 급속한 인구 이동은 많은 사람들의 안정된 기초 생활을 교란시켰을 뿐 아니라 가치의 붕괴를 초래했다. 일상생활과 관계된 신뢰 메커니즘의 붕괴 속에서 사람들은 불안정한 생활 여건을 보상받으려고 크게 두 유형의 방편을 구축한다. 하나는 실리적 판단의 영역으로, 비교적 강력한 자치 결사체에 소속되고자 노력하는 것이다. 여기에는 (혈연적이건 종교적이건) 귀속성이 중요한 요인이 된다. 그러나 대다수 사람들에게 유리한 결사체에 소속되는 일이란 결코 쉬운 일이 아니다. 그래서 자연스레 사람들은, 두 번째 방편으로, 신비주의적 종교나 점술사 등을 통해서 위안을 구했다. 신앙적 판단의 영역이다.

한편 소비사회인 도시에서 잉여가치의 창출은 비생산적 가치 창출을 통해 일어난다. '위안'이라는 가치를 창출하는 점술사들은 그렇기 때문에 도시 사회의 잉여 창출 메커니즘의 도구로서 활용된다. 이런 일은 신성 중심적인 전통적 가치에서 자유로운 사람들의 영역인데, 점술사들은 신접神接 체험을 통해 신성적 가치에 묶였기 때문에 대체로 이윤을 위해 자발적으로 일하기 어려운 존재들이다. 그래서 브로커가 존재하며 점차 그들에게 예속되어 일한다.

점술업은 구역별로 활동 영역이 나뉘고, 그러한 인위적인 구분을 통해서 조합이 결성되었다. 물론 이런 조직화의 주체는 대개 점술가가 아니었다. 구역별 점술인들을 보호한다는 명목으로 그들의 후견인들이 생기고, 이들 후견인들은 한편으로는 주먹 패들과 결연했으며, 다른 한편으로는 (하위와 상위의) 행정 당국과 연계했다. 이렇게 복잡한 이해의 고리를 형성하며 점술의 상업화가 이루어졌다.

본문에 의하면 점술사 소녀는 바울 일행을 보자 그들의 신원identity과 지향하는 목적을 알아차리고, 그것을 사람들에게 떠벌렸다. 여러 날을 그렇게 하자 바울은 귀찮아서 그녀를 사로잡던 악령을 내쫓았다고 한다. 이 것은 점술을 둘러싼 이권 행위를 방해한 것이고, 도시의 상업 질서를 교 란시킨 셈이 된다. 결국 바울과 실라[1]는 당국에 의해 체포되어 감옥에 갇 힌다.

이 이야기는 바울이 감옥에 갇혔을 때 하느님이 그를 구원했으며, 그런 상황에서 하느님이 바울을 통해 복음을 전함을 예시하는 데 초점이 있다. 또한 부수적으로 다른 신이 아닌 그리스도만이 진정한 점술의 주역임을 증언한다. 곧, 여기서 악령들인 소녀는 아무런 관심의 대상이 아니다. 도 리어 '악령' 이라는 가치판단을 따라, 소녀도 은연중 비하된다. 다시 말하 면, 소녀에게서 악령을 추방한 것으로 텍스트는 충분한 선행을 베푼 듯이 묘사한다. 그러나 추정컨대, 이 이야기가 사실적 묘사라면 그녀는 생계 수단을 상실한 셈이 된다.

여기서 우리는 「사도행전」 저자의 편견을 본다. 그런 점에서 이것은 동 시에 대중의 불안감을 깊이 고려하지 않은 채 사회의 구축과 변화를 기도 한 주류 사회의 시각과 다르지 않다. 곧, 점술을 한갓 사술詐術로 보는 편 견이다. 점술가들은, 마치 태풍이 몰아친다거나 지진이 일어난다거나 하 는 자연의 변화를 미리 알아차리는 동물의 감지 능력과 같은 예지력을 갖 춘 존재다. 동물들이 그런 것처럼 그것은 예민한 감각의 대가이며, 그런 감각은 소통 불가의 타자적 대상과의 소통으로 가능한 것이다. 곧 점술은 인간의 언어 행위 속에 감추어진 감각을 뜻한다고 할 수 있다. 물론 그것

---

1 이 인물은 바울 서신들에서는 실루아노로 표기되어 있다(「고린도후서」 1:19; 「데살로니가 전서」 1:1; 「데살로니가후서」 1:1).

은 하나의 소통 수단이다. 그것이 다른 것의 상위에 있음으로써 다른 의미를 부차적인 것으로 전락하게 하는 것이 아니다. 단지 하나의 의미, 하나의 소통의 결과다. 문제는 그것이 다른 것의 우위에 있다고 보는 것 또는 그것을 무의미한 것으로 취급하는 것, 이 양극단의 태도에 있다.

「사도행전」 저자는 바울이 이 소녀가 자신의 뒤를 따라다니며 자신들이 하느님의 사도며, 구원의 길을 선포하는 자라는 것을 이야기한 것에 화났다고 한다. 그들이 숨기고 조심스레 해야 할 것을 폭로한 것이 문제가 되었을까? 그러나, 실제로는 어땠을지 모르지만, 적어도 그것을 기술한 「사도행전」에는 복음 전파를 굳이 숨기고 다녀야 한다는 '은폐의 동기'가 별로 부각되지 않았다. 그러므로 이 텍스트에서 바울의 격분은 그 동기가 정당하지 않다. 텍스트는 사도의 격분이라는 권위에 찬 이미지를 구마(驅魔, exocism) 과정에 개입시키는 것 같다. 곧 사도는 이미 권위 있는 존재이고, 그런 점에서 대상들에게 자혜로운 이의 모습을 띠진 않는다.

여기서 바울은 소녀의 점술을 무가치한 것으로 본다. 로마제국 시대 도시 대중사회의 역경과 그 속에서 잉태된 신앙 유형은 한마디로 쓸데없는 것이 되고 만다. 「사도행전」 전체가 그렇다고 할 수는 없지만, 적어도 이 텍스트의 주된 관심은 신의 말이 인간에게 어떻게 전달되는지에 대한 것이 아니다. 오히려 대중을 향한 신의 말의 '내용'에만 관심이 있다.

세상에서 가장 아름답고 가장 고상하다고 해도, 때로 그것이 전달되는 방식 때문에 폭력적이고 권위적인 말이 있다. 많은 종교들이 그렇듯이 그리스도교의 제국주의적 선교 행태의 맹아가 여기서 이미 드러난다.

그런데 이 텍스트에는 루디아와 악령 들린 소녀가 연이어 나옴으로써 자연스레 그들이 비교된다. 하나는 부유하고 점잖은 부류로서, 단지 사도를 부양하는 여인의 모습이다. 반면 신들린 여인이 있다. 바울의 텍스트에서 여러 차례 시사된 것처럼 초기 그리스도교에서 흔히 볼 수 있는 모습이다. 그러나 「사도행전」에서 이런 여인은 거의 언제나 악령 들린 사람으로 묘사될 뿐이다.

이와 같은 부정적 여성상은 특히 문제적이다. 왜냐하면 당시 사회에서 여성이 교회에서 발화권을 가질 수 있는 주된 통로는 바로 이런 비일상적 소통 수단과 관련됐고, 그것은 비일상적 감지 능력을 수반하기 때문이다. 그런데 「사도행전」의 이 텍스트는 그리스도 공동체에서 통용되는 언어 매체를 제한하고, 그것을 통해서 그 제한된 영역 외부의 언어에 대해서 배제적인 제도화를 구축한다.

● ● ●

예수는 막힌 사회를 돌파하는 대중의 언어로 등장했다. 그것은 비록 비현실적이긴 해도, 현실의 닫힌 구조를 비판하는 신랄한 저항 담론이자 희망의 이야기였다. 그것은 전파되는 과정에서 수많은 요소들과 마주치면서 변형되지 않을 수 없다. 시간이라는 요소는 아마도 예수 담론의 비일상성, 혁명성을 시대와 어느 정도 타협하게 하는 결정적인 변수였겠다. 그 밖의 여러 요소들 또한 그런 역할을 했다.

이 점에서 「사도행전」은 그리스도교 역사의 뚜렷한 체제 내화 흔적을 보여 준다. 그것은 그리스도교의 생명력을 긴 시간 존속할 수 있게 하였지만, 동시에 많은 시대적 한계를 공유하는 존재로서 그리스도교를 재탄생시켰다. 그중 한 양태를 「사도행전」 16장의 이른바 '점치는 귀신 붙은 소녀' 텍스트는 보여 준다. 인류 문명이 인간 언어를 제한시켰다면, 교회의 문명화 또한 신앙의 언어 양상을 제한시켰다.

'영'은 자유로움에 그 본질이 있다. 무엇에 구속되지 아니함이다. 어떤 것으로 형태화함에 대한 저항이다. 무한한 일탈인 것이다. 한편, 자유로움의 반대에는 '육'이 있다. 그것은 종종 제도화를 가리키는 신앙적 언어로 쓰인다. 바울이 교회를 주의 몸이라고 묘사하는 것이 그렇다(「고린도전서」 12:27). 바울 후대에 그를 추종하는 한 공동체 또한 이러한 수사어를 제도화의 언어로 해석하여 계승했다(「에베소서」 5:30). 교회는 분명 신앙 제도의 하나로 발전했다. 따라서 교회 발전에서 영은 제도화의 장애물 내지는 견제 장치였다. 육과 영, 이 둘은 그리스도교 신앙의 발전에서 중요한 키워드다. 모두가 예수의 삶과 신앙을 계승하고자 하는 이들에게 필요한 경험의 중요한 요소다. 특히 그 길항성, 서로 모순되면서도 서로 얽힌 관계는 무엇보다도 중요한 신앙의 요소였다.

한데 육의 체계, 곧 교회는 이러한 영의 자유로움을, 교회를 통한 신앙의 언어에서 제거시켜 버렸다. 그것이 교회의 비극이다. 교회는 제도화에 '순응하는 영'만을 허용했고, 자유로움을 신앙 외부로 밀어내는 결과를 초래했다.

그럼으로써 교회는 인간과 대화하는 또 하나의 주된 통로를 상실하고 말았다. 아니 어쩌면 대화의 가능성을 잃었다고 해야 할지 모르겠다. 교회가 대화할 수 있는 세계가 패권주의적인 문명화의 주체, 도구적 이성의 소유자인 인간인 이상, 교회는 인간에 의해 비인간화된, 비주체화된 대상 세계를 착취할 수밖에 없고, 그것은 대화가 아니라 독백이며 폭력에 지나지 않는다.

바울은 노예해방론자인가?

빌레몬과 오네시모

●

「빌레몬서」(기원후 50년대)는 바울의 서신 가운데 가장 짧다. 게다가 그 내용도 빌레몬이라는 한 추종자에게 보내는 바울의 사사로운 편지의 형식으로 되어 있다. 정전에 포함된 문서 치고는 빈약하다는 느낌을 지울 수 없다. 그런데도 왜 이 서신이 오래전부터 중요한 문서의 하나로 분류되어 왔는가? 어떻게 정전에 포함될 수 있었을까?

우선 이 서신이 오네시모라는 인물을 중요하게 다룬다는 점 때문일 것이다. 바울을 승계하려는 경향이 뚜렷한 후속 바울 서신에 속하는 「골로새서」(1세기 말 혹은 5세기 초)에는 오네시모가 바울의 동역자로 소개된다(4:9). 더 나아가 ('사도 교부'로 알려진) 안티오키아의 이그나티우스(Ignatius of Antioch, 테오포루스(Theophorus)로 알려짐. 주후 50~117년경)가 에베소인들에게 보낸 서신(2세기 초)에 따르면, 오네시모는 에베소 교회의 감독이었다. 노예였던 자, 그것도 도망이라는 범법을 저지른 자가 초기 그리스도교의 가장 대표적 교회의 하나인 에베소 교회의 최고 지도자로 부상한 것이다. 「빌레몬서」는 이러한 입지전立志傳적 변화 과정의 출발점에 관한 글이다. 더구나 그 서신이 바울의 것이다. 아마도 이것이 이 서신이 특별히 기억되고 전승된 이유겠다.

하지만 이 서신이 교회에서 주로 활용된 것은 그보다 더욱 심각한 문제와 관련이 있다. 그것은 노예제도에 대한 교회의 태도를 다루는 실천적인 글이라는 점이다. 곧 이 텍스트는 일찍부터 해방주의적이고 일탈적인 신비주의 운동 집단이라는 사회의 시선으로부터 교회를 방어하는 데 안성맞춤의 내용을 담은 것으로 읽혀졌다. 요컨대 그리스도 교회는 제국 로마에 해악을 끼치는 종교가 아니었다. 오히려 교회는 도망한 노예를 주인에게 돌려보내는 준법적 집단이었으며, 주인에게 도망한 노예를 가혹하게 처벌하는 대신 관용하고 사랑하도록 권고하는, 미덕을 갖춘 전통에 기반을 두었다.

「빌레몬서」에 대한 이러한 관점의 수용사는 고대 로마제국 시대뿐 아니라, 중세와 근대까지도 계속된다. 동시대의 혁명적 급진주의자들과 대비해서, 교회가 체제 전복적이지 않으면서도 체제의 가혹함을 사랑으로 전환시키려는 미덕을 보여 준다는 전범이라는 것이, 바로 「빌레몬서」에 있다는 얘기다.

오늘 우리는 이 서신의 이러한 해석사를 원점에서 다시 검토하려 한다. 과연 이 텍스트가 그러한 의도를 가지고 쓰였는가? 이것은 바울을 「빌레몬서」에 얽힌 교회의 해석사로부터 분리시키는 작업이요, 동시에 그를 승계한다던 교회 자체로부터 분리시키는 작업이다. 하지만 우리의 관심은 바울의 변증론을 펴려는 데 있는 것이 아니다. 그보다는 바울을 그의 해석 전통에서 분리시켜 역사 속에서 다시 검토함으로써 그의 가능성과 한계를 재점검하려는 것이다. 나아가 오늘 우리가 그를 받아들일 수 있기 위한 타당한 근거를, 그 근거의 범위를 찾아보려는 것이다. 요컨대 바울을 넘어서기 위한 바울 읽기의 일환으로 우리는 「빌레몬서」를 보려는 것이다. 그것은 특히 문제가 되는 주인과 노예에 관한 바울식의 사회윤리 내지는 신학적 윤리에 관한 것이다. 그런 점에서 우리는 빌레몬과 오네시모를 대비시키고자 한다.

● ●

오네시모는 빌레몬 집안의 노예였다. 필시 그는 대농장(라티푼디움)에서 일하는 노예가 아니라, 소유주가 기거하는 집안에서 일하는 가내노예 가운데 한 명이었던 것 같다. 「빌레몬서」가 저술되던 기원후 50년대는 노예 가격이 매우 높던 시절이다.

공화정 말기, 지중해 패권을 두고 전쟁이 한창일 때는 전리품으로 패전국의 젊은이들이 무수히 노예시장으로 팔려 나갔다. 그래서 지중해 해안 지역 도시들과 그 인근의 시골에서는 노예 노동자의 수효가 전체 노동자의 20%에 육박하기까지 했다. 한데 기원후 1세기 초 옥타비아누스가 '로마의 평화'를 선언하고 정복 전쟁의 종식을 선포함으로써 노예의 광범위한 공급은 더 이상 불가능해졌다. 그러니 노예의 가격은 가파르게 오를 수밖에 없었다. 노예 양육은 별로 선호할 만한 대안이 아니었다. 남성이든 여성이든 성장하기까지 너무 긴 시간과 비용이 들었다. 게다가 가혹한 노동과 빈약한 섭식에 시달리던 노예의 수명은 동시대인의 평균연령보다 훨씬 짧았다. 유아 또는 아이 적에 죽는 경우도 많았고, 잘 성장한 경우라도 그네들의 사용 기한 또한 너무 단기간이었으니 노예는 별로 선호할 만한 상품이 아니었다.

물론 아직 일부 대농장에서는 노예노동이 적지 아니 활용되었다. 이곳의 노예들은 대체로 여전히 단순노동에 종사했다. 하지만 막대한 토지를 병합했던 귀족들의 땅 가운데 대농장은 그리 많지 않았고, 대개는 도처에 흩어져 있는 작은 자투리땅들이었는데, 그곳의 현지 관리인으로 선호되었던 노예들은 땅의 자율적인 운영권을 가지고 행세한 '외거 노예' 형식이었다. 또한 도시 노예의 경우 허드렛일을 하는 노예도 꽤 필요했지만, 매우 요긴한 주인의 업무를 관장하는, 이른바 '엘리트 노예'들이 적지 않았다. 값비싼 만큼 주인의 중요한 직무를 대행하는 수족 같은 존재가 필요했던 것이다.

「빌레몬서」 18절("그가 그대에게 잘못한 것이 있거나, 빚진 것이 있거든, 그것을 내 앞으로 달아 놓아 주십시오.")에 따르면 오네시모의 업무는 주인에게 직접적인 해를 끼칠 수도 있는, 결코 가볍지 않은 것이었다. 지나친 추측이겠지만 그는 주인집 회계를 관장하는 중책을 맡은 노예였을 수도 있다. 아무튼 그는 주인의 신임을 한 몸에 받았던 노예였을 것으로 보인다. 그런 이가 주인으로부터 도망쳤다.

자유를 갈망해서였을까? 아니면 무슨 중대 과실을 범해서, 처벌을 두려워한 나머지 도주를 결행한 것일까? 둘 가운데 하나일 수도 있고, 둘 다일 수도 있다. 물론 둘 다 아닐 수도 있다. 어쨌든 그는 도망했다. 노예의 도망은, 로마 사회에선 중차대한 범죄다. 한니발 이야기로 유명한 제2차 포에니 전쟁(Second Punic War, 기원전 218~201년) 이후, 곧 공화정 말기 이후 로마는 노예노동에 대한 의존성이 대단히 큰 사회였으니, 노예의 도망이란 사회질서를 교란시키는 정도가 아니라 체제 자체를 와해시키는 행위에 속한다. 요컨대 주인과 노예의 정상적인 관계를 뒤흔드는 어떠한 행위에 대해서도 로마는 관용을 베풀 수 없었다. 더구나 「빌레몬서」가 저술되던 기원후 50년대는 노예 가격이 금값이던 때였으니, 노예의 도망은 더욱 심각한 문젯거리였다고 아니할 수 없다. 그런데도 부인할 수 없는 사실은, 노예의 도망은 빈번한 현상이었다는 점이다.

'도망 노예'는 가능한 한 주인의 손길이 미치지 못하는 곳으로 멀리 도주하는 게 최선이다. 아마도 지리상 먼 곳이 아니라면, 복잡한 도시가 도망지로서 안성맞춤일 것이다. 물론 주인과의 관계가 조금이라도 있는 곳을 피해야 한다는 것은 더 말할 것도 없다. 그런데 오네시모는 바울에게로 갔다. 주인 빌레몬과 바울이 절친한 사이임을 그가 모를 가능성은 그 반대의 가능성보다 훨씬 낮다. 요컨대 그는 의도적으로 바울을 찾아간 것이겠다.

유대인도 헬라인도, 남자도 여자도, 그리고 주인도 노예도 주님 안에선 아무런 차이가 없다는 바울의 가르침(「갈라디아서」 3:28)을 믿었던 탓일까. 어쩌면 그는 바울이 전하는 그리스도의 복음에 매료된 사람이었을지도 모른다. "모든 인간은 세상의 노예입니다. 때가 찼을 때 하느님은 그리스도를 우리에게 보내주셔서 우리 모두를 해방시켜 주셨습니다. 심지어 노예의 신분에서 해방시켜 준 것만이 아니라 당신의 자녀로 입적시켜 주기까지 하셨습니다."(「갈라디아서」 4:1~7 참조) 노예인 오네시모로선, 이것이야말로 놀라운 복음, 기쁨의 이야기였다.

아마도 그는 주인집에서 집회가 벌어지던 당시 그 복음을 들었을 것이다. 벅차오르는 가슴을 진정할 길이 없었다. 그는 남몰래 바울의 선포를 새기고 또 새겼다. 하지만 그의 현실은 자신이 노예라는 것이다. 노예가 해방의 복음을 이야기한다면, 그건 말할 것도 없이 반사회적 행위다. 그러니 그 감동을 속으로 새기기만 할 뿐. 간혹 아주 조심스럽게 다른 노예들에게 이야기할 수는 있었을 것이다. 하지만 그것도 그리 용이하진 않았다. 그를, 그에 대한 주인의 신임을 또는 그의 자리를 시기하는 누군가가 그를 밀고라도 한다면, 모든 것이 끝장날 것이기 때문이다.

그러던 어느 날 그는 도망을 결심한다. 그가 뭔가를 잘못했는지도 모른다. 주인에게 중대한 손실을 주었을 수도 있다. 그렇다면 그는 자신의 신상에 닥칠 위험을 예감했을 것이다. 물론 대개의 경우 잘못이란 개인의 책임으로 단순히 환원되지 않는다. 더구나 노예처럼, 인신 종속이 전면적인 경우라면, 그 잘못은 주인/노예 관계의 경직성으로 인해 지불될 비용에 속하는 것일 가능성이 크다. 노예는 자유롭게 처신할 수 없는 위치이기 때문이다. 그런데도 그로 인한 책임은 노예의 몫이다. 그러니 노예는 문제가 발생했을 때 그것의 구조적 결함을 떠올리기보다는 징벌의 강도와 그것으로부터 벗어날 것에 몰두하지 않을 수 없다. 만약 오네시모가 잘못을 저질렀다면, 그리고 그것이, 자신에게 닥칠 심각한 징벌을 주리라 예상할 만한 것이었다면, 그가 도망하는 것은 충분히 있을 법한 일이다.

그런데 이해할 수 없는 건, 도망 노예가 주인과 절친한 사람에게로 갔다는 것이다. 오네시모가 주인집에서 중책을 맡고 있었다면, 그리고 훗날 바울의 동역자로서 많은 활약을 했고, 심지어 에베소 같은 유명한 교회의 최고 지도자를 역임했다는 경력은 그가 대단히 영리한 사람이라는 사실을 시사한다. 어쩌면 그는 교활하리만치 대인 관계에 능숙한 인물인지도 모른다. 그런데 그가 주인과 절친한 사람에게로 피신했다.

무엇보다도 그것은 바울이 선포한 신학에 지극히 매료됐던 탓이겠다. 모든 가능성 가운데 이토록 무모한 것 같은 방안을 선택할 만큼 바울이 전하는 복음에 사로잡혔던 것이다. 그는 바울을 도와 선교 사역에 참여하고 싶었을 것이며, 그를 위해 목숨을 걸 각오도 되었을 것이다. 하지만 다른 조건들이 밑바탕에 깔리지 않는다면, 그의 모든 바람은 수포로 돌아가고 말 것이다.

우선 바울이 자신의 신학을 생활 속에서 실행하는 사람이어야 한다. 말과 행동이 다른 이중적 사람이 아니어야 한다. 하지만 이것은 개인의 존재론적 한계 문제로 환원시킬 것이 아니다. 누구라도 급진적 신념을 가졌다면, 자신의 신념을 실행하는 우회로를 찾지 않을 수 없기 마련이다. 바울의 해방 선언은 현실에선 전혀 실현될 기미가 없다. 게다가 그의 활동은 예수처럼 일탈적 떠돌이 예언자의 모습과는 다르지 않은가. 그는 끊임없이 체제 속에서 일상을 살아가는 사람들과 관계해야 했고, 그런 사람들의 도움을 기초로 해서 활동을 계속해야 했다. 그러니 혁신적 주장을 실행하는 우회로가 반드시 필요하다. 특히 노예의 도망 같은 민감한 문제가 닥쳤을 때 우회로 찾기는 쉬운 일이 아니다.

한편 바울이 그를 위해 빌레몬에게 압력을 넣는 적절한 수단을 강구한다고 해서, 곧바로 문제가 해결되는 것도 아니다. 그러려면, 바울의 말을 빌레몬이 받아들여야 한다. 권고가 효과가 있으려면 설득력 있는 표현만으로는 충분하지 않다. 바울과 빌레몬, 두 사람의 관계가 문제 해결에 적절해야 한다. 노예 가격이 대단히 비쌌고, 특히 남성 가내노예의 경우 대개 중차대한 일 처리 능력을 가진 이였을 것이니, 결코 작지 않은 재산상의 손실을 감수할 만큼 빌레몬이 바울을 존경해야 할 것이다. 또 중대한 범법자를 관용하는 것은 다른 노예들을 거느린 사람으로선 신중하게 대처할 문제다. 더구나 이웃 가문들의 이목에도 유념해야 한다. 왜냐하면 그것은 노예의 해방 문제가 아니라, '도망한' 노예의 해방 문제이기 때문이다. 그런 만큼 빌레몬이 바울의 충고를 받아들이는 것은 많은 부담을 감수해야 한다. 곧 그 모든 것을 감수할 만큼 바울의 권고가 권위 있게 받아들여지는 관계가 필요하다. 빌레몬이 바울의 요청에 항거하거나 자신의 사정 이야기를 할 수 없게끔, 바울의 권위가 빌레몬을 압도해야 한다.

> 나는 기도할 때마다 그대를 기억하면서, 언제나 나의 하나님께 감사를 드립니다. 나는 주 예수에 대한 그대의 믿음과 모든 성도에 대한 그대의 사랑에 관하여 듣고 있습니다.
> ―「빌레몬서」 4~5절

이 구절에서 보듯, 바울은 서신에서 빌레몬의 선행을 칭찬하는 것으로 이야기를 시작한다. 이 서신이 개인에게 읽히기 위한 것일 뿐 아니라 공동체에서 낭독되는 회람의 효과를 가졌다는 것 또한 유념한다면, 이 말은 빌레몬이 자신의 요청을 거절하기 어려운 분위기를 조성하는 언술 전략이라고 할 수 있다. 그런 뒤에 바울은 자기가 옥에 갇혔음을 이야기한다(10절). 물론 그의 상황은 그리 심한 억류 상태가 아니다. 그는 주변 사람들과 충분한 교류를 할 수 있었다. 그런데도 그는 자신의 구금 상태를 언급하면서, 오네시모가 그런 자기에게 절대적으로 필요한 자임을 강변한다. 자유롭게 활동할 수 없는 상태에서 누군가가 자신의 선포 활동의 대리자 역할을 해야 하는데, 그런 인물로 오네시모가 제격이라는 것이다. 그것도 그 일을 해야 할 사람이 바로 빌레몬 당신인데, 오네시모가 그 일을 대신하고 있다고……(11~13절).

하지만 바울은 오네시모를 빌레몬에게 돌려보낸다. 복음의 선포를 위해서 그가 꼭 필요한데도, 빌레몬의 승인을 얻어야 했기에 그를 돌려보낸다는 것이다(14절). 이 말 속에는 오네시모의 소유권은 '빌레몬 당신에게 있다.'는 사실의 승인이 전제됐다. 그리스도 안에선 모든 것이 차별이 없다고 주장하면서도, 실제로는 그 차이를 바울이 승인하고 있다. 그는 노예 소유주인 자기 동료의 눈치를 보아야 했다. 그래서 하느님의 일에 필요한데도, 진정한 소유주인 하느님이 그를 요청하고 있는데도, '하잘것없는' 현실의 관행에 의존해서 오네시모를 돌려보내겠다고 하는 것이다. 물론 이해할 수 있는 일이다. 빌레몬과 그가 속한 공동체의 사정을 존중해 주는 것이 그에겐 절대적으로 필요하기 때문이다. 그리하여 그는 빌레몬에게 최대한 선택의 자유를 제공해 주는 듯이 말한다. 하느님의 사역을 위해서 오네시모가 꼭 필요하지만, 당신이 원하는 대로 하시오, 라고. 물론 빌레몬이 이 말을 사소하게 들을 수는 없으리라는 걸 그는 충분히 예상했을 것이다.

말로는 오네시모를 용서하라고 하지만, 바울의 의중은 그것에 그치는 게 아니라, 더 나아가 그를 해방시켜 더 이상 "종으로서가 아니라, 종 이상으로, 곧 사랑받는 형제"(16절)로 받아들이라고 요청하는 데 있다. 그것을 빌레몬이 알아차리지 못할 리는 없을 것이다. 또한 공동체에서 읽힐 때, 빌레몬이 바울을 공공연히 무시할 수 없으리라는 것도 예상했을 것이다.

그런데도 바울은 여기에 머무르지 않는다. 만약 그가 잘못한 것이나 빚진 것이 있다면 그것의 보상 책임을 자기 자신이 지겠다고 한다(18절). 이 말을 듣고 빌레몬이 바울에게 보상을 요청할 리는 물론 없다. 곧, 이 말은 사실상 모든 재산상의 책임에 대해 그를 사면하라는 말과 다르지 않다.

한 걸음 나아가 그는 거의 협박에 가까운 말을 한다. 자기가 구금 상태에서 벗어나면 조만간에 빌레몬의 집과 공동체를 방문하겠다는 것이다(22절). 그것은 일의 처리 상태에 대해서 자기가 계속 관심을 갖겠다는 뜻이겠다. 이쯤 되면, 빌레몬이 바울의 청을 거스른다면, 아마도 관계를 단절해야 한다는 것을 뜻한다. 게다가, 바울의 청이 하느님의 일을 위해 오네시모가 반드시 필요하다는 것이니, 빌레몬으로선 명분 없는 상황으로 내몰린 것이다.

빌레몬은 인격적으로 충분히 존중해 줄 만한 사람이었던 것 같다. 자신의 계급적 위치에도 불구하고 바울의 민중주의적 메시지에 귀 기울일 만큼 열린 가슴이 있었다. 그러나 그가 복음을 받아들이는 것과 그것을 실행에 옮기는 것 사이에는 깊은 홈이 있다. 복음에 따르기에 그는 너무나 복잡한 기득권 집단의 이해와 얽혔다. 그는 자신의 것을 포기할 수 없다. 현상 유지 상황에서 그리스도의 자리를 잡아야 한다.

바울의 편지에는 그런 신분적 위치의 한계에 대한 충분한 배려가 담겼다. 그가 그렇게 존경해 마지않는 이가 하찮은 종의 하나일 뿐인 자를 위해 친히 청원하고 있는 것이다. 빌레몬은 이로써 그 하찮은 종 하나를, 그 하나에 대한 권리 행사를 통해 존경하는 스승 바울을 위해 뭔가 권리를 행사할 수 있게 된 것이다. 모든 노예에 대한 사면이 아니니, 그것을 선택하는 게 결정적으로 어려운 것은 아니다. 다만 자신의 품격에 약간의 손상을 받을 것이 예상되며, 작지는 않지만 감당할 만한 재산상 손해만 감수하면 된다.

후대의 텍스트인 「골로새서」가 바울의 동역자로 오네시모를 거명하는 것이나, 이그나티우스가 에베소의 감독으로 그를 언급하는 것을 감안하면, 빌레몬이 바울의 청을 받아들인 것이 분명하다. 그리하여 빌레몬과 오네시모, 바울의 좋은 관계는 지속될 수 있었다. 그리고 빌레몬은 관대한 노예 소유주의 한 사람이면서, 바울의 동역자이며 그리스도 교회의 한 지도자로 남을 수 있었다.

한편 오네시모는, 앞서 시사했듯이, 훗날 대단한 인물로 성장한다. 만약 바울의 노력과 빌레몬의 관용이 없었더라면, 그런 입지전은 없었겠다. 하지만 노예 오네시모는 노예해방 운동가가 된 것이 아니다. 복음이 그 모든 것을 아무렇지도 않게 여긴다는 바울의 신포를 자신의 것으로 간직하면서도, 그는 현실에선 그 문제에 접근하는 우회로를 찾는 사람이 되었던 것 같다. 왜냐하면 그는 동시대에 북아프리카 지역 등에서 일어난 급진적 해방주의 운동과 무관한 사람으로 남아 있었고, 심지어 그런 점에서 반대 입장에 있던 것으로 보이는 「골로새서」에서 좋게 평가하는 인물로서 다루어지기 때문이다. 물론 노예 신분이었던 이가 급진적 해방운동에 공공연한 지지를 표명하는 일은, 그가 교회의 최고 지도자라는 지위에 있는 한, 대단히 어려운 일이었을 것이다. 그의 내심이 뭔지를 알 수 없고, 그의 공적인 태도만을 추측할 수 있는 상황에서 이에 대해 더 이상을 상상하는 것은 금물이다. 다만 편견으로 그를 판단하는 것이 적절하지 않다는 것만을 언급할 필요가 있다.

　　　　　　　• • •

　빌레몬에게 보낸 편지에서 바울은 오네시모의 해방을 위해 결코 적지 않은 성의를 보였다. 그 결과 위대한 그리스도교 지도자 한 사람이 탄생했다. 그리고 빌레몬이라는 양심적인 자산가의 지지를 계속 받을 수 있었다. 그런 점에서 이 서신은 결코 노예에 관한 그의 신학을 펼친 것이 아니다.

　한편 바울을 전유한 후대의 그리스도교 교회는 「빌레몬서」에서 바울식 복음이 결코 정치적으로 위험한 것이 아니라는 근거를 찾아냈고, 그것을 증폭시켜 해석하는 데 몰두했다. 결국 복음은, 해방의 메시지에도 불구하고, 현실의 노예를, 현실에서 억압당하는 이들을 해방하는 신학으로 다루지 못했다. 오히려 그것은 현실의 모든 차별이 하늘에서는 아무것도 아니니 그때, 곧 종말의 때까지 '인내'하는 게 미덕이라는 투의 신학의 발전으로 귀결했다. 그리고 이것은 그리스도교 내에서 일어난 저항의 정치들을 억압하는 이데올로기적 장치로서 기능했을 법하다.

　우리는 여기서 「빌레몬서」의 바울을 다시 묻지 않을 수 없었다. 이 글에서 살펴보았듯이 바울은 노예제를 거론한 것이 아니다. 그가 관심을 가진 것은 도망한 노예와 그 노예의 소유주가 모두 자신의 동료인 상황에서, 그 긴장된 상황을 무리 없이 해소하는 지혜가 어떤 것인가에 있었다. 그러므로 바울에게서 현상 유지의 정치학을, 그러한 신학적 일반 이론을 발견하려는 해석 전통은 분명 바울과 관계가 없다.

　한편 바울은 노예가 아니었고, 그렇기에 노예에 대한 발본적인 문제의식이 그의 존재 전체를 이루지 않았다. 그런 점에서 그가 주인/노예 관계를 이만큼 진취적으로 사고한 것도 그리 폄하할 것은 아니다. 그러나 우리는 바울의 가능성이 한계에 도달한 지점에서 승계자의 한 사람인 오네시모를 발견한다. 물론 그것은 오네시모의 바울 전유가 가진 한계이고, 오네시모를 둘러싼 그리스도 교회의 한계임이 분명하다. 그러나 동시에 바울 자신의 가능성이 그의 한계를 넘어서기에 그리 유용하지 못했던 탓일 수도 있다.

오늘 우리는 계급적, 계층적 편견을 정당화하는 시각에서 바울을 보지 않는다. 그리스도교 전통 속에서 계급, 계층적 편견의 신학적 정당화를 강변하는 바울을 넘어서자 바울에 관한 역사적 진실이 발견되었다. 그는 노예제에 대한 옹호론자는 결코 아니었다. 하지만 동시에 바울의 진실이 이러한 사회적 편견으로부터 탈주를 염원하는 오늘 우리에게 다시 한계로 남아 있는 것을 본다. 그러므로 우리는 또다시 바울 넘기를 시도한다.

예언자와 미혹자

'자칭 유대인', 니골라 당, 이세벨 당

●

「요한계시록」 전체는 박해의 현실을 전제한다. 우선 저자 자신이 예수를 증언한 것으로 인해 밧모 섬에 수감됐다(1:9)고 한다. 여기서 그는 자신과 함께 시련을 겪는 동지들을 향해 권고한다는 것을 밝힌다. 곧 그의 글을 읽은 독자들도 그와 동일한 고난에 직면했다. 그것은 순교의 피를 부르는 혹독한 시련이다. 이미 안디바라는 동지는 죽임을 당했다(2:13). 물론 무명의 순교자가 훨씬 더 많다. 로마는 "성도들의 피와 예수 때문에 순교한 사람들의 피에 취해 있다."(17:6)

뭔가 심각한 박해가 있었던 모양이다. 「요한계시록」 저자와 독자의 공동체들은 모종의 폭력의 희생양이 되고 있다. 그 가해자가 로마제국 당국인지 아니면 소아시아 지역의 정치권력과 관련됐는지, 어떤 명령 체계에 의해 박해가 수행된 것인지 알 수 없다. 그리고 그 배후에 어떤 정치적 음

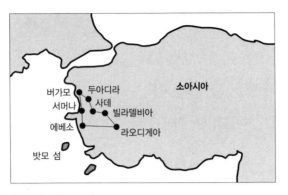

밧모 섬과 일곱 교회

모가 숨겨졌는지에 대해서도 모른다. 또 그것이 얼마나 지속된 박해인지
도 모른다. 왜냐하면 가해자가 얽힌 역사적 사건에 대해 이렇다 할 정보가
남아 있지 않기 때문이다. 아무튼 「요한계시록」 공동체가 그것을 자신들
의 어떤 행위나 신념에 대한 권력의 적대 행위로 이해한다는 것은 분명하
다. 로마 당국 또는 지역 당국이 어떤 정치적 효과를 위해 박해를 한 것일
지라도 말이다. 곧 「요한계시록」 공동체는 자신들과 제국 간의 대립 전선
을 날카롭게 세워놓고 있다. 곧 두 주체가 존재하며, 다른 것은 결코 주체
화될 수 없고 그렇게 되어서도 안 된다는 인식론적인 전제가 그들을 사로
잡았다. 그럼으로써 로마의 몰락을 꿈꾸는 책을 생산하였다. 그것이 바로
「요한계시록」이다.

● ●

이 책 2~3장에 보면 「요한계시록」의 공동체들이 어디인지가 드러난다.

[표15] 「요한계시록」 2~3장의 일곱 교회

교회	미혹자	유혹의 내용	박해의 위협
에베소	니골라 당		
서머나	유대인을 자칭하는 자		수감
버가모	니골라 당	발람의 가르침, 우상의 재물, 음란한 짓	순교
두아디라	아세벨	이세벨의 가르침, 우상의 재물, 음란한 짓	
사데		'자기 옷을 더럽히지 않은 몇 사람'	
빌라델비아	유대인을 자칭하는 자		'참고 견디어라'
라오디게아		뜨뜨미적지근함	

소아시아 서쪽 편에 있는 일곱 도시 공동체가 바로 그들이다.

이보다 더 많았을 가능성을 배제할 수는 없지만, 그 이상에 대해서 우리는 아무것도 알지 못한다. 그런데 이 일곱 공동체들에 관한 언급에 의하면, 저자는 박해에 직면한 상황에서 공동체 내에서 일고 있는 반로마 전선을 몇몇 집단들이 교란시키는 것에 문제의식을 가졌다. '니골라 당'이라고 불리는 집단의 존재는 명시되어 있다. 그 외에도 '유대인을 자처하는 자들'이나 '이세벨에게 미혹당한 자들'이 그들이다. 위에서 시사했듯이 이들은 공히 정치적으로 로마와의 대립을 우회해 보려는 입장에 있다. 그렇다면 이들의 정체는 무엇일까?

우선 '유대인을 자처하는 자'란, 유대교회당에 속한 존재임을 주장하는 집단을 뜻할 것이다. 유대교회당은 로마제국의 많은 도시들에서 매우 유력한 자치 결사체의 하나였다. 지역의 정부들로부터 자치권 허용을 받아 회당 공동체에 속한 사람들에 대한 일종의 사법권까지 행사할 수 있었다. 회당들 간에는 대체로 위계 관계는 없었지만, 폭넓은 유대가 있었다.

특히 본토인 팔레스티나에서 벌어지는 유대교 개혁 운동은 당시 많은 디아스포라 회당들로부터 깊은 관심을 끌었던 것 같다. 기원후 80년경 팔레스티나의 얌니아에서 벌어지던 회당 개혁 운동이 로마 황제의 지지와 지원을 받으며 전개되었다. 성전이 사라진 시대에 신앙이 어떻게 가능한지에 대한 본토 유대교의 시도 자체도 주목거리였다.

제2대 지도자인 가말리엘 2세는 강력한 유대교 정체성의 정치를 폈다. 그 일환으로 배타주의적 정책들이 추진되었는데, 그 대표적인 것이 신앙을 표준화하기 위한 기도문을 제작 반포한 것이다. 이전부터 사용되었던 기도문을 재정리하고 새로운 조항들을 첨부하여 18개 조문으로 구성했는데, 여기서 주목할 것은 제12조이다. 나사렛 당파, 곧 회당 내 예수 추종자들에 대한 적대감을 담은 조문이다. 요컨대 유대인의 정체성을 강화하려고 체제가 선택한 방식은 '적'을, 특히 '내부의 적'을 발명해 내는 것이다. 그때까지는 비록 불협화음이 없지는 않았을지라도 분명 '예수 운동'은 유대 공동체 내부의 현상이었고, 여러 갱신 운동들 가운데 하나였다. 그런데 가말리엘 2세는 바로 이들에 대한 조직적인 박해와 배제를 정책화하였다.

기도문은 즉각 팔레스티나뿐만 아니라 유대 디아스포라 공동체들 모두에 발송되었고, 많은 회당들이 이에, 적극적이든 아니든, 동조하였음이 분명하다. 「요한계시록」 공동체와, 시대와 장소가 거의 겹치는 요한계 공동체[1]가 만들어 낸 「요한복음」에 따르면 가말리엘의 회당 개혁 운동은 소아시아 서부 지역에서 매우 폭력적으로 전개되었던 것으로 보인다.

---

[1] 이들에 의해서 「요한복음」과 요한서신들이 제작되었다.

그런데 이 지역에서 유대교회당들은 제국 전체에서 매우 잘 정착한 자치체에 속한다. 그래서 성공한 유대인들도 많았지만, 성공한 헬라인들이 회당 공동체의 신앙에 귀의하는 경우도 적지 않았다. 이런 지역에서 예수파 유대인들을 회당으로부터 축출하는 것은 신앙으로부터 배제하는 것인 동시에 지역사회로부터 배제라는 성격을 지녔다.

이러한 배제의 경험은 예수 추종자들의 존재감을 흔들어 놓을 수 있었다. 그래서 초기 예수 공동체 지도자들은 이런 상황에서 자존감을 어떻게 유지할지 고민하지 않을 수 없었다. 요한계 공동체는 '자유의 영'을 강조하는 일종의 아웃사이더 집단으로, 체제에 흡수되지 않으면서도 강한 자의식으로 무장한 소종파 공동체가 되었다. 반면 「요한계시록」 공동체는 체제에 대해 더 공격적인 담론을 통해 자기를 유지하려 하였고, 그것이 현실 공간에서는 불가능하기에 '묵시'라는 반현실적인 상상의 시공간을 현재의 삶에 대입함으로써 가능했다고 할 수 있다.

그런 점에서 아마도 '유대인을 자처하는 자'는 유대교회당의 질서에서 극단적인 거리를 두려는 「요한계시록」 공동체의 정체성과는 다른, 더 체제 내화된 결사체로서 남기를 지향했던 것이 아니었을까. 실제로 초기 그리스도교 운동에서 유대주의를 더 강조하는 집단은 대체로 율법에 대한 신중한 입장을 취하는 경향이 있었고, 이는 온건파 예수 운동의 경향과 맞물려 있었다. 아마도 '유대인을 자처하는 이들'은 공식 유대교에서 축출당한 「요한계시록」 공동체 내에서 여전히 유대교회당과의 연계 고리를 포기하지 않던 부류로, 체제에 적극적으로 합류함으로써 체제의 공세를 우회하는 효과를 기대했던 집단인 것처럼 보인다.

한편 '니골라 당'이란 어떤 집단일까? 우리는 '니골라'라는 이름을

「사도행전」에 나오는 일곱 명의 헬라파 지도자들의 명단에서 발견할 수 있다.

> "그러니 형제자매 여러분, 신망이 있고 성령과 지혜가 충만한 사람 일곱을 여러분 가운데서 뽑으십시오. 그러면 그들에게 이 일을 맡기고, 우리는 기도하는 일과 말씀을 섬기는 일에 헌신하겠습니다." 모든 사람이 이 말을 좋게 받아들여서, 믿음과 성령이 충만한 사람인 스데반과 빌립과 브로고로와 니가노르와 디몬과 바메나와, 안디옥 출신의 이방 사람으로서 유대교에 개종한 사람인 니골라를 뽑아서, 사도들 앞에 세웠다. 사도들은 기도하고, 그들에게 안수하였다.
> —「사도행전」 6장 3~6절

헬라 말을 쓰는 유대인 지도자를 가리키는 이 명단에서 오직 니골라에게만 "안디옥 출신의 이방 사람으로서 유대교에 개종한 사람"이라는 표현이 부가됐다. 그만이 비유대인 출신 개종자였다는 뜻이겠다. 바울의 동지였던 디도처럼 말이다(「갈라디아서」 2:3). 이러한 신분은 그가 예수를 전하는 예언자로 활동하는 한 끊임없이 그의 약점으로 붙어 다녔을 것이며, 그런 상황에서 선교사요 예언자로 활동했던 그의 행태에 영향을 미쳤을 수 있다. 가령, 어쩌면 그는 자신을 꺼려하는 유대주의자들을 멀리하면서 '급진적 자유주의 복음'의 주창자가 되었는지도 모른다. 또는 자신의 결함 때문에 더욱 율법에 신실한 태도로 선교 활동을 했을 수도 있다. 그러나 흔히 오해하듯 그가 '무' 규범주의자는 아니었던 것 같다. 초기 그리스도교의 유력한 지도자였던 알렉산드리아의 클레멘트(주후 215년 순교)에 의하면 그는 육체에 대한 절제를 누구보다도 강력하게 실천했던 금욕가다. 그렇다면 그의 자유주의는 율법주의에 대한 반대 개념이지, 일체의 규범 자체를 반대하는 입장은 아니었다고 할 수 있다.

그런데 「요한계시록」 2장은 일단의 반율법적 자유주의 편향을 띤 운동의 하나를 '니꼴라 당'이라는 이름으로 소개한다. 여기에 나오는 '버가모 교회'의 미혹자가 그들이다. 이것은 니꼴라에 대한 유대주의적 혐오감과 반율법적 자유주의자에 대한 교회적 혐오감이 겹쳐짐으로써 비하의 뉘앙스를 부각시키려는 반대파의 언술 전략의 결과일 수 있다. 또는 실제로 니꼴라가 일으킨 그리스도교 내 한 운동의 유형일 수도 있다. 아무튼 아래 인용문에서 볼 수 있듯이 '니꼴라 당'이라는 집단은 분명 반율법주의적 자유주의 편향을 띠고 있다.

> 너희 가운데는 발람의 가르침을 따르는 자들이 있다. 발람은 발락을 시켜서, 이스라엘 자손 앞에 올무를 놓게 하고, 우상의 제물을 먹게 하고, 음란한 일을 하게 한 자다. 이와 같이, 네게도 니꼴라 당의 가르침을 따르는 자들이 있다.
> ―「요한계시록」 2장 14~15절

그들이 우상에게 바쳤던 제물을 자유로이 먹는다는 것은 유대 율법적 터부로부터 자유롭다는 뜻이다. 한편 그들이 음행淫行을 행한다는 표현은, 만약 이 집단이, 금욕적인 「사도행전」의 니꼴라의 영향권 아래 있었다고 가정할 경우엔, 상징적 의미일 가능성이 있다. 이는 성서에서 흔하게 발견할 수 있는 것으로, 우상숭배와 음행을 동일 맥락에서 이해했던 언어 관습의 흔적일 것이다. 여기에는 성적 엄격주의만을 정당화했던 보수주의적 성 정치학이 전제됐다. 반면 만약 이것이 상징적 의미가 아니라면, 이들은 율법에 대해서만 자유주의 편향을 띤 것이 아니라 더 넓은 의미의 자유주의 노선을 취했던, 이른바 탈규범적 자유주의 운동으로 규정할 수 있다. 이 경우 「사도행전」의 니골라와 「요한계시록」의 니골라 당 사이 연관은 부자연스러운 결합일 것이다. 그러나 위에서 보았듯이, 이 둘을 구분하는 것보다는 연관시켜 이해하는 편이 더 개연성이 있다.

요약하면 니골라 당은 반율법적 자유주의자 집단인 것으로 보인다. 이들은 앞에서 언급한 유대주의적 분파('유대인임을 자처하는 자들')와 비교할 때, 더 좌파적 편향에 속한다. 「요한계시록」의 저자 역시 반율법주의적 태도를 견지했다. 그런데도 「요한계시록」은 니골라 당에 대해 비판적이었다. 이들의 논쟁점에 대해 더 이상의 논거를 알 수는 없다. 니골라 당도 묵시적 비전을 가졌을 것으로 보이기 때문이다. 어쩌면 이렇게 거시적인 비전이나 전략의 차이는 이들을 갈라지게 한 것이 아닌지도 모른다. 오히려 예수계 공동체들과 세례자 요한계 공동체들이 서로 너무 비슷해서 갈등적이었던 것처럼 이들도 서로 비슷해서 반목하는 집단이 되었을지도 모른다. 또는 근거를 찾을 수는 없지만, 니골라 당의 자유주의가 공동체를 결속시키기보다 개체적 자유를 추구하는 경향이 더 강해서인지도 모른다. 그러나 이러한 추정은 긍정도 부정도 근거가 빈약하다.

마지막으로, 이세벨에 미혹당한 자들은 필시 니골라 당과 관련된 집단으로 보인다. 왜냐하면 위의 표에서 보듯 이들은 동일한 이유로 「요한계시록」 저자에게 비난을 받기 때문이다. 여기서 이들의 지도자인 '이세벨'

이라는 이름은 가명으로 보인다. 기원전 9세기 이스라엘의 왕인 아합의 부인이자 시돈 왕국의 공주였던 그녀는 이미 동시대의 예언자인 엘리야의 전승에서 우상숭배 혐의를 받고 있으며, 그런 점에서 유대 사상에서 깊은 혐오의 대상이었기 때문이다. 아무튼 이런 극도의 혐오적인 이름으로 상징되는 이는 분명 여성이며 예언자였다. 그렇다면 그녀는 초기 그리스도교 여성 지도자의 한 사람으로, 여성 지도력의 전형적 행태를 보인다.

바울이 여성은 집회에서 잠잠할 것을 종용할 때(「고린도전서」 14:34~35), 그의 안중에는 환상에 사로잡혀 예언을 하는 열광적 여성 전도자들이 있었다. 비록 바울은 이 문제에서 자신의 성적 편견을 제도화하려 한 것은 아니었을지라도, 이후 이러한 전통은 다양한 예수 집단들 속에서 보수주의적 성 정치학의 주된 근거가 되었다. 이것은 여성 지도력의 충원 통로를 제한하는 결과를 초래했고, 이로써 여성 지도자는 신앙 외부로 배제된다. 「요한계시록」 공동체에서도 이와 비슷한 성의 정치학이 자리 잡은 것이 아닐까. 저자는 니골라 당이라고 해도 좋을 것을, 특별히 그들의 지도자가 여성인 것을 여기서 뜬금없이 강조한다. 분명 혐오감을 북돋고자 그녀가 여성임을 부각시키는 것이다.

이 대목에서 우리가 주목할 것은 니골라 당의 운동이 활발했던 버가모가 대략 기원후 70년쯤 지나서 등장한, 민중적 영지주의 운동인 몬타누스주의의 본거지였다는 사실이다. 몬타누스 운동은 지도자 몬타누스와 더불어 프리스카와 막시밀리아라는 걸출한 여성 지도자에 의해 시작된 초기 그리스도교의 강력한 대중적 민중운동의 하나였고, 그들의 신념 또한 당시 교회와는 크게 다른 성 해방적 지향을 띠었다.

그런데 니골라 당이나 이세벨 당파가 모두 '우상의 제물'을 먹는 행태로 「요한계시록」 저자의 비난을 받고 있다. 혹 이것은 로마제국 도시들에서 벌어지는, 국가 제의 이후 배포된 식량 배급 자체에 대한 반대를 뜻하는 것일까? 아님 수많은 제의들에 참여하여 제물을 나눠 먹는 것에 대해 반대하는 것일까? 전자라면 「요한계시록」은 '반로마'의 기조가 강했다는 것일 게고, 후자라면 반혼합주의의 기조가 강했다는 것이겠다. 그런 점에서 전자는 더 정치적이라는 뜻이고, 후자는 더 근본주의적이라는 뜻이리라. 어느 것으로 「요한계시록」 저자의 지향을 해석해야 할지 알 수는 없다. 아무튼 니골라 당·이세벨 당과 「요한계시록」 저자는 반목하는 것이 분명하다.

● ● ●

「요한계시록」은 정치적이고 군사적인 폭력의 주체였던 로마에 대항하는 1세기 말 한 그리스도교 분파 운동을 대표한다. 그러나 이 텍스트는 오늘날 일반적으로 그러한 뉘앙스로 독자에게 다가오지 않는다. 그보다는 묵시적 텍스트의 비밀스러움에 더욱 주목하게 한다. 더구나 정전화된 성서Canonized Bible 일반이 그렇듯이 몰역사화된 채 그 비밀스러움으로 우리에게 다가온다. 그러나 그렇다고 정전화된 텍스트가 몰가치, 몰이데올로기적인 것은 아니다. 오히려 그것은 현존하는 우리의 상식적 질서관을 정당화하는 한에서 초역사적이다. 곧 현존 질서 재생산의 효과를 나타내는 탈역사화된 텍스트가 바로 '정전'이다. 그런 한에서 「요한계시록」은 우리에게 악마적 권세와 예수라는 이분법적으로 단순화된 선과 악의 전선을 소개한다. 단순하게 분획된 우리와 저들이라는 전선은 냉전 체제를 꼭 닮았다. 곧 그리스도교는 항상 적을 필요로 하며, 적에 대한 증오를 신앙의 동력으로 삼는다.

가상의 적의 후보들은 현존하는 질서관에서 이탈하는 일체의 편향들과 관련된다. 각종 소수자들이 그 후보들이며, 특히 위기 시마다 그중에서 특정한 대상이 선정되어 신앙의 적으로 둔갑한다. 정전화된 성서는 이러한 가상의 적을 선정하는 중요한 마당이 되어 왔다. 우리는 성서에서 정전이라는 옷을 벗겨 냄으로써 성서 저자들이 의도했던 또는 의도하지 않았던 편견들을 돌파하고자 했다.

하지만 「요한계시록」 저자의 편견 또한 간과할 수는 없다. 어떤 입장인지 구체적으로 알기는 어렵지만, 분명 분파주의가 이 텍스트의 저자에 의해 조장되고, 이러한 분파주의를 강변하고자 성적 편견의 장치들이 무분별하게 동원되곤 했다. 여기서 그가 실수한 것은 '우리'라는 공동체 내에는 오직 하나의 주체만이 존재한다고 믿었던 신념이었겠다. 그의 진리는 분명 고귀한 것이지만, 그 진리에 대한 신념이 그를 폭력의 근거이게 했다.

성서를 읽는다는 것은
마음에 성찰의 기록들을 새기는 것

제3회 여성미술제 '판타스틱 아시아—숨겨진 경계, 새로운 관계'(2005. 6.16~7.3, 성곡미술관)에 출품된 작품 가운데 시마다 요시코嶋田美子의 〈비밀스런 욕망들〉이라는 설치 작품이 있다. 오른편 구석엔 커튼이 쳐진 테이블이 있고, 왼편엔 꽤 커다란 서랍장이 있다. 그리고 그 사이에 자그마한 상자가 하나 있다.

서랍장 속엔 타이핑된 이야기가 적힌 종이와 이미지나 작은 물체 등이 들어 있다. 관람자들이 익명으로 적어 놓은 은밀한 성적 비밀들(딸의 남자친구를 사랑하는 어머니, 성 불감증, 레즈비언, 낙태, 남편이 죽었으면 좋겠다는 여자 등등)이 작가에 의해 타이핑된 종이, 그리고 작가가 글의 내용을 연상하면서 임의로 만든 이미지나 상징물이 그것이다. 실은 이것은 일본에서 전시할 때 관람자들이 적은 천여 편의 비밀 가운데 시마다 요시코 씨가 추려 낸 십여 편의 이야기들이다.

한편 오른편의 테이블은 새로운 관람자들이 자기 가족의 비밀에 관한 이야기를 적는 자리다. 다 적은 글은 가운데 상자 속에 넣으면 된다. 그리고 이것은 작가에 의해 추려지고 타이핑되어 다른 장소에서 전시될 때 이미지나 상징물과 함께 서랍장 속에 배치되어 다른 관람자들에 의해 읽힐 것이다.

내게 이 작품이 특히 흥미로웠던 것은, 작가의 설치 작품이 결코 자기 완성적이지 않다는 데 있다. 거기에는 과거의 관람자가 만들어 낸 이야기가 있다. 작가가 주문한 주제였지만, 그 내용을 구성하는 것은 전적으로 관람자의 몫이다.[1] 작가는 내용에 관여할 수 없고, 상상조차 못한다. 그 속에는 작가로선 어느 것 하나에도 끼어들 수 없는 관람자들 각자의 체험이 적혔다. 아픈 기억이든 즐거운 기억이든…… 작가는 그것을 읽으면서 그 속에 서린 배경을 알 수 없고, 다만 추측만 할 뿐이다.

작가가 개입할 수 있는 것은, 말한 것처럼, 포괄적이나마 주제를 제시하고, 주제에 따른 관람자들의 비밀 이야기를 선별하는 것이다. 그리고 그 속에서 그녀가 상상한 상징물이나 이미지를, 그녀의 설치물 속에 함께 전시한다.

관람자의 이야기를 읽는 이는 그것을 적은 이 자신이 아니라 전혀 다른 경험의 소유자다. 물론 시간적으로도 다음 전시회의 관람자니, 얼마의 시차가 있든, 이후의 사람이다. 게다가 글이 익명으로 쓰였고, 그(녀)의 필체조차 존재하지 않는다. 대신 작가가 타이핑해 놓은 종이가 대신하고,

---

[1] 그렇다면 그(녀)는 더 이상 단순한 관람자가 아니다. 오히려 그(녀)는 시마다 요시코 씨와 함께 이 작품의 공동 창작자다. 하지만 여기서는 편의상 그(녀)를 '관람자'라고 부르겠다.

그 내용에서 연상된, 작가가 만든 이미지나 상징물이 있어, 새로운 관람자의 글 읽기는 이러한 다른 질감의 대체물에 영향을 받는다.

요컨대 설치물에는 고유한 작가도 작품도 없으며, 고유한 관람자의 이야기도 없다. 또한 관람자가 보고 읽는 설치물은 항상 변화하기 마련이다. 대신 존재하는 것은 설치물 속 과거 관람자의 쓰기와 새 관람자의 읽기 사이의 만남이다. 물론 그들은 서로를 알지 못하며, 알 수도 없다. 또 그들은 완전히 다른 체험을 한 사람들이다. 한데 그들은 이 설치물을 통해 만나고 상상하며 의미를 떠올린다. 대화가 이루어지는 것이다. 서로 소통하는 대화가 아니라, 제각기 상상하는 대화다.

작가는 그들을 중개한다. 작가는 자기 자신의 관심과 취향에 따라 만들고 배치하지만, 그 관심이나 취향이 관람자에게 미칠 수 있는 영향력은 극히 적다. 그리하여, 여기서 또 한 번 말할 수 있는 것은, 시차를 달리하는 생면부지의 관람자 간 대화는 작가가 끼어들어서 가능하며, 그런 점에서 이 설치 작품은 두 부류의 관람자와 작가, 이들 삼자가 벌이는 대화를 담았다. 물론 이 대화는 서로 소통하는 대화가 아니라 제각기 상상하는 대화다. 곧 각자의 의미가 수렴하여 합의에 이르는 대화라기보다는 서로 이야기의 실마리를 얻어 각자 자신의 의미를 떠올리는 대화인 것이다. 이렇게 해서 작품은 관람자의 자기 성찰에 관여한다.

작가의 의도와 상관없이 나는 여기서 오늘날의 역사가와 그의 역사 서술의 효과에 관한 상상을 이어 갔다. 역사 서술은 시차를 달리하는 두 부류의 사람들 간 대화이다. 과거의 사람들과 지금의 독자들이 그들이다. 이들은 서로 살아간 시기도 장소도 문화적 맥락도 다르다. 서로에 대해

알 수 있는 건 없고, 다만 과거의 사람들에 관해 서술된 역사를 통해서만 후대의 독자들은 저들 과거인過去人들과 대화를 할 수 있다.

'과거인'들의 삶과 체험 모두가 역사 서술 속에 드러나지는 않는다. 숱한 정보들이 있지만, 그것이 저들의 삶 전체를 반영한다고 할 수 없다. 그런 점에서 숱한 정보들은 '파편적'이다. 더욱이 그 파편적 정보들은 역사가에 의해 일부가 취사선택되고 재배치되며, 또 역사가의 상상력에 의한 보완적 설명과 함께 어우러져 하나의 역사 서술이 된다.

물론 역사가는 부재하는 사료를 날조할 수 없다. 그것은 과거의 누군가의 이야기며, 삶의 기록이어야 한다. 비록 그(녀)의 변화무쌍한 삶 전체일 수는 없지만, 어느 한순간의 기억을 담았음이 분명한 것이다. 그래서 역사가는 본래의 고유한 의도에 따라 선택, 배치, 보충 설명을 일관되게 하지 못한다. 사료에 영향을 받아 본 취지가 변하기 마련이다. 또한 전체적인 서술 과정에서 자신의 의도와는 상관없이 이들 요소들이 어우러진 전체 텍스트가 만들어지는데, 최종 결과물은 역사가 자신이 애초에 또는 중간에 의도한 것이 아니다. 작가 자신이 활용한 제재의 질감에 따라 설치물이 작가의 의도를 벗어나 탄생하듯이, 역사 서술도 역사가가 의도한 것의 단순한 반영물이 아니다.

요컨대 역사 서술은 역사가와 과거인過去人 사이의 대화인데, 그 대화는 과거인의 본래적인 무엇이 밝혀지는 것을 지향하는 것도, 역사가 자신의 사상에 대한 단순한 반영인 것도 아니다. 양자의 대화는 양자의 상호 얽힘이자 분열이다. 다르게 표현하면, 역사 서술은 역사가와 과거인 사이의 '의도하지 않은 대화', 아니 '대화들'이다.

한편, 이들 양자, 역사가와 사료 간의 의도하지 않은 대화는 문헌으로 출판된다. 출판되지 않는 역사 서술은 '실패한 역사' 다. 그것은 알라딘의 요술 램프처럼 언젠가 누군가에 의해 개봉되길 기다리는 비극적 운명의 존재다. 그리고 이렇게 개봉되기 전까지는, 그것은 역사가 아니다. 전시되지 않은 작품이, 관람자에게 작품이 아닌 것처럼. 요컨대 역사 서술은 텍스트이어야 하며, 독자와의 대화 속에 존재하는 것이어야 한다. 그리하여 다시 처음으로 돌아간다. 역사 서술이라는 텍스트는 과거인과 현대인(현대의 독자) 사이의 대화다. 그리고 이 대화는 서로 얽혀 있되, 결코 하나일 수 없는, 분열적으로 연루된 관계의 대화이다. 또한 독자는 여기서 저자가 의도하지 않은 텍스트의 의미를 읽어 낸다.

역사란 이런 것이다. 적어도 현대의 역사학은 이러한 역사 철학적 성찰에 이르게 됐다. 한데 많은 역사가들이 착각하듯, 성서 연구자들도 성서에서 과거인의 고유한 사실로서 역사를 알아내려고만 한다. 그 결과 성서 역사학은 성서 연구자들 자신에 의해 파산선고를 받았다. 성서 역사가들은 과거의 고유한 사실을 알아내는 데 실패했다는 것이다. 이미 백 년 전에 말이다. 동일한 관심을 가졌던 역사가들이 그랬던 것처럼. 결국 그 연구 성과들은 실패한 역사요, 비역사인 셈이다.

한편 그러한 실패에 대한 우회로로, 많은 성서 연구자들은 '반역사'로서 성서 읽기를 모색했다. 예컨대 과거인의 시공간적 맥락과 관계없이 역사가歷史家 자신의 시선으로 자유롭게 성서 텍스트를 읽고, 그것을 역사가 자신 그리고 자기와 동시대를 사는 독자의 상상력과 대면시켰다. 이때 텍스트는 역사 서술이라기보다는 하나의 문학적 서술이다. 그러므로 역사 비평 대신에 문학비평이 요청되었던 것이다. 현대의 성서 비평은 문학비평이 큰 흐름을 형성한다.

흥미로운 것은 역사학이 이러한 문학적 비평에 착안함으로써 새로운 비평 방법에 도달했다는 점이다. 앞서 이야기한 것처럼, 역사 서술 자체가 과거인과 현대 독자 사이를 매개하는 대화의 소재라는 인식에 기반을 둔 비평 방법이 등장한 것이다. 역사와 반역사를 넘나드는 비평 방법이다. 역사와 반역사를 넘나들며 구성한 역사 서술로서 텍스트, 그리고 독자와 텍스트 간의 의도하지 않은 대화를 지향하는, 역사적 또는 반역사적 독서를 추구하는 방법이다.

이 경우 단 하나의 역사, 과거 사실의 재현으로서 단 하나인 역사 Geschichte는 존재하지 않는다. 오히려 역사가 실재하는 것은 역사 서술을 읽는 독자들의 심상(心像, image)에서다. 그것은 역사 서술을 통해 과거를 읽는 독자들의 성찰에 관한 마음의 기록들이다. 그런 의미에서 성서를 역사로 읽는 이들에게, 성서는 하나의 역사적이고 신앙적인 성찰의 기록들로 마음에 새겨지는 것이다.